100

A **Coleção Filosofia** se propõe reunir textos de filósofos brasileiros contemporâneos, traduções de textos clássicos e de outros filósofos da atualidade, pondo a serviço do estudioso de Filosofia instrumentos de pesquisa selecionados segundo os padrões científicos reconhecidos da produção filosófica.
A Coleção é dirigida pela Faculdade Jesuíta de Filosofia e Teologia (Belo Horizonte, MG).

FACULDADE JESUÍTA DE FILOSOFIA E TEOLOGIA (FAJE)
DEPARTAMENTO DE FILOSOFIA
Av. Dr. Cristiano Guimarães, 2127
31720-300 Belo Horizonte, MG

DIRETOR:
João A. Mac Dowell, SJ

CONSELHO EDITORIAL:
Carlos Roberto Drawin FAJE
Danilo Marcondes Filho PUC-Rio
Fernando Eduardo de Barros Rey Puente UFMG
Franklin Leopoldo e Silva USP
Marcelo Fernandes de Aquino UNISINOS
Marcelo Perine PUC-SP
Paulo Roberto Margutti Pinto FAJE

Anna M. Padoa Casoretti

PICO DELLA MIRANDOLA
o Esoterismo como categoria filosófica

Edições Loyola

Dados Internacionais de Catalogação na Publicação (CIP)
(Câmara Brasileira do Livro, SP, Brasil)

Casoretti, Anna M. Padoa
  Pico della Mirandola : o Esoterismo como categoria filosófica / Anna M. Padoa Casoretti. -- São Paulo : Edições Loyola, 2022. -- (Coleção filosofia ; 100)

  ISBN 978-65-5504-151-4

  1. Cristianismo 2. Pico della Mirandola, Giovanni, 1463-1494 3. Esoterismo - Filosofia 4. Filosofia italiana 5. Hermetismo 6. Metafísica 7. Religiões I. Título II. Série.

22-98079   CDD-210

Índices para catálogo sistemático:
1. Filosofia e teoria da religião   210

Maria Alice Ferreira - Bibliotecária - CRB-8/7964

Preparação: Maria de Fátima Cavallaro
Capa: Manu Santos
Diagramação: Ronaldo Hideo Inoue
Revisão: Rita Lopes

Edições Loyola Jesuítas
Rua 1822 nº 341 – Ipiranga
04216-000 São Paulo, SP
T 55 11 3385 8500/8501, 2063 4275
editorial@loyola.com.br
vendas@loyola.com.br
www.loyola.com.br

Todos os direitos reservados. Nenhuma parte desta obra pode ser reproduzida ou transmitida por qualquer forma e/ou quaisquer meios (eletrônico ou mecânico, incluindo fotocópia e gravação) ou arquivada em qualquer sistema ou banco de dados sem permissão escrita da Editora.

ISBN 978-65-5504-151-4

© EDIÇÕES LOYOLA, São Paulo, Brasil, 2022

*Para minha mãe,
que me ensinou a acreditar.*

Nulla res spiritualis descendens
inferius operatur sine indumento.
*Nenhuma realidade espiritual que descenda
aos mundos inferiores opera sem se velar.*
(Pico della Mirandola,
*Conclusio secundum doctrinam sapientum
hebraeorum Cabalistarum* XXV)

Sumário

Lista de abreviaturas 13

Apresentação 15

Prefácio 19

Introdução 23

Capítulo I
Aspectos pouco lembrados do Renascimento 27
    A Academia: antigas tradições, novas traduções 35
    A simetria entre as antigas teologias 42

Capítulo II
Giovanni Pico della Mirandola 49
    1. A vida 52
        1486, o início dos revezes 58
        Os últimos anos e a relação com Savonarola 64

    2. As bases filosóficas: entre a Academia e o Liceu 69
    3. A aproximação dos estudos místicos 78

Capítulo III
As *Conclusiones Nongentae* e sua *Occulta Concatenatio* 85
    1. A secreta conexão 89
    2. Religião ou filosofia? 100
    3. *Maritare Mundum* 110

Capítulo IV
A *Oratio* e seus elementos ascensionais 123
    1. O tema da dignidade do homem 126
    2. O tema da concórdia 135
    3. O tema da ascese 141

Capítulo V
Ressonâncias cabalísticas e seu influxo sobre Pico 163
    1. As fontes hebraicas da tradição esotérica 166
        A transmissão oral 166
        A literatura mística 172
        As fontes cabalísticas de Pico 178
    2. O cosmo cabalista 183
        A emanação sefirótica 184
        O *Ein Sof* 188
    3. As divisões da Cabala e suas formas
       de aproximação da divindade 192
        A Cabala prática 194
        A Cabala teúrgica 198
        A Cabala extática 201

Capítulo VI
O *Heptaplus* à luz da Cabala 207
    1. As referências esotéricas do Primeiro Proêmio 210
    2. Os mundos: na Cabala, no *Heptaplus* 216
    3. A *Occlusa Sapientia* 228

Capítulo VII
Filosofia, Esoterismo, Concórdia 235
1. O paradigma esotérico 235
2. A concordância teleológica 247
3. A morte do beijo 256

Considerações finais 263

Referências bibliográficas 267
1. Fontes primárias 267
   Traduções de obras de Giovanni Pico della Mirandola 267
   Outras fontes primárias 268
2. Fontes secundárias 269

Lista de abreviaturas

Concl. (I)	Giovanni Pico, *Conclusiones secundum opiniones aliorum*, Parte I, in: Albano Biondi (org.), *Conclusiones Nongentae. Le Novecento Tesi dell'anno 1486*, Firenze: Leo S. Olschki, 1995/2013.
Concl. (II)	Giovanni Pico, *Conclusiones secundum opinionem propriam*, Parte II, in: Albano Biondi (org.), *Conclusiones Nongentae. Le Novecento Tesi dell'anno 1486*, Firenze: Leo S. Olschki, 1995/2013.
Oratio	Giovanni Pico, *De Hominis Dignitate*, in: Eugenio Garin (org.), *De Hominis Dignitate, Heptaplus, De ente et Uno e scritti vari*, Firenze: Vallecchi, 1942.
Apologia	Giovanni Pico, *Apologia*, in: Paolo Edoardo Fornaciari (org.), *Apologia. L'autodifesa di Pico di fronte al tribunale dell'Inquisizione*, Firenze: Sismel Edizioni, 2010.
De Ente et Uno	Giovanni Pico, *De Ente et Uno*, in: Eugenio Garin (org.), *De Hominis Dignitate, Heptaplus, De ente et Uno e scritti vari*, Firenze: Vallecchi, 1942.

Commento	Giovanni PICO, *Commento sopra una canzona d'amore composta da Girolamo Benivieni*, in: Eugenio Garin (org.), *De Hominis Dignitate, Heptaplus, De ente et Uno e scritti vari*, Firenze: Vallecchi, 1942.
Heptaplus	Giovanni PICO, *Heptaplus De Septiformi sex dierum Geneseos enarratione*, in: Eugenio Garin (org.), *De Hominis Dignitate, Heptaplus, De ente et Uno e scritti vari*, Firenze: Vallecchi, 1942.
Heptaplus P1	Giovanni PICO, *Heptaplus De Septiformi sex dierum Geneseos enarratione* (op. cit.), "Primeiro Proêmio".
Heptaplus P2	Giovanni PICO, *Heptaplus De Septiformi sex dierum Geneseos enarratione* (op. cit.), "Segundo Proêmio".

Apresentação

> *"... il conte Giovanni della Mirandola,*
> *uomo quasi che divino."*
> (Machiavelli, *Istorie Fiorentine*)

Após décadas de promissores estudos da filosofia do Renascimento no âmbito acadêmico nacional, vem à luz um excelente livro para compreensão de um dos pensadores mais complexos e de difícil enquadre sob o arco estendido do nomeado Humanismo Renascentista, marcadamente Florentino. Porque o livro em pauta erige-se sobre a primeira tese escrita, no Brasil, acerca do pensamento de Pico della Mirandola, constituindo assim, muito provavelmente, o primeiro livro de cunho interpretativo da obra piquiana publicado neste território, com acuidade exemplar[1].

---

1. A tese de Anna M. P. Casoretti, *Pico della Mirandola, o Esoterismo como categoria filosófica*, recebeu o Prêmio Anpof de melhor tese nacional de Doutorado em Filosofia referente ao biênio 2019-2020.

A obra destaca-se pela originalidade do enfrentamento de um tema pouco difundido pelos estudiosos de Giovanni Pico, menos ainda analisado, o do Esoterismo. Em verdade, há uma recomposição do universo teológico-filosófico que antecede a emergência da filosofia piquiana, fundada em sólida exposição ao contexto acadêmico-cultural ainda sob a hegemonia da Igreja. Tal panorama é redesenhado com a entrada em cena do mecenato laico, ao tempo da entrada de obras desconhecidas do Ocidente cristão, recém-chegadas do mundo bizantino, a suplantar a crise do primeiro humanismo cívico florentino, ocorrida em meados do século XV, como bem observou Hans Baron.

Uma tal confluência histórica, teológica e filosófica favoreceu o florescimento do pensamento piquiano, de par com as traduções das obras platônicas e da sintética obra do Hermetismo, realizadas por Marsilio Ficino, sob o mecenato de Cosimo de' Medici, em período em que Florença figurava como epicentro do mundo culto em movimento, antecedido apenas por Bagdá e por Toledo. A partir da Florença do século XV, é possível vislumbrar o nascimento do mundo moderno. Afinal, é naquela cidade que a ascendente classe burguesa — salvo anacronismo do termo classe — passa a se reconhecer como classe social na pessoa de Lorenzo de Medici, banqueiro, industrial, importador-exportador, chefe político com capacidade de unificar a Itália, poeta, protetor de Pico della Mirandola.

Pico della Mirandola morreria em 1494, aos trinta e um anos de idade, enclausurado, após período usufruído em completa disponibilidade para estudar os Salmos, depois de ousar na juventude — dada sua excepcional inteligência — tentar resolver todas as pendências filosóficas e teológicas conhecidas. Coisa intentada dois séculos antes pelo catalão Ramon Llull, poeta, místico, filósofo, pertencente à ordem terceira franciscana. Em verdade, Llull desejara conciliar judaísmo, cristianismo e islamismo. Porém, a ousadia de Pico mostra mais fôlego na tentativa de conciliar as religiões de raízes judaicas com as tradições hermética e persa e com as chamadas mistérico-pagãs, sempre em busca da concórdia e do resgate da dignidade humana. Um gênio, mesmo vivendo em tempos pré-românticos. Se algumas pilhérias movem a Filosofia, a anotada por Voltaire, segundo certa psicologia do rumor, informa que Pico della Mirandola era capaz de saber tudo e mais alguma coisa.

A obra em pauta evidencia-se por contemplar o leitor com uma tríplice contribuição para a História da Filosofia. Primeiramente, apresenta uma biografia bastante elucidativa de Giovanni Pico, seus estudos e suas principais obras, tornando possível, por meio dele, vislumbrar uma relevante face do pensamento renascentista. Em segundo lugar, com base na perspectiva piquiana, é possível percorrer algumas entre as principais escolas filosóficas, partindo de um trajeto que se inicia na antiguidade anterior à Era Cristã e alcança a civilização do Renascimento. Em terceiro, é fornecido espaço ao conhecimento de tradições que utilizaram o esoterismo para se perpetuar. Neste sentido, o livro lida bem com a multiplicidade de matizes encontrados na obra piquiana.

No detalhe, o texto do livro se distingue pelo cuidado e o esmero com a aplicação da palavra pelo código culto da linguagem escrita, resultado de um trabalho refinado e significativo, que permite um acolhimento favorável e uma condução da leitura de modo sutil, elegante, agradabilíssimo. Assim, a forma utilizada dá à obra de Pico, muitas vezes de *per se* intricada, claros contornos que permitem, mesmo aos sem familiaridade com a obra piquiana, entender seus principais pressupostos. Para tanto, as três obras de Pico della Mirandola analisadas, *De Hominis Dignitate*, *Conclusiones Nongentae* e *Heptaplus*, recebem uma abordagem transparente que torna o livro facilmente acessível — se é que em filosofia há alguma coisa facilmente acessível —, inclusive a um círculo mais amplo de leitores, permitindo que as complexas relações entre linhas de pensamento distintas, estabelecidas por Pico, possam ser compreendidas e inter-relacionadas aos campos de estudo da filosofia do Renascimento.

Há, ainda, que se realçar a originalidade do problema abordado, que estabelece um diálogo entre as concepções piquianas e as tradições esotéricas discutidas e analisadas, dentro de um contexto integrativo. Sob tal prisma, merece especial atenção o fechamento da obra, o último capítulo, em que a autora efetua uma interpretação própria para explicar a utilização dos paradigmas esotéricos na obra do filósofo de Mirandola.

Trata-se, portanto, de um trabalho original, rico de conteúdos, de recolhimentos e de finas interpretações — que conta com bibliografia extensa e atualizada a mobilizar praticamente todos os estudos atinentes ao tema —, que poderá assumir um lugar relevante nas futuras pesquisas sobre o autor no país e fora dele.

Parabéns, Anna Padoa Casoretti, pela oportuna e sólida obra, que elucida, eleva e alicerça os estudos da filosofia do Renascimento a todos os estudiosos, além de inserir a categoria "esoterismo" no cenário da História da Filosofia!

À boa leitura!

São Paulo, inverno de 2020.

Antonio Valverde
(PEPG em Filosofia da PUC-SP)

Prefácio

O livro que o leitor tem em mãos encontra sua origem em minha tese doutoral, defendida na Pontifícia Universidade Católica de São Paulo. As sementes do tema, no entanto, foram sendo plantadas em períodos bastante anteriores e aguardaram, pacientemente, para frutificar. A primeira foi semeada há muitos anos, sem que eu me desse conta, quando o destino me fez conhecer o erudito jurista Gianfranco Pico, um dos últimos sucessores da família Pico della Mirandola, com o qual se estabeleceu uma imediata e fraternal amizade. Em certa ocasião, presenteou-me com uma pequena edição da *Oratio de Hominis Dignitate*, que seria mantida por mais de duas décadas em algum canto de minha estante, sem a devida atenção, enquanto a vida prosseguia por outros rumos. Seu momento, contudo, chegaria. Outras sementes foram sendo lançadas ao longo de alguns anos de estudos em Filosofia Antiga, vindo a se converter, no momento certo, nas imprescindíveis raízes do projeto que tomaria forma. O reencontro definitivo com Giovanni Pico ocorreria tempos mais tarde, propiciado pelas aulas ministradas pelo Professor

Antonio Valverde, que viria a se tornar meu orientador no futuro processo de doutoramento.

Tais estímulos se aliaram à descoberta de que a obra de Giovanni Pico della Mirandola tem sido pouco estudada no cenário filosófico brasileiro. Até o momento da publicação deste livro, tanto as traduções quanto as interpretações em português se mostram escassas. Contam-se nos dedos de uma mão as traduções da *Oratio de Hominis Dignitate* para o português, acompanhadas, em linhas gerais, de prefácios introdutórios de cunho não interpretativo. Ainda menor é a aparição do *Heptaplus* em âmbito nacional. Com relação à obra *Conclusiones Nongentae*, principal projeto do autor, os conteúdos interpretativos não apenas são inexistentes em nosso território, como um tanto exíguos em termos mundiais. Ademais, sobre as tradições do Oriente Próximo acolhidas por Pico, o material para discussão de suas doutrinas se mostra insuficiente em ambiente pátrio, o que contribui para manter a obra piquiana em um patamar de impenetrabilidade. Creio que todas essas razões se mostraram suficientes, se não necessárias, para levar a cabo a consecução deste trabalho.

O caminho trilhado até a gênesis deste livro deve tributos a muitas pessoas, algumas das quais não posso deixar de mencionar. Ao meu orientador, Professor Antonio Valverde, devo não apenas o impulso inicial para ingressar em tal jornada, como também grande parte da sustentação "espiritual" para levá-la adiante. Terei sempre comigo seu exemplo e suas lições; a maior, ensinar-me a ter como norte, perante os empecilhos, apenas a Filosofia. Aproveito, ademais, para expressar minha gratidão ao Professor Marcelo Perine, não somente pelo conhecimento transmitido em suas aulas de pós-graduação como, ainda, por suas sugestões de melhoria a este texto, além do sincero incentivo à sua publicação. Devo regraciar, também, o Pe. João A. Mac Dowell por tornar possível o acolhimento desta contribuição entre os títulos da Edições Loyola.

Por fim, não posso deixar de reconhecer o suporte recebido por três integrantes de minha família. Minha mãe, Adriana, com sua natureza constante e sempre estimulante, deu-me um auxílio inestimável no suporte das questões cotidianas e, com sua sabedoria de vida, me incentivou, nos momentos de fraqueza, a dar, simplesmente, "o próximo passo". Meu marido, Aluisio, com sua sólida e reconfortante presença, aceitou minhas longas reclusões e compreendeu, carinhosamente, minhas escolhas. Meu filho, Alessandro, incentivou-me ao longo de todo o trajeto e compartilhou de minhas aspirações intelectuais, dando-me um importante auxílio instrumental em ocasiões essenciais. Aos três, meu amor e gratidão.

ANNA M. PADOA CASORETTI

Introdução

A paixão precoce pela investigação de correspondências entre elementos derivados de territórios distintos, como o filosófico, o teológico e o misteriológico, leva o filósofo renascentista Giovanni Pico della Mirandola a um percurso de aproximação reconciliadora com o passado e à consequente elaboração de correlações entre diferentes conceituações metafísicas. Em meio a tais elementos — sobretudo os concernentes aos níveis mais altos da realidade —, percebe-se a presença de concepções retiradas de tradições que se perpetuaram em torno ao Esoterismo. A identificação de tais indícios, conduzida ao longo desta obra, tem por objetivo mostrar que sua ampla recorrência na obra piquiana permite que lhes seja atribuída a qualificação de categoria filosófica. Com o termo "categoria", pretende-se significar a presença de um padrão discernível dentro de um processo reflexivo, formado pelo agrupamento de determinadas características que se repetem a ponto de poderem ser classificadas sob uma denominação comum. O termo "esoterismo", por sua vez, abriga dois principais significados, tantas vezes confundidos. Contempla, de um lado, um conjunto de tradições ou interpretações que buscam proteger do público determinados assuntos por meio da manutenção do segredo ou da transmissão oral, comunicando-os apenas a um restrito número de adeptos. Esse é seu sentido estrito. De outro lado, admite, frequentemente, um sentido associado ao "misticismo", relacionado a práticas que conduzem ao que chamaríamos hoje de experiências fenomenológicas pessoais. As duas significações encontram-se abrangidas pela obra piquiana. Seus registros foram colhidos pelo autor a partir de fontes pagãs, cristãs e hebraicas, encontrando-se dispostos, de forma fluida e harmônica, lado a lado com categorias do universo filosófico e teológico.

O leitor poderá desfrutar de três temáticas que, complementando-se, ampliam as possibilidades de conhecimento dentro do campo da História da Filosofia. A saber, (a) o papel proeminente de nosso protagonista, último pensador do *Quattrocento* italiano, no panorama do Pensamento do século XV, (b) os aportes derivados da averiguação de doutrinas pertencentes a culturas e tradições ocidentais e não ocidentais e (c) a apuração da utilização de elementos esotéricos — principal tema aqui desenvolvido — em cenário filosófico. Em outras palavras, (a) Giovanni Pico, não sem fundamento, foi elevado à condição de um dos mais significativos representantes de sua época, em virtude de a sua obra manifestar muitos dos relevantes fermentos e anseios que caracterizaram seu período; embora seu quadro intelectual de referências se encontrasse fora do alcance da maioria de seus contemporâneos, suas reflexões não estavam isentas das principais preocupações de seu tempo. Ademais, (b) a adesão do autor a um novo esquema epistemológico de revisão dos saberes, com os quais esteve em contato, o leva a percorrer os problemas filosóficos nucleares dos séculos que o antecedem, permitindo ao leitor transitar por algumas das principais escolas filosóficas e teológicas ocidentais, bem como por doutrinas exteriores à Ocidental — caso do Hermetismo egípcio, da Cabala judaica e do Zoroastrismo persa —, integrantes da ampla unificação pretendida por Pico. Alguns daqueles conteúdos, não suficientemente estudados, oferecem relevantes aportes à filosofia, sobretudo para as temáticas que concernem à sistematização do mundo inteligível. Finalmente, (c) o estudo de um padrão de pensamento colhido de fontes esotéricas não apenas nos coloca em contato com tradições filosóficas, teológicas e mistéricas que fizeram uso do segredo para se perpetuar, como fornece novos paradigmas de investigação e de linguagem. O emprego de elaborações mentais extraídas de tradições orais não é simples recurso retórico utilizado pelo autor, mas aporte necessário para alcançar certas sínteses. Ao contrário do que possa acreditar o senso comum, há uma força racional presente em grande parte das doutrinas que se erigem em torno à transmissão esotérica, mostrando-se, seu estudo, uma importante ampliação das possibilidades interpretativas.

Em termos de divisão dos capítulos, segue-se uma apresentação que se inicia com os aspectos exteriores, ligados à sociedade e à vida do autor, para, em seguida, abordar as produções concernentes ao seu pensamento. Assim, embora não se mostre uma exigência para o tema desenvolvido, o primeiro capítulo, como "segunda introdução", tem por função dispor o cenário temático e reconstituir uma parte da atmosfera intelectual renascentista, preparando o leitor para o acolhimento de alguns dos elementos fundamentais que compõem o universo do pensamento piquiano. O segundo capítulo contempla a biografia de Giovanni Pico, em virtude de estar diretamente vinculada ao desenvolvimento de seu *modus cogitandi*; essa a razão de ser abordada, no mesmo capítulo, a formação de seu pensamento, através da apuração das principais escolas doutrinárias com as quais o filósofo teve contato. Esse percurso basilar evidencia que Pico não se lança a argumentações de cunho esotérico como alguém desprovido de qualquer bagagem acadêmico-filosófica. Antes, o contrário. É a dimensão de tal bagagem que lhe permite vislumbrar os pontos de convergência entre várias escolas e linhagens de conhecimento — ocorrência que pouco se verifica nas investigações acerca da filosofia natural ou moral, mas mostra-se, de forma significativa, em torno aos pontos mais elevados de suas especulações metafísicas, protegidos, mais das vezes, pela transmissão oral.

Do terceiro ao sexto capítulos, são apresentadas e discutidas três das principais obras de Pico, as *Conclusiones Nongentae*, a *Oratio De Hominis Dignitate* e o *Heptaplus*. O influxo do Esoterismo na obra piquiana só poderia ser confirmado por meio da abordagem de certo número de obras em seu conjunto; a verificação de uma única obra não traria a dimensão fiel de tal influxo, podendo caracterizar um caso isolado. Entre os capítulos mencionados, o quinto deve ser entendido como uma necessária digressão para introduzir a seção seguinte, contentora de informações pertinentes ao cabalismo que requerem elucidações, porquanto o léxico cabalístico e muitas de suas concepções não são usuais na literatura filosófica. Finalmente, no sétimo e último capítulo são alinhavados os capítulos precedentes de forma a lhes dar uma coerência em forma de epíteto. A leitura do último capítulo coloca sob foco, ainda, a possível existência de um *propósito teleológico* que pede a utilização de paradigmas esotéricos para o fechamento de certas hipóteses para a estruturação do pensamento piquiano.

O desenho do conjunto, conforme a sequência de seus capítulos, segue um formato que, de certa forma, acompanha o desenvolvimento intelectual do autor; poderia, outrossim, designar um modelo de trajeto de desenvolvimento gnosiológico: partindo da esfera pública, na qual são apreendidas informações pertinentes ao "espírito" da própria época (I), passa pelas experiências de aprendizado e estudos pessoais (II), que levam à elaboração de ordenações intelectuais decorrentes das escolas e doutrinas assimiladas (III), permitindo vislumbrar, a partir delas, possibilidades de elevação e de dignificação do homem (IV), alcançado tal estágio, o pensamento lança-se em especulações metafísicas em torno às esferas do inteligível (V e VI) até, finalmente, alcançar o fim para onde tendem todas as doutrinas (VII). Sob tal perspectiva, a ordem da leitura auxilia, de forma complementar, vislumbrar a síntese almejada por Pico della Mirandola, norte de suas investigações mais profundas e fundamento para a recepção das mais diversas doutrinas, manifestas ou não.

CAPÍTULO I
Aspectos pouco lembrados do Renascimento

No ano de 1440, João VIII, imperador bizantino, era recebido na casa florentina de Cosimo *il Vecchio*[1], um dos mais proeminentes integrantes dos Medici. O encontro dos dois poderia até não ser digno de nota, não fosse o fato de que ali se encontravam os personagens símbolos de duas das mais fecundas ocorrências que a cidade de Florença vivenciaria, naquele século, para o campo do pensamento: o Concílio para unificação das igrejas e o mecenato. O soberano de Bizâncio chegara à cidade para aquele encontro ecumênico com o qual se esperava conter o avanço dos turcos[2], no que foi seguido por considerável número de teólogos que traziam para o solo italiano textos inéditos. Durante o período em que durou — entre 1439 e 1444, em meio

---

1. A alcunha "Cosimo il Vecchio" é comumente traduzida por "Cosme o Velho" — assim, sem vírgula. Optamos por manter os nomes italianos em seu idioma original.
2. O projeto, como se sabe, mostrou-se malogrado: o século XV assiste à tomada decisiva do Império do Oriente por Maomé II que, à frente dos otomanos, conquista Constantinopla em 1453.

à vigência *del'Vecchio*[3] —, deu-se o encontro entre as figuras mais representativas do mundo cristão (gregos e latinos), com profícuas consequências para os séculos XV e posteriores, visto que se difundiram informações, confrontaram-se doutrinas e crenças e abriram-se as portas para o afluxo de novos livros, sobretudo dos campos filosófico e teológico. Somada à iniciativa de mecenas como Cosimo — que incentivou a aquisição e tradução de manuscritos —, as duas "instituições" criaram as bases para a implementação de um ambiente propício, tanto para o retorno a fontes antigas quanto para a abertura a novas doutrinas, estranhas à cristã.

O encontro de culturas foi um acontecimento sem antecedentes naquele território. Embora a Florença do século XV não possa ser comparada à Bagdá do século X ou à Toledo do século XIII, lugares onde ocorreram encontros significativos entre as três culturas monoteístas mais importantes, essa cidade deveria ser mencionada, como bem observa Moshe Idel, imediatamente depois delas[4]. A urbe toscana assistiu não apenas à chegada dos bizantinos, como acolheu um número significativo de judeus — alguns provenientes de Constantinopla, mas a maior parte expulsa da Espanha e de outros territórios. Ainda que a representatividade árabe não tenha sido expressiva como nas outras duas cidades, sua presença em solo florentino foi garantida pelos gregos e judeus, que traduziam e difundiam seus textos entre os latinos. As contribuições estrangeiras abriram as portas ao Platonismo de teor místico-teológico que dominou alguns ambientes intelectuais da segunda metade do século XV, cujos rastros propiciaram a abertura para tradições de teor esotérico. Vejamos como.

Após a tomada da capital de seu império pelos otomanos, que ocorreria poucos anos após o término do Concílio, muitos bizantinos per-

---

3. O Concílio para a união das Igrejas iniciara em Basileia, em 1431, sendo depois transferido para Ferrara e, finalmente, para Florença, em 1439. Cosimo de' Medici regeu a cidade de Florença entre 1434 e 1464. Para maiores detalhes acerca do Concílio, leia-se Joseph GILL, *Il Concilio di Firenze*, Firenze, Sansoni, 1967.

4. Moshe IDEL, *Jewish mystical thought in the Florence of Lorenzo il Magnifico*, in: Bemporad-Zatelli (org.), *La Cultura Ebraica all'epoca di Lorenzo il Magnifico*, 1998, p. 34.

maneceram na Itália. Alguns entre eles, antes daquele período, vinham ajudando a incrementar o ensino do grego, necessário para o diálogo com os antigos[5]; contudo, a contribuição bizantina mostrou-se bem mais significativa. Dois personagens, em particular, corroboraram a mudança de paradigma intelectual que estava por vir: Basílio Bessarion e George Gemistos, ambos com papéis seminais dentro da organização do Concílio. Bessarion chegara à Itália em vestes de arcebispo, acompanhado de Nicolau de Cusa, revelando-se um importante sustentador da união das igrejas. Gemistos, que se tornara conhecido como George Plethon, passara a integrar o Conselho de Florença a partir de 1438, tornando-se conselheiro do imperador oriental. Desde o início daquelas reuniões, Bessarion mostrara-se preocupado em proteger os últimos vestígios da cultura grega de uma provável extinção; assim, ao mudar-se para a Itália de forma definitiva, decide transferir e doar à cidade de Veneza sua biblioteca bizantina inteira, exercendo, até o fim de seus dias, uma incansável atividade de procura de textos antigos[6]. O vínculo entre os dois eruditos iniciara ainda na Grécia, quando, durante seis anos, Bessarion frequentara em Mistra a escola de George Plethon,

---

5. Alguns gregos de elevada erudição como Argiropoulos, George de Trebizonda, Teodoro Gaza e seu discípulo Demetrio Calcondila alavancaram o ensino do grego entre os humanistas italianos (Eugenio GARIN, *Lo zodiaco della vita — La polemica sull'astrologia dal Trecento al Cinquecento*, 2007, p. 63). A cátedra de grego fora inaugurada por Manuel Chrysoloras, em Florença, no século anterior, sendo recebida com exclamações por Leonardo Bruni: "Eram setecentos anos que a Itália ignorava o grego; fonte de todas as doutrinas!" (Leonardi ARETINI, *Rerum suo tempore gestarum commentarius*, in: "Muratori", Rev. Ital. Script., XIX, 3, 1926, p. 403, apud GARIN, *L'Umanesimo italiano*, 2008, p. 48).

6. GARIN, *Lo zodiaco della vita: La polemica sull'astrologia dal Trecento al Cinquecento*, 2007, p. 63. Após a queda de Constantinopla, Bessarion sentiu a necessidade de formar uma biblioteca que protegesse a sobrevivência da civilização grega e bizantina. Conseguiu comprar ou fazer copiar a maior parte das obras do helenismo antigo, e escolheu como abrigo a cidade de Veneza não somente pela confiança em seu sistema constitucional republicano, como pelo fato de que ali prosperava uma expressiva colônia grega que lhe parecia constituir uma segunda Bizâncio. Os inventários das várias doações que foram feitas à Biblioteca de San Marco foram elencados por Lotte LABOWSKY em *Bessarion's Library and the Biblioteca Marciana — Six early inventories*, Roma, Edizioni di Storia e Letteratura, 1979. Para maiores informações acerca de Bessarion, veja-se Jonathan MOLINARI, *Libertà e Discordia. Pletone, Bessarione, Pico della Mirandola*, 2015; sobretudo a nota 120, p. 52, para amplas referências bibliográficas.

mestre que o introduzira à filosofia platônica[7]. À época, Plethon se apresentava com um comportamento profético, através do qual anunciava o fim das três grandes religiões e o consequente advento da cidade platônica[8]. Mais tarde, seria ele, o mestre de Mistra, um dos grandes responsáveis pelo florescimento do Platonismo em Florença. Sua presença em solo toscano, que de imediato provocaria uma profunda impressão no círculo de intelectuais florentinos, lhe permitiria exercer um efetivo influxo sobre seu pensamento, sobretudo em duas frentes: o estímulo para uma mudança de orientação filosófica, de Aristóteles em direção a Platão, e a abertura para doutrinas estrangeiras — de cunho misteriológico — que apresentavam vínculos teóricos entre si.

Assim, pode-se dizer que a presença grega em território italiano não propiciou apenas o aprendizado de um idioma e o afluxo de manuscritos; trouxe outros desdobramentos. Nas discussões em que defendiam a originalidade do pensamento grego perante os latinos, os padres gregos contribuíram, em algum nível e mesmo que de forma involuntária, para acelerar a crise da filosofia escolástica no Ocidente, através da instauração de um certo ambiente de repúdio a Aristóteles em seus círculos; em linhas gerais, difundiam a opinião de que os silogismos do estagirita nada acresciam à teologia, estranhando a forma como seus contemporâneos latinos sustentavam teses baseados em arsenais dialéticos[9].

---

7. Em Mistra, antiga Esparta, Plethon fundara uma escola filosófico-religiosa de tendências neoplatônicas, antes de vir para a Itália participar do Grande Concílio. Em duas cartas (uma de 1446-1447 e a outra de 1454), Bessarion se refere a seu mestre Plethon como "o mais sábio dos homens" e "mais semelhante a Platão em sabedoria e qualquer outra virtude do que qualquer outro nascido na Grécia desde a antiguidade". Embora cristão, Bessarion sugeria que, conforme a doutrina da transmigração das almas adotada por seu mestre, "não se poderá negar que a alma de Platão tomou por morada o corpo de Plethon" (John MONFASANI, *Bessarione. La Natura delibera la Natura e l'Arte*, Milano, 2014, apud MOLINARI, op. cit., p. 60).

8. François MASAI, *Pléthon et le Platonisme de Mistra*, 1956, pp. 300-314. Para maiores detalhes sobre a vida de George Plethon, vejam-se as obras de Christopher WOODHOUSE, *George Gemistos Plethon — The last of the Hellenes*, Oxford, Clarendon Press, 1986 (pp. 154-170); Arnaldo DELLA TORRE, *Storia dell'Accademia platonica di Firenze*, Firenze, 1902; Eugenio GARIN, *Rinascite e Rivoluzioni*, Bari, Laterza, 1975.

9. Jean DÉCARREAUX, *Les Grecs au Concile de l'Union. Ferrare-Florence 1438-1439*, 1970, p. 106. Ainda, para as reações contra o Aristotelismo, veja-se Joseph GILL, *Il Concilio di Firenze*, 1967, p. 270.

Cabe observar que certos fundamentos da tradição monástica bizantina corroboravam tal direcionamento; seus mosteiros eram marcados pela mística e pelo pietismo, faces de uma específica forma doutrinal que levava muitos padres gregos a se identificarem mais intimamente com os teores neoplatônicos[10].

As discussões teológicas somaram-se às então existentes discussões acadêmicas que dividiam humanistas e aristotélicos[11]. Um dos principais atores a lhes fornecer munição foi George Plethon, ao escrever um polêmico opúsculo que, em breve tempo, se tornaria objeto de intenso debate nos círculos de imigrados gregos — sobretudo aqueles reunidos em torno a Bessarion —, passando a verter para os núcleos latinos[12]. O opúsculo sustentava o "primado" de Platão, o que provocou a reação de seu conterrâneo George de Trebizonda, que sairia em defesa de Aristóteles através de sua *Comparatio philosophorum Aristotelis et Platonis*, de 1458. A questão assume ressonância pública, levando o então cardeal Bessarion a efetuar uma contrarréplica. Surge assim, em 1459, a primeira versão, em grego, do *In calumniatorem Platonis*, texto de capital importância no qual, sem atacar Aristóteles — cujos escritos, ensinados por dois séculos nas universidades europeias, eram considerados

---

10. A partir de 1347, a igreja bizantina havia adotado a doutrina hesicasta, que representava mais do que uma retomada de posições neoplatônicas. Para muitos patriotas bizantinos, era uma forma de inovação que andava em direção contrária tanto à Igreja ortodoxa quanto à antiga tradição filosófica ligada ao Aristotelismo (cf. James HANKINS, *Plato in the Italian Renaissance*, Brill, Leiden, 1990, pp. 193-197, apud MOLINARI, op. cit., p. 60). Não nos cabe aprofundar uma reflexão em torno às complexas discussões teológicas entre gregos e latinos que influiriam em seus direcionamentos filosóficos; nossa intenção é pincelar alguns matizes que conduzem aos conteúdos a serem tratados.

11. As disputas entre aristotélicos e platonistas perpassam o século XV, sendo comprovadas através de grande quantidade de material epistolar. A filosofia *quattrocentesca* é, efetivamente, marcada pela presença de dois principais troncos a disputar o mesmo século. De um lado, perpetua-se o pensamento escolástico herdado dos medievais, representado pela cidade de Pádua, verdadeira rocha da tradição aristotélica-averroísta; de outro, consolida-se o recém-nascido pensamento humanista, com sua sede na eleita Florença que, em muitas narrativas, define a ideologia do século em questão. Maiores detalhes sobre o tema podem ser lidos em Paul Oskar KRISTELLER, *Studies in Renaissance Thought and Letters*, 1996; Eugenio GARIN, *L'Umanesimo italiano*, 2008; Francesco BAUSI, *E. Barbaro, G. Pico della Mirandola, Filosofia o eloquenza?*, 1998.

12. O opúsculo de George Plethon seria publicado em latim apenas no século seguinte, sob o título *De differentiis Platonis et Aristotelis*.

superiores em clareza e ordem expositiva —, Bessarion se esforça por mostrar que as razões habitualmente utilizadas para justificar a preferência pelo Liceu eram inconsistentes, pois originadas de uma incompreensão das verdadeiras intenções que estavam na origem dos *Diálogos*. A forma enigmática da obra platônica, acentuada pelo uso de mitos e de imagens poéticas, nascia não de uma escassa preparação lógica de seu autor, ou de um suposto desprezo pelo rigor científico, mas sim em razão da elevada altitude metafísica de seu discurso, que não poderia nem deveria ser expresso em termos a todos compreensíveis. A ideia de conteúdos que não poderiam ser revelados na obra de Platão, enfatizada por Bessarion, frutificaria sobretudo entre os círculos que viriam a frequentar a Academia de Florença.

Outro fator concorrente para a orientação da vida intelectual italiana, que tomaria um rumo de crescentes conotações místicas, foi a chegada de rabinos, místicos e estudiosos de teosofia hebraica, provenientes dos lugares mais distantes da diáspora, que souberam desenvolver escolas de estudo e laboratórios de escrita e estampa, a ponto de exercerem um influxo original sobre a cultura europeia[13]. Assim, enquanto a primeira metade do Quatrocentos presencia o influxo bizantino, na segunda metade do século estreitam-se as relações entre os intelectuais cristãos e os judeus, sobretudo em razão da tolerância exercida pelo neto de Cosimo, Lorenzo, e pelos círculos ligados a Pico della Mirandola[14]. As trocas entre judeus e cristãos gregos — ambos depositá-

---

13. Gianfranco BURCHIELLARO, "Introduzione" a *Mantova e la Qabbalah*, 2001.
14. IDEL, op. cit., 1998, pp. 39-40. Tais relações são comprovadas por epístolas, como uma carta de Ficino, de 1485, que relata os frutíferos encontros entre doutos hebreus e cristãos (Ficino, *Opera*, I, pp. 903-904, apud Franco BACCHELLI, *Giovanni Pico e Pier Leone da Spoleto. Tra Filosofia dell'amore e tradizione cabalística*, 2001, p. 64). Lorenzo de Medici teve uma especial benevolência com os judeus, acolhendo em sua casa médicos (a legislação eclesiástica proibia que cristãos fossem tratados por médicos judeus, mas as terras florentinas não seguiram essa proibição), músicos como Guglielmo da Pesaro e filósofos ligados a seu amigo Pico della Mirandola. Houve pregadores, especialmente das Ordens Mendicantes, que tentaram levantar a população contra os judeus, como em outras épocas, mas as consequências de suas pregações foram bastante limitadas e controladas nesse período. Sobre o término da benevolência com os judeus a partir do advento de Savonarola, leia-se Fabrizio LELLI, *Umanesimo Laurenziano nell'opera di Yohanan Alemanno*, in: Bemporad-Zatelli (org.), *La Cultura Ebraica all'epoca di Lorenzo*

rios da antiga sabedoria helênica — não eram novidade, ocorrência que podia ser verificada ainda em solos bizantinos[15]. Dessa vez, as contribuições do núcleo intelectual hebraico, somadas à bagagem trazida pelos bizantinos, voltavam-se à latinidade cristã. Ademais, uma significativa quantidade de mestres hebreus tornou propícia a divulgação de textos até então desconhecidos no século XV, seja em razão da dificuldade de tradução dos originais — gregos, hebraicos ou árabes —, seja em razão do caráter sigiloso de alguns textos hebraicos — que, em virtude de certas contingências, começaram a ser divulgados[16].

Conquanto desde o início do Quattrocento alguns humanistas cristãos seguissem aulas com professores de hebraico[17], foi somente a partir da segunda metade do século que alguns doutos hebreus se tornariam renomados entre os círculos não hebraicos, passando a se expor em um clima de liberdade e de proficuidade sem precedentes na história intelectual judaica[18]. Antes desse período, o pensamento judaico não havia exercido nenhuma influência decisiva sobre os maiores representantes do pensamento cristão, salvo raras exceções, como foi o caso do influxo do *Guia dos Perplexos*, de Maimônides, sobre Tomás de Aquino e da influência de *A Fonte da Vida*, de Avicebron, sobre a teologia francis-

---

il Magnifico, 1998, p. 54. Para maiores detalhes acerca da aceitação dos judeus em solo toscano, veja-se Lamberto CROCIANI, *Chiesa fiorentina e comunità ebraica all'epoca di Lorenzo il Magnifico*, ibid., 1998, p. 85. Veja-se, ainda, Umberto CASSUTO, *Gli ebrei a Firenze nell'età del Rinascimento*, 1918, pp. 56-61; Cesare VASOLI, "Quadro d'Insieme", in: *La Cultura Ebraica all'epoca di Lorenzo il Magnifico*, 1998, p. 5.

15. George Plethon, por exemplo, antes de chegar à Itália, estudara por muitos anos na escola de um renomado mestre hebreu, Elisseo (Elischa), que, por sua vez, era sequaz dos intérpretes árabes de Aristóteles. Elisseo foi um importante transmissor não apenas da cultura árabe como da grega e persa, tendo sido ele a iniciar Plethon no pensamento de Zoroastro que, mais tarde, chegaria à Academia florentina (cf. MASAI, op. cit., pp. 57-60).

16. IDEL, op. cit., 1998, p. 34. Em resposta à nova segregação dos judeus que viria no século XV e da queima de seus livros sagrados, houve um incremento de publicações de textos judaicos considerados secretos, como forma de reação às perseguições e em vista do perigo de aniquilamento da própria cultura (Giulio BUSI, *Mantova e la Qabbalah*, 2001, p. 28).

17. Caso de Poggio Bracciolini e Giannozzo Manetti.

18. Sobre o tema, leia-se Umberto CASSUTO, *Gli ebrei a Firenze nell'età del Rinascimento*, 1918, pp. 274-278.

cana[19]. Agora, bem mais que mediadores linguísticos, os judeus mais ilustrados interpretavam textos criativamente e capacitavam seus patronos cristãos a apreender formas de pensamento mais antigas e até então inacessíveis em razão de seus idiomas originais. Alguns judeus tornaram-se, assim, mestres requisitados, como foi o caso dos célebres Flávio Mitridate e Elia del Medigo, que mediavam o conhecimento hebraico e o árabe, bem como de Yohanan Alemanno, que teve acesso às mais importantes obras platônicas e neoplatônicas com base na tradição filosófica judaico-árabe — três autores aos quais será feita uma aproximação nos próximos capítulos.

A partir do último quartel do século XV, verifica-se uma significativa mudança de direção nas reflexões daqueles três mestres, sintomática da nova atmosfera intelectual que se firmava ou, quem sabe, de maior liberdade, que permitia o afloramento de seus verdadeiros interesses temáticos. Conteúdos filosóficos de teor metafísico passam a ser relacionados com conteúdos mágicos, em diferentes formatos, que emergem em linha paralela com o interesse intelectual cristão, passando a contaminar os círculos de Florença. A interpretação com feições mágicas da Cabala aparece, seja nas traduções latinas de Mitridate, seja nos escritos de Alemanno, na mesma época em que Ficino traduz textos "mágicos" colhidos de obras neoplatônicas e herméticas[20]. Contudo, e apesar da recíproca atração por assuntos de magia entre estudiosos dos dois grupos religiosos, os autores judeus gozavam de maior liberdade intelectual do que os autores cristãos, que se encontravam sob a mira da Igreja[21]. Assim, fontes neoplatônicas e herméticas — e,

---

19. IDEL, *As Interpretações Mágica e Neoplatônica da Cabala no período renascentista*, in: *Cabala, Cabalismo e Cabalistas*, 2008b, p. 457.
20. Moshe IDEL efetua uma análise acerca do significativo paralelo que se estabeleceu entre os intelectuais judeus e cristãos, precisamente no mesmo período e na mesma área geográfica, considerando esse um dilema interessante da história intelectual, ainda não esclarecido (1998, pp. 23-25). Franco BACCHELLI (*Giovanni Pico e Pier Leone da Spoleto. Tra Filosofia dell'amore e tradizione cabalistica*, 2001, p. 36) confirma a reciprocidade de tais influxos: muitas marcas das discussões sobre Magia e Astrologia mantidas entre Pico e Ficino — no contexto das duas longas polêmicas que perpassaram o século — encontram-se nas obras posteriores de Alemanno.
21. Segundo Idel, existem registros de encontros entre magos cristãos e judeus durante o Renascimento (2008b, p. 464). Sobre a sutil fusão de elementos neoplatônicos

no caso de Giovanni Pico e seus amigos judeus, também cabalísticas — podem ser encontradas nos escritos da época, unidas em amálgamas que caracterizam uma forma original de pensamento.

Da mesma forma como ocorreu com os gregos, os judeus mais eruditos receberam amplos incentivos de mecenas, tanto cristãos quanto pertencentes ao núcleo hebraico. À época de Lorenzo de Medici, a tradição familiar do mecenato hebraico alcançou seu máximo esplendor, atraindo para Florença numerosas personalidades do mundo hebraico; no mesmo período, a Academia florentina se abria para o mundo[22]. Suas contribuições, juntamente com as discussões entre padres gregos e latinos, ajudaram a disseminar a filosofia neoplatônica, enquanto, de modo simultâneo, se renovava o interesse pela mensagem velada, não escrita. George Plethon, de forma precípua, embora falecendo quase dez anos antes do surgimento do círculo de estudos platônicos, seria o responsável por transmitir consistentes sementes que se desenvolveriam dentro daquele ambiente, vindo a dar frutos a partir da segunda metade do século.

A Academia: antigas tradições, novas traduções

A chegada de Plethon à cidade dos Medici entusiasmou o velho Cosimo, que costumava estar entre aqueles que ouviam os discursos do filósofo bizantino. Plethon, vindo para o Concílio que ajudaria a pacificar os ânimos religiosos, aproveitou para dar a seus ouvintes latinos, todos enamorados de Aristóteles, uma ideia da grandeza de Platão. Cativado por tais discursos apaixonados, foi sendo concebido no Patriarca, não sem as devidas sugestões do amigo grego, o desenho de um plano para instau-

---

com aspectos do misticismo judaico, vejam-se, na mesma obra, as pp. 499-501. Ainda, Giulio Busi, *La Qabbalah*, 2011, pp. 28-29.

22. Cassuto, op. cit., 1918, pp. 301-303. O patriarca Yehiel da Pisa foi um dos grandes dinamizadores de literatura e poesia da época, e seu neto, também Yehiel, que viveu à época de Lorenzo de Medici, acolheu, em sua casa florentina, por vários anos, uma verdadeira corte de literatos hebreus. Na casa de Yehiel, Yohanan Alemanno foi criado desde ainda menino, educado e instruído, de forma "amorosa", como conta em "Prefácio" ao seu livro *Chesel: Shelomò* (apud Cassuto, ibid., p. 303).

rar um centro de estudos de viés platônico em solo toscano. Em certo ponto, Cosimo decide realizar tal obra e escolhe o filho de seu médico, o ainda jovem Marsilio Ficino, para levar a termo tal empreitada. Assim, no ano de 1462 — ano considerado de fundação da Academia —, Cosimo dá a Ficino uma *villa* em Careggi, incumbindo-o da tradução e comentários de alguns diálogos platônicos[23]. O próprio Ficino batiza o local com o nome "academia", homenagem à antiga escola fundada por Platão. A Academia de Careggi, prelúdio da Academia de Florença que floresceria mais tarde sob os auspícios d'*il Magnifico* Lorenzo, não foi um organismo legalmente constituído como uma instituição, mas um simples convênio de doutos reunidos em nome de um mesmo interesse cultural. Suas portas se abriram para receber os mais diversos interessados: desde pensadores ilustres, como Angelo Poliziano, Cristoforo Landino e os irmãos Benivieni, até poetas, oradores, sacerdotes, homens de governo, músicos, juristas, médicos e o próprio Lorenzo.

Do lado de fora, o cenário florentino era incrementado pelo despertar do interesse e do envolvimento cultural de crescente número de habitantes da cidade, tão amplo na segunda metade do século, que ultrapassava os meios acadêmicos, estendendo-se aos burgueses, médicos, funcionários públicos, artesãos. A discussão de obras difíceis, como *De Ente et Uno*, de Pico della Mirandola, de temática abstrata e aparentemente reservada a poucos especialistas, despertava o interesse de um público considerável, a ponto de entusiasmá-lo[24]. O hábitat florentino em si, com seu fervor cultural, representava uma experiência culturalmente importante para os jovens estudantes que chegavam à cidade pela primeira vez, como narraria Yohanan Alemanno em uma de suas obras[25]. Enquanto isso, dentro da Academia, ocorria um mo-

---

23. GARIN, *Ermetismo del Rinascimento*, 2006, pp. 15-16.
24. Esses detalhes da vida na cidade podem ser avaliados através de cartas trocadas entre Pico e cidadãos comuns, que não apenas se mostravam interessados, como estavam aptos, muitas vezes, a debater ideias filosóficas bastante eruditas (cf. Mariateresa BROCCHIERI, *Pico della Mirandola*, 2011, p. 96).
25. Alemanno escreve, na obra *Hay ha-olamim* (*L'immortale*), que a cidade digna de se tornar a meca ideal de todo jovem desejoso de aprofundar seus conhecimentos era "Firenze, in terra di Toscana". O autor elenca as virtudes dos florentinos, assim efe-

vimento de renovação da fé encabeçado por Ficino, que, fundamentando-se nas especulações de Plethon, postulava a comunhão entre religião e filosofia, buscando acomodar aquela aos novos tempos[26]. A unificação entre o Cristianismo e os redescobertos temas da filosofia platônica e neoplatônica — em grande parte, originalidade sua — juntamente com sua vasta obra de tradução foram os dois importantes legados deixados por Ficino.

Efetivamente, as traduções foram uma dimensão importante do Renascimento florentino, promovidas, sobretudo, pelo mecenato dos dois Medici, avô e neto. Dois grandes conjuntos de obras foram traduzidos na comitiva de Lorenzo: o de idioma grego, que incluía textos neoplatônicos e herméticos, e o hebraico, que contemplava tratados não apenas filosóficos, como cabalísticos[27]. Assim, no início da década de 1460, Ficino traduz Alcino, Espêusipo, os "Versos" outorgados a Pitágoras e o texto *l'Assioco*, atribuído a Xenócrates. Mais adiante, os hinos atribuídos a Orfeu, a Homero, os de Proclo e a *Teologia* de Hesíodo. Em 1484, inicia a tradução das *Enéadas* de Plotino e, entre 1488 e 1493, traduz Teofrasto, Porfírio, Jâmblico, Prisciano, Sinésio, Miguel Psello, Pseudo-Dionísio e os fragmentos de Atenágoras. Junte-se a es-

---

tuando um verdadeiro elogio humanista à República de Florença (M. MORTARA, *Catalogo dei manoscritti ebraici della biblioteca della comunità israelitica di Mantova*, Livorno, I. Costa e C., 1878, pp. 22-29, apud Fabrizio LELLI, *Umanesimo Laurenziano nell'opera di Yohanan Alemanno*, in: *La Cultura Ebraica all'epoca di Lorenzo il Magnifico*, 1998, p. 51).

26. George Plethon vivera uma "fé" neoplatônica, procurando explicar questões teológicas de forma racional. Ficino, por sua vez, torna-se padre católico e, embora pretendendo seguir os cânones de sua fé cristã, não consegue renunciar à formulação de uma teologia racional capaz de dar à fé religiosa um fundamento filosófico (Paul Oskar KRISTELLER, *Ocho filósofos del Renacimiento italiano*, p. 71). Sobre as afinidades entre o platonismo e o cristianismo, veja-se COPENHAVER-SCHMITT, *Renaissance philosophy: A History of Western Philosophy*, 1992, p 152.

27. Segundo Moshe IDEL (1998, pp 19, 24), a obra grega, traduzida por Ficino, e o conjunto cabalístico, traduzido por Mitridate, foram as fontes mais importantes para o desenvolvimento intelectual dos pensadores florentinos do final do século XV e da Europa como um todo. Suas contribuições foram devidamente reconhecidas pelos estudiosos: as traduções de Ficino, de forma especial por Paul Oskar KRISTELLER (*La tradizione classica nel pensiero del Rinascimento*, 1975). Já as traduções do hebraico, mais recentemente, foram analisadas detalhadamente por Chaim WIRSZUBSKI (*Pico della Mirandola's Encounter with Jewish Mysticis*, 1987/1989).

sas a tradução de trinta e seis obras platônicas, e várias outras[28]. A magnitude da obra de tradução ficiniana, não suficientemente destacada, viria a ter um notável influxo no pensamento renascentista europeu, além de propiciar àquela cultura um patrimônio até então desconhecido em sua complexidade. Ora, nos séculos anteriores a essa época, os textos de Platão não eram lidos diretamente da fonte original; três séculos antes de Ficino, o abade Guglielmo de Saint Thierry escrevia sobre o amor platônico baseado em fontes indiretas como Cícero ou Agostinho. Mas agora, no século de Pico, podia-se ler Platão diretamente e as suas palavras tornavam-se pontos de referências primárias[29].

Em meio ao material filosófico, houve, ainda, dentro da esfera intelectual da Renascença, um amplo espaço para temáticas de cunho "transcendente" de acentuado teor esotérico, apresentadas, muitas das vezes, revestidas por uma roupagem filosófica entretecida de tendências neoplatônicas, herméticas e — menos perceptíveis — cabalísticas. Um dos responsáveis por instigar tal atmosfera fora George Plethon, cuja influência não se dera apenas em relação ao Platonismo; ele também trouxera Hermes Trismegisto e Zoroastro para Florença, já devidamente sistematizados pelo bizantino Miguel Psello no século XI[30]. Com base nas traduções de Ficino para o latim, conteúdos permeados de misticismo e magia passam a ser transmitidos a vários núcleos da sociedade, embora tal gênero de interesse se mostrasse anterior, tendo percorrido o século

---

28. Como infere Mariateresa BROCCHIERI (op. cit., p. 24), "em momentos prósperos da história ocorrem afortunados fenômenos de encontro entre o poder e a cultura: três séculos antes, na rica Andaluzia muçulmana, o califa Abu Ya'qub Yusuf passara a Averróis a tarefa de traduzir e comentar Aristóteles", dando o pontapé inicial para um longo período de estudos aristotélicos. Agora, era a vez de Cosimo, Ficino e a abertura para os estudos platônicos.

29. COPENHAVER-SCHMITT, op. cit., pp. 133 ss. No "Prefácio" ao *Supplementum ficinianum*, Giovanni GENTILE escreve que Ficino é importante não apenas para o entendimento do Renascimento italiano, como do Platonismo europeu que sobreviveria dois séculos depois dele; portanto, para o entendimento de muito da filosofia moderna, de cujo desenrolar se plasmou o pensamento de nosso tempo (KRISTELLER, *Supplementum ficinianum*, 1937). Eugenio GARIN, por sua vez, ajuíza que "acerca da ressonância enorme causada pela tradução de Ficino, nunca se dirá o suficiente" (op. cit., 2007, p. 73).

30. Arthur FIELD, *The Platonic Academy of Florence*, in: Allen-Rees (org.), *Marsilio Ficino: his Theology, his Philosophy, his Legacy*, 2002, pp. 359-376. Ainda para o tema, veja-se IDEL, 2008, p. 499.

por inteiro. A relevância dada ao tema permite algumas especulações. Para o homem médio[31], a religião apresentava uma dicotomia matéria-espírito então não mais tanto satisfatória; a matéria era causa de aflições e o reino do espírito mostrava-se distante demais. A intuição de mundos intermediários, corroborada pelas discussões astrológicas, trazia possíveis respostas à sua precária existência, ao mesmo tempo em que o conhecimento de formas de magia permitia não se deixar dominar pelo *fatuum*[32]. Criava-se, assim, um espaço entre a religião e a matéria, preenchido pelo acesso àquelas realidades intermédias: como observou Eric Weil, "o homem renascentista ia à missa e depois ao astrólogo"[33].

Ademais, a crença na astrologia se intensifica em razão de um difundido anseio por unificação entre o indivíduo e o cosmo ao seu redor — tema estimado pelo "espírito" do século e razão do incremento daquele estudo em meio aos humanistas da Academia. A invenção da prensa gráfica tornou possível determinar, com certo grau de precisão, quais obras eram consideradas essenciais ou populares à época, através da detecção de quais conteúdos foram impressos mais cedo e em maior número: a quantidade de volumes dedicados à Astrologia no Quattrocento italiano aponta para a disseminação de tal interesse, juntamente com sua centralidade nas discussões metafísicas[34], a presença constante

---

31. A menção ao homem "médio" é usual em textos intelectuais da época, como os de Ficino e Pico, para indicar homens não partícipes do mundo do pensamento. Veja-se, por exemplo, *De Hominis Dignitate, Heptaplus, De Ente et Uno e scritti vari*, 1942, p. 396.
32. Não poucos textos de conteúdos declaradamente mágicos circulavam no Quattrocento. Eugenio Garin considera que o tema da magia se encontra no centro do quadro renascentista; tal constatação faz o autor se distanciar, sob esse quesito, de Jacob Burckhardt e Giovanni Gentile (cf. Michele CILIBERTO, Prefácio a GARIN, *Ermetismo del Rinascimento*, 2006). Sobre o *fatuum*, veja-se GARIN, ibid., p. 47.
33. Eric WEIL, *La Philosophie de Pietro Pomponazzi; Pic de la Mirandole et la Critique de l'Astrologie*, 1986, p. 66. Weil acrescenta que o homem do Quattrocento vivia em si uma divisão interna estanque: ele se via cristão, ia à igreja, cumpria todos os seus deveres religiosos; ele sabia da existência da alma e que essa tinha um valor; mas era um saber "morto", pois o que ocorria no mundo material não tinha relação com a sua alma.
34. A chamada "polêmica da astrologia" colocaria em evidência a multiplicidade de temas com ela convergentes ou contrastantes, deixando como herança uma vasta quantidade de material literário. O debate, que perpassa todo o século XV, envolvendo um total de pelo menos três séculos, torna partícipes tanto homens de inegável conhe-

de instâncias proféticas na vida política, as representações artísticas (a imagem do homem cósmico, em que cada parte ou órgão do corpo se encontra ligada a um corpo celeste, torna-se comum nos tratados astrológicos) e a importância do papel do astrólogo — que se torna um ator social requisitado. Todas indicações de um fenômeno central e caracterizante de uma época[35].

Sob tal clima, homens letrados recepcionam o *Picatrix*, manuscrito árabe de conteúdo mágico[36]. Bem mais que um manual de magia cerimonial, o texto contempla uma mescla de temas filosóficos, teológicos e práticos, apresentando um nexo "entre pressupostos teóricos e práticas operativas, entre hermetismo especulativo de viés platonizante e magia, entre teurgia e teosofia oriental"[37]. Lê-se, em suas linhas, que "a ciência procede por graus; conhecido um, logo surge outro a ser apreendido" e que "através da ciência, o homem faz milagres, compreende tudo, conse-

---

cimento científico, como Paolo Toscanelli, quanto homens de profunda religiosidade, como Ficino, cujas conhecidas práticas astrológicas contrastavam com seu pensamento cristão. Tanto Toscanelli quanto Ficino, apesar de terem ambos colocado em dúvida a validade das previsões astrais, continuavam dependentes das prescrições astrológicas, como observa Cesare VASOLI em seu "Prefácio" à obra de Garin (2011). A cidade de Ferrara, um dos principais redutos de intelectuais, abrigava círculos de doutos que se reuniam para tentar decifrar os significados que se escondiam nas intrincadas relações formadas entre os astros; eram homens de razão que comungavam da mesma "fé" nas estrelas (Ernst CASSIRER, *Individuo e Cosmo nella Filosofia del Rinascimento*, 1935, pp. 165 ss.). Para os impactos sociais da Astrologia, leia-se GARIN, *Lo zodiaco della vita: La polemica sull'astrologia dal Trecento al Cinquecento*, 2007.

35. Franz BOLL, *Sphaera: Neue griechische Texte und Untersuchungen zur Geschichte der Sternbilder*, Hildesheim, Georg Olms, reprinted 1967, pp. 415 ss. (apud GARIN, *Giovanni Pico della Mirandola*, 2011, p. 173).

36. O *Ghayat al-hakim* (*O propósito do Sábio*), ou *Picatrix*, foi um célebre tratado árabe de autor incerto, cuja versão latina manuscrita circulou na Itália, especialmente na segunda metade do Quattrocento, ocasionando tanto admiração quanto indignação entre alguns cristãos e muçulmanos — como o estudioso Ibn Khaldun —, por ser visto como um manual de necromancia. Giovanni Pico possuía uma cópia do manuscrito em sua biblioteca; Ludovico Lazzarelli o utilizou, bem como, no século seguinte, Cornelio Agrippa, Giordano Bruno e Tommaso Campanella. A obra encontra-se, atualmente, no Manuscrito de Munique, 214, f. 51r (Moshe IDEL, *As Interpretações Mágica e Neoplatônica da Cabala no período renascentista*, in: *Cabala, Cabalismo e Cabalistas*, 2008b, p. 463; p. 474). Para o tema, leia-se GARIN, *La diffusione di un manuale di Magia, la cultura filosofica del Rinascimento italiano*, Firenze, 1961, pp. 159-165.

37. Cf. GARIN, *Ermetismo del Rinascimento*, 2006, p. 47.

gue ser tudo"[38]. Chamaria a atenção da Academia o conceito de "Natureza Perfeita", uma entidade espiritual da qual os filósofos participam em graus diversos, qual um caminho iniciático que se desvela à medida que se caminha — um segredo escondido dentro da filosofia. No próprio *Picatrix* encontra-se sua definição, através de um belo discurso atribuído a Hermes Trismegisto: "A Natureza Perfeita é o espírito do filósofo e do sábio conjugado ao planeta que o governa. É ele que abre as portas da ciência, que o faz compreender as coisas que, de outra forma, não poderia compreender e das quais procedem as operações da natureza, tanto em vigília como no sono. Daí resulta claro que a Natureza Perfeita se comporta no sábio e no filósofo como o mestre em relação ao discípulo"[39].

O que interessa destacar é como as correspondências entre conteúdos supramundanos despertaram a atenção de estudiosos como Ficino, levando-os a perceber que muitos temas do *Picatrix* estavam expostos no *Pimander* hermético — a ser abordado adiante —, confirmando a estreita conexão entre Hermetismo, Magia e Astrologia. Indo além, o *Picatrix* expunha um saber operativo, capaz de colocar em prática as doutrinas herméticas recém-descobertas. Com efeito, Ficino e Pico se interessaram pela efetuação das experiências mágicas contidas na obra. O clima excepcional de abertura ao sincretismo de pensamento existente em Florença não impediu, contudo, que Ficino sofresse perseguições da Igreja. Vozes maliciosas acusavam-no de ter continuado a realizar práticas mágicas juntamente com Pico, no período em que este se encontrava confinado após a condenação de sua obra *Conclusiones Nongentae*, e mesmo depois de Ficino ter sido ameaçado de condenação eclesiástica[40]. O próprio padre confessava ter utilizado o *Picatrix* em seu terceiro livro do *De Vita*, ao tratar das propriedades terapêuticas dos talismãs, reconhecendo, "através de longa experiência", que a concentração de influxos celestes sobre uma imagem

---

38. *Picatrix*, III, vi, Henry CORBIN (trad.), *L'homme de lumière dans le soufisme iranien*, 1971, pp. 29-46.
39. *Picatrix*, III, vi, CORBIN (trad.), op. cit.
40. GARIN, 2006, pp. 42-49. Nas páginas do *Picatrix* é possível encontrar um compêndio de fórmulas mágicas, nas quais são utilizados ingredientes como o ópio, o haxixe e outras plantas psicoativas, cujo consumo induziria a estados alterados e favoráveis à clarividência (GARIN, 2007, pp. 51 ss.).

realizada segundo as corretas regras apresentava um singular efeito terapêutico[41]. Fato é que, enquanto Ficino era acusado de prática de magia, a obra *De Vita* via suas edições se multiplicarem.

A simetria entre as antigas teologias

Um ano após Cosimo ter pedido a Ficino que traduzisse algumas obras platônicas, eis que o monge Leonardo de Pistoia chega da Macedônia trazendo para Florença uma cópia do *Corpus Hermeticum*. O impacto do surgimento desse material é tão extraordinário que Ficino se vê obrigado a suspender a tradução das obras de Platão para dedicar-se imediatamente ao novo manuscrito. Em uma tradição que fora inaugurada por Miguel Psello, o pensamento bizantino vinha mantendo, por séculos, o *Corpus Hermeticum* em um lugar de honra dentro do ensinamento platônico[42]; e os mestres chegados de Bizâncio para o Concílio de Florença, cerca de duas décadas antes, haviam sido os primeiros a apontar para a afinidade existente entre o Hermetismo e o platonismo no que concernia à sistematização do cosmo e à "antropologia" presentes em seus textos[43]. A suposta anterioridade de Hermes Trismegisto em relação a Platão e a superioridade espiritual dos egípcios sobre os gregos

---

41. Paul Oskar Kristeller, *Ocho filósofos del Renacimiento italiano*, 1970, p. 71; Franco Bacchelli, *Giovanni Pico e Pier Leone da Spoleto: Tra Filosofia dell'amore e tradizione cabalística*, 2001, p. 38.

42. Miguel Psello foi uma das personalidades mais importantes da cultura bizantina: político, conselheiro de imperadores, professor da Universidade de Constantinopla, autor de numerosos escritos e conhecido em particular por suas obras de História, envolveu-se na recuperação da cultura clássica — interesse que encontrou a hostilidade dos círculos tradicionalistas da Igreja Bizantina. Comentador de Aristóteles e Platão, Psello também se interessou pelas obras dos neoplatônicos. Efetuou um recolhimento das coleções gregas referentes aos materiais hermético e caldeu, a partir de fragmentos encontrados em Plotino, Proclo e outras fontes similares tardias (cf. Stephan Farmer, *Syncretism in the West: Pico's 900 Theses* [1486]. *The Evolution of Traditional, Religious and Philosophical Systems*, 1998, pp. 486-487). A relação de seus escritos pode ser vista em Giacomo Corazzol, *Le Fonti "Caldaiche" dell'Oratio: indagine sui presupposti cabbalistici della concezione pichiana dell'uomo*, in: *Accademia. Revue de la Societé Marsile Ficin*, XV, 2013, p. 19.

43. O tema é desenvolvido por Paul Oskar Kristeller, *El pensamiento renacentista y sus fuentes* (1982, pp. 206-224).

— então paradigma máximo do conhecimento —, sugerida nas palavras atribuídas ao rei-sacerdote[44], talvez tenham sido duas entre as razões para que os *Diálogos* fossem deixados temporariamente de lado:

> Na medida em que tiveres o poder, ó rei que tudo pode, preserva a qualquer custo este discurso de toda tradução, para que mistérios assim grandes não cheguem aos gregos, e a sua orgulhosa fala com falta de força não faça empalidecer e não anule a gravidade, a robustez, a virtude operativa dos vocábulos de nossa língua. Pois que os gregos, ó rei, dispõem apenas de discursos vazios afeitos a produzir demonstrações; e nisso, na realidade, consiste toda a sua filosofia, em um barulho de sons. Nós, diversamente, não nos utilizamos simplesmente de palavras, mas de sons plenos de eficácia[45].

O gesto de Cosimo, de pedir a tradução de Hermes antes de Platão, não estaria livre de significados: o contato com aqueles textos enigmáticos marca com uma impronta o âmbito intelectual florentino, e o Hermetismo passa a ser uma doutrina cultuada em toda a sua complexidade mágica e teológica; ademais, seus ecos serão fortemente ouvidos no século posterior, como pode ser constatado por vasta literatura[46].

---

44. Os humanistas do Renascimento não tinham dúvidas acerca da antiguidade e da autenticidade daqueles textos — mais tarde revelados pseudoepigráficos, dos primeiros séculos da era vulgar — e, tampouco, sobre Hermes ter sido um real sacerdote egípcio.

45. *Corpus Hermeticum*, XVI, 2 (ed. NOCK-FESTUGIÈRE, 2006, pp. 429 ss.). Tradução do grego feita por Andrè Festugière; a tradução para o português é de nossa responsabilidade.

46. À primeira edição latina do *Corpus Hermeticum*, publicada em 1471 e até então desconhecida no Ocidente, seguiram-se, ao menos, vinte e quatro edições nos dois séculos posteriores. Somente o *Pimander*, primeiro dos tratados, teve dezesseis edições entre o final do séc. XV e o final do séc. XVI (cf. KRISTELLER, *Studies in Renaissance thought and letters*, 1956, pp. 223 ss.). O impacto da obra hermética não poderia deixar de atingir o mundo das Artes: uma bela representação de Hermes Trismegisto encontra-se no mosaico de mármore feito por Giovanni di Stefano, em 1488, para a Catedral de Siena, comprovando a aceitação do sábio pagão em território cristão. Para as repercussões do tema, veja-se Frances YATES, "The Hermetic Tradition in Renaissance Science", in: *Art, Science and History in the Renaissance*, Baltimore, Johns Hopkins Press, 1968, pp. 255-274; Eugenio GARIN, *Ermetismo del Rinascimento*, Pisa, Della Normale, 2006; James HEISER, *Prisci Theologi and the Hermetic Reformation in the Fifteenth Century*, Texas, Repristination Press, 2011; Luisa ROTONDI SECCHI TARUGI, *L'Ermetismo nell'Antichità e nel Rinascimento*, Milano, Nuovi Orizzonti, 1998.

Antes das novas traduções, o *Asclepius*, um dos tratados herméticos, havia circulado no Medievo, de forma que algumas de suas doutrinas não eram desconhecidas e vinham sendo estudadas por alguns, sobretudo por intermédio das obras de Lactâncio e Agostinho — o primeiro, com seus elogios; o segundo, com suas condenações[47]. Ficino conhecera o *Asclepius* sete anos antes de iniciar a tradução dos demais tratados, tendo copiado alguns de seus capítulos em um manuscrito pessoal. De toda forma, é somente a partir de seu amplo trabalho de tradução que o Hermetismo passa a contribuir, e não pouco, com a disseminação de "uma nova sensibilidade" que incrementa "o gosto pelo mistério e pelo oculto", conforme ajuíza Eugenio Garin[48].

Entre os dezoito tratados que compõem o *Corpus*[49], o *Pimander*, primeiro a iniciar a ordenação, expõe um relato sobre a criação do mundo, o homem e sua queda. Os tratados seguintes descrevem a ascensão da alma pelas esferas dos planetas para o reino divino e seus processos de regeneração. O *Asclepius*, ou *Discurso Perfeito* — opúsculo desassociado dos demais tratados, cuja tradução foi erroneamente atribuída a Apuleio de Madaura por não poucos filólogos[50] —, trata da religião dos egípcios e seus ritos sacerdotais, alguns polêmicos por serem destina-

---

47. As citações herméticas de Lactâncio partem da versão de um escrito grego, o *Lógos téleios*, difundido também em versão copta. Em carta a Cosimo (contida no Prólogo à tradução do *Pimander*), Ficino faz referência às acusações de Agostinho acerca das possíveis origens divinatórias ou demoníacas das doutrinas de Hermes no *Asclepius* (*De civitate Dei* VIII, pp. 23-26). Por tal razão, o padre-filósofo teria optado por seguir os juízos mais favoráveis de Lactâncio. Petrarca, Coluccio Salutati e Nicolau de Cusa também atestam conhecer o conteúdo do *Asclepius*, sempre através dos olhos de Lactâncio e Agostinho. Para as referências das obras desses autores, veja-se GARIN, 2006, pp. 10 ss.

48. GARIN, 2006, p. 74.

49. A ordenação foi realizada por Darby Nock, que distingue o *Corpus Hermeticum* do *Asclepius* e de outros fragmentos atribuídos a Estobeu. Entretanto, o todo da obra hermética é chamado, *grosso modo*, *Corpus Hermeticum*. O manuscrito original encontra-se em Florença, na Biblioteca Riccardiana 709, ff. 10r-12r.

50. A autoria do *Asclepius* mantém-se desconhecida. Ficino atribui a Apuleio a tradução mais antiga do *corpus*: "*E multis denique Mercurii libris, duo sunt divini praecipue, unus de voluntate divina, alter de potestate et sapientia dei. Ille Asclepius, hic Pimander inscribitur. Illum Apuleius platonicus latinum fecit, alter usque ad haec tempora restitit apud graecos*" (Marsilio FICINO, *Pimander*, in: *Opera Omnia*, KRISTELLER-SANCIPRIANO [org.], 1962, p. 1836).

dos a atrair as forças do cosmo para as estátuas de seus deuses. O ensinamento nuclear do *Pimander* mostra conformidades com o processo de união ao Inteligível descrito no manual de magia *Picatrix*, que não deixariam de ser percebidas: nos dois textos, mestre e discípulo se unificam; o diálogo do ser é com o *noûs*, no primeiro, e com a "Natureza Perfeita", no segundo: "*Pimander* é o *noûs* que acompanha sempre o discípulo; é, pois, a Natureza Perfeita"[51].

Esse tipo de conteúdo, tanto em suas partes teoréticas quanto teúrgicas, seria reconhecido, outrossim, em meio aos enunciados caldeus, introduzidos na urbe por Plethon. Os *Oráculos Caldeus*, atribuídos ao sacerdote persa Zoroastro, foram manuscritos muito bem recepcionados pelo século XV, como ocorreu com os herméticos[52]. Seu conteúdo, de acordo com juízo de Darby Nock, apresenta fortes semelhanças com escritos do gnosticismo cristão — que, em muitos pontos, coincidem com o conteúdo do Platonismo dos séculos II e III —, como o anelo por certeza e revelação, a propensão às abstrações metafísicas e a preocupação com a alma e sua salvação[53]. Des Places descreve o conteúdo dos *Oráculos* como uma série de ideias "sobre Deus, os *daimons*, a alma, o cosmo", além de indicações sobre ritos teúrgicos[54]. Algumas passagens são descritivas, revelando a natureza de Deus, do intelecto e das hipóstases derivadas do Uno; outras, prescritivas, formulam instruções que o teurgo deve seguir para purificar suas almas, racional e irracional, e o corpo, com o objetivo de se juntar à fonte original[55]. Há um grande número de elementos que remetem ao *Timeu* platônico, uma das razões

---

51. A síntese é de Eugenio GARIN (2006, pp. 45-46), conforme sua leitura do *Picatrix*.

52. Ficino traduziu os *Oráculos* baseado na versão grega de Plethon, acrescentando a eles seu próprio comentário (FARMER, op. cit., p. 486). Fontes antigas propõem que o verdadeiro autor dos *Oráculos Caldeus*, ou *Lógia Chaldaiká*, tenha sido Giuliano, o Teurgo, filho de Giuliano, o Caldeu, que viveu à época de Marco Aurélio, em cerca de 150 d.C. Sobre a recepção aos textos de Giuliano na Academia, veja-se Bohdan KIESZKOWSKI, *Studi sul platonismo del Rinascimento in Italia*, 1936.

53. Cf. "Prefácio" de Arthur Darby Nock ao *Corpus Hermeticum*, op. cit., p. 16.

54. Edouard DES PLACES, *Oracles chaldaïques*, 1971, p. 12.

55. Giacomo CORAZZOL, *Le Fonti "Caldaiche" dell'Oratio: indagine sui presupposti cabbalistici della concezione pichiana dell'uomo*, in: *Accademia, Revue de la Societé Marsile Ficin*, XV, 2013, p. 18.

que, provavelmente, levou Plethon a colocar os *Oráculos* como fundamento de sua teologia, identificando-os como a fonte das doutrinas zoroastrianas que se encontravam na origem da teologia platônica. Em resposta a George Scolario, Plethon, com efeito, atestava: "Que Platão fez dessa filosofia a sua própria é demonstrado pelos *Oráculos*, que nos chegaram de Zoroastro e que concordam em todos os aspectos com as doutrinas de Platão"[56].

Sabe-se que a mentalidade renascentista apreciava os arranjos simétricos, de forma que todas essas traduções, pertencentes a tradições que não somente detinham uma prerrogativa de sabedoria como ainda apresentavam uma simetria entre seus conteúdos, seriam facilmente absorvidas pelos meios intelectuais, sobretudo na Academia. Para muitos humanistas do Quattrocento, as formas e os fenômenos religiosos mais antigos eram, em certo sentido, verdadeiramente puros, por se encontrarem mais próximos da forma original revelada pelo divino aos homens. Assim, havia um terreno propício para o cultivo daqueles temas, que contemplavam desde o fascínio do antigo Egito e seus rituais mágicos até a concepção de uma renovação religiosa; ademais, proclamavam o lugar privilegiado do homem — tema que seria retomado por alguns humanistas[57]. Ficino não demora a incorporar aquelas doutrinas a seus pensamentos, percebendo semelhanças com a filosofia platônica e descobrindo correspondências em Plotino, Jâmblico e Proclo; reconhece simetrias teoréticas, sobretudo nos enunciados pertinentes a sistemas cosmológicos e metafísicos, que passariam a ser enfatizadas em suas obras[58].

Mais do que isso, a simetria encontrada entre aqueles materiais constituíram, para Ficino, um testemunho de mistérios secretos, *arcana mysteria*. Na concepção ficiniana, de inspiração plethoniana, existiria uma antiga corrente de ensinamentos filosóficos transmitidos

---

56. A passagem é citada e traduzida por S. GENTILE, *Sulle prime traduzioni dal greco di Marsilio Ficino*, in: "Rinascimento" n. 30, 1990, pp. 64-65, apud CORAZZOL, op. cit., p. 20.

57. Para o influxo do Hermetismo sobre os Humanistas, leia-se Paul Oskar KRISTELLER, *El pensamiento renacentista y sus fuentes*, 1982, pp. 206-219.

58. Brian COPENHAVER, *Hermes Trismegistus, Proclus and the Question of a Philosophy of Magic in the Renaissance*, in: Merkel-Debus (org.), *Hermeticism and the Renaissance: Intellectual History and the Occult in Early Modern Europe*, 1988, pp. 79-110.

por profetas-teólogos que teriam concebido uma organização dos planos inteligíveis, fundamentada em revelações recebidas. Sob seu olhar, não distante da visão de outros filósofos ligados ao Neoplatonismo, a atividade filosófica coincide com a teológica na medida em que prepara a alma-intelecto para acolher a "revelação". Os antigos teólogos, *prisci theologi*, são, pois, aqueles que conhecem, por revelação, a verdade, sempre a mesma por se tratar de realidade não sujeita ao devir. Seguindo uma tradição ininterrupta, as doutrinas de Trismegisto foram sendo transmitidas a outros sábios da antiguidade, chegando até Platão, compondo o que seria uma *secta philosophorum* — como escreveria Ficino em sua carta a Cosimo de' Medici[59]: "Hermes por primeiro foi chamado teólogo [*primus igitur theologiae apellatus est autor*]; seguiu-o, como segundo teólogo, Orfeu, depois Aglaofemo, Pitágoras e Filolau, mestre de nosso divino Platão"[60]. Plethon havia antecedido Ficino em sua *Prisca Theologia*, iniciando seu elenco com Zoroastro. Certamente, o influxo da concepção intuída pelo mestre bizantino faria efeito sobre Ficino, visto que, em seu "proêmio" à tradução das *Enéadas* plotinianas, de 1492, Hermes e Zoroastro seriam colocados juntos, em primeiro lugar, como iniciadores da *pia philosophia*[61].

Nos anos próximos à composição do *De Vita*, Ficino volta-se, cada vez mais, para a tradução de obras de maior cunho esotérico, como é o caso do *De Mysteriis*, atribuído a Jâmblico, e do texto hierático de Proclo, *De sacrificio et Magia*[62]. As concepções acerca da existência de uma cadeia formada por antigos "teólogos", a abertura ao Platonismo estimulada pelos mestres bizantinos, as repercussões do misticismo hebraico, as traduções de Ficino, as polêmicas acerca da Astrologia e da Magia, que perpassam o século, são todas características que se aliam para compor um *"esprit du siècle"*, abrindo espaço para teologias es-

---

59. KRISTELLER, *Studies in Renaissance Thought and Letters*, 1996.
60. Marsilio FICINO, Prólogo ao *Pimander* (*Opera Omnia*, Kristeller-Sancipriano [org.], 1962, v. II, p. 1836). Para um estudo completo acerca da *Prisca Theologia* ficiniana, leia-se D. P. WALKER, *Spiritual and demonic magic from Ficino to Campanella*, London, The Warburg Institute, 1958.
61. Marsilio FICINO, *Opera Omnia*, op. cit., v. II, p. 1537.
62. GARIN, 2006, p. 68.

trangeiras que não poderiam deixar de influir na composição do pensamento de Pico della Mirandola. Resta observar que a paulatina mudança de consciência trazida pela *renovatio* do Quatrocentos deve-se, em grande parte, aos pressupostos metafísicos trazidos pela redescoberta de antigas doutrinas que fundamentaram muitos dos postulados filosóficos e teológicos da época.

CAPÍTULO II
Giovanni Pico della Mirandola

Giovanni Pico foi um ser fascinante. Mas não feliz. Seus mais intensos projetos foram malogrados. Todavia, foi aclamado pelos críticos como um dos mais notáveis representantes da filosofia renascentista; por seus contemporâneos, como o mais sábio filósofo de sua época[1]. Fruto de seu século ou, quem sabe, de uma personalidade marcada por contrastes, seu pensamento não está livre de contradições. A mais

---

1. Giovanni Pico foi considerado, ainda, o mais jovem, nobre e belo filósofo de seu tempo. O escolástico Angelo Poliziano se referia ao amigo, em suas cartas, como o "divino Pico", a "fênix", o "semideus", a "luz de todo o aprendizado" e "aquele que é bonito como ninguém e mais eminente em todos os ramos do aprendizado". Para essas e outras passagens, veja-se POLIZIANO, *Letters*, Shane Butler (org.), Cambridge, Harvard University Press, 2006, v. 1, pp. 36-37, 118-119, 134-135, 193. Acerca da beleza do conde, avultam as descrições: "*Era così bello, colle chiome d'oro svolazzanti sul volto radioso, quasi novello Adone, come ce lo dipinge il Ramusio* [Girolamo Ramusio] *in un carme latino*" (FLAMINI, *Girolamo Ramusio*, in: Atti e Memorie di R. Acc. di Padova, 1899-1900, v. XVI, pp. 11-37, apud Giovanni SEMPRINI, *Giovanni Pico della Mirandola — La Fenice degli Ingegni*, 1921, p. 9). Ver, também, José Vitorino de PINA MARTINS, *Jean Pic de la Mirandole — Un portrait inconnu de l'humanisme*, 1976.

visível, que extravasa para a sua obra inteira, encontra-se na dicotomia entre fé e *ratio*, ou entre o piedoso servo da Igreja e o filósofo que se liberta de todo o dogma para investigar os mais diversos caminhos[2]. Tais contrastes, ao se aliarem a um forte carisma, à fama de gênio multifacetado[3] e a um conjunto de circunstâncias extraordinárias — tais como uma vida marcada pela tragédia e a morte prematura aos 31 anos —, contribuíram para criar uma atmosfera de encanto em torno de seu nome, a ponto de, a cerca de três décadas de sua morte, ainda ser chamado de "homem quase divino" por Maquiavel[4].

Enaltecimentos não lhe faltaram. A despeito dos elementos contrastantes em sua obra — ou, justamente, por causa deles —, seu legado pode ser considerado a síntese que agrega algumas das investigações mais marcantes de sua época ("as causas das coisas, os processos da natureza, a razão do universo")[5], o que fez com que ganhasse o interesse de famosos intelectuais europeus ao longo dos séculos e recebesse elogios de pensadores tão diversos quanto Erasmo de Rotterdam, Pierre Gassendi, Kepler e Voltaire[6]. O apreço de Thomas More pela obra piquiana fez com que a difundisse ao público inglês em larga escala, seja

---

2. Como acentuou Newton BIGNOTTO, Pico "foi prisioneiro das dúvidas que assaltavam os que se dispunham a lidar com novas ideias e continuar a viver no interior da fé cristã" (*Considerações sobre a antropologia de Pico della Mirandola*, 2010, p. 147).

3. Tornou-se proverbial a prodigiosa memória de Pico. Detinha na mente numerosas obras que o faziam ter uma habilidade enciclopédica de oratória. Sua capacidade de retenção era tal que podia recitar a inteira *Divina Commedia* de trás para frente, iniciando do último verso — podendo fazer isso com qualquer poema que acabasse de ler (François SECRET, *Les Kabbalistes Chrétiens de la Rénaissance*, 1985, 1º cap.).

4. Nicolau MAQUIAVEL, *História de Florença*, livro VIII, 36, 2007, p. 557. Tal obra foi escrita entre 1520 e 1527, portanto nos últimos anos da vida de Maquiavel.

5. PICO, *De Hominis Dignitate, Heptaplus, De Ente et Uno et scritti vari*, 1942, p. 130: "*Quasi rerum causas, naturae vias, universi rationem*, [...]".

6. Veja-se, respectivamente, Marc LAUREYS, *The Reception of Giovanni Pico in the Low Countries*, in: Gian Carlo GARFAGNINI, *Giovanni Pico della Mirandola: Convegno internazionale di studi nel cinquecentesimo anniversario della morte (1494-1994)*, 1997, p. 629; Brian VICKERS, *Critical Reactions to the Occult Sciences during the Renaissance*, in: *The Scientific Enterprise — The Bar-Hillel Colloquium: Studies in History, Philosophy, and Sociology of Science*, Edna Ullmann-Margalit (org.), Dordrecht, 1992, n. 4, p. 75; Sheila RABIN, *Kepler's Attitude toward Pico and the Anti-Astrology Polemic*, in: Renaissance Quarterly 50, 1997, pp. 750-770. Para as avaliações de Voltaire sobre Pico, veja-se Henri de LUBAC, *Pic de la Mirandole: Études et discussions*, 1974, p. 13.

através das traduções das cartas e pequenos textos de Pico, seja por sua livre tradução do livro *Vita*, de Gianfrancesco Pico, que constitui a primeira biografia impressa em inglês[7]. Em tempos contemporâneos, foi alçado ao título de "Fênix dos engenhos", por Giovanni Semprini, "Alma do Renascimento italiano", por Eugenio Garin, e "Aurora inacabada", por Henri de Lubac[8].

A principal marca de Pico foi não se ter entregue inteiramente a nenhuma corrente de pensamento, fosse filosófica ou teológica. Com isso, suas ideias o colocaram em constante linha de fogo cruzado, não lhe permitindo pertencer de forma plena a nenhum círculo. Nem mesmo as vestes de sua cepa aristocrática foram vestidas de forma confortável: seu entusiasmo por ideias novas, a paixão pela investigação e a rapidez febril com as quais expunha suas opiniões afastavam-no da prudência típica de um bom cortesão[9]; ademais, a escolha de uma vida filosófica não fazia parte do repertório da nobreza no século XV, cujo caminho usual passava pelo clero ou pela corte. A resposta a Andrea Corneo, que o exortava a abraçar a corte, indica a verdadeira propensão de Pico:

> Me escrevestes: "aproxima-se o tempo em que deverás colocar-te a serviço de algum dos grandes [príncipes] da Itália". Parece-me que ignoras a opinião que têm de si os amantes da filosofia. Esses, de acordo com Horácio, se consideram reis, não sabem servir e adequar-se aos costumes de outros, vivem consigo mesmos contentes da própria serenidade, se bastam e não precisam de nada que esteja fora de si mesmos. [...] E eu, partilhando dessa opinião, anteponho a minha pequena cela [no claustro], os meus estudos, os prazeres que

---

7. Essa e outras referências podem ser encontradas na "Introdução" de Michael Dougherty à sua obra *Pico della Mirandola: New Essays*, 2008, pp. 1-2.
8. As críticas, embora de menor vulto, também não faltaram. Entre os comentaristas, Lynn Thorndike é o que faz uma das mais duras avaliações da obra de Pico, considerando o autor "imaturo" (*A History of magic and experimental science*, v. 4, 1934, p. 485).
9. Conforme relata o sobrinho Gianfrancesco, à velocidade intelectual de compreensão e de apreensão correspondia em Pico uma escrita rápida, nervosa, algumas vezes difícil de entender. Escrevia em toda parte, em folhas soltas, tanto que após sua morte foi bastante trabalhoso para o sobrinho pôr ordem naqueles escritos, muitos deles incompletos (Mariateresa Brocchieri, *Pico della Mirandola*, 2011, p. 97).

me propiciam os meus livros, às salas reais, aos negócios públicos, aos favores da corte[10].

Seus pensamentos e escritos determinaram os acontecimentos de sua trajetória. Veremos que as ações sofridas e o fato de sua obra mais grandiosa não ter tido a chance de ser concluída foram consequências dramaticamente ligadas à originalidade de suas premissas.

1. A vida

A primeira biografia de Giovanni Pico, escrita pelo sobrinho-escritor Gianfrancesco[11], conta que, durante seu nascimento, foi visto um brilhante círculo ígneo pairando sobre a cama da mãe parturiente, ali permanecendo por algum tempo. O fato ocorreu em 24 de fevereiro de 1463, no castelo do condado de Mirandola[12]. A imagem foi prontamente associada à perfeição do pensamento de Pico, que, "como o fogo, está sempre voltado às coisas celestes". Essas palavras completam a narrativa incomum, publicada após a morte do biografado; o autor sabia

---

10. Pico, Carta de 15 outubro 1486, in: *Opera omnia*, edição Basileia, 1557 (apud Albano Biondi, *Conclusiones Nongentae — Le Novecento Tesi dell'anno 1486*, 2013, p. VIII). Nota: As traduções para o português das citações presentes neste capítulo são de responsabilidade da autora.
11. A primeira biografia sobre Pico foi escrita por seu sobrinho, Gianfrancesco Pico della Mirandola, e publicada na primeira edição da *Opera Omnia*, em Bolonha, em 20 de março de 1496. Com base em sua obra, e ainda com um conjunto de 120 cartas sobreviventes, é possível estabelecer uma biografia de Pico bastante detalhada. A *Opera Omnia* foi traduzida para o inglês, posteriormente, por Sir Thomas More e impressa em Londres, em 1510 (Thomas More, *Giovanni Pico della Mirandola: His Life by His Nephew Giovanni Francesco Pico*, ed. J. M. Rigg, D. Nutt, London, 1890). A moderna edição, chamada apenas *Vita*, denomina-se *Ioannis Pici Mirandulae viri omni disciplinarum genere consumatissimi vita per Ioannem Franciscum illustris principis Galeotti Pici filium conscripta* (ed. B. Andreolli, Aedes Muratoriana, Modena, 1994). Vejam-se mais dados biográficos em E. Garin, *Giovanni Pico della Mirandola: Vita e Dottrina*, 2011; L. Valcke, *Pic de la Mirandole: un itinéraire philosophique*, 2005; D. Berti, *Intorno a Giovanni Pico della Mirandola: cenni e documenti inediti*, in: *Rivista contemporanea*, 1859, pp. 7-56; H. de Lubac, *Pic de la Mirandole, Études et discussions*, 1974; W. Craven, *Pico della Mirandola*, Bologna, 1984; J. Jacobelli, *Pico della Mirandola*, 1986; G. Semprini, *Giovanni Pico della Mirandola-La Fenice degli Ingegni*, 1921.
12. Daí ser chamado Giovanni Pico dos condes de Mirandola e Concórdia.

que a descrição só seria bem aceita pelo público se o personagem central fosse detentor de uma reputação que permitisse tal associação[13].

Filho temporão, Giovanni cresce sob estrito zelo da mãe, Donna Giulia dei Boiardo, no coração de uma nobre família, em meio a conflitos familiares (que levariam à morte, anos mais tarde, o sobrinho-biógrafo)[14]. Aos catorze anos, é encaminhado para estudar Direito Canônico em Bolonha, seguindo o costume que o destinava à vida eclesiástica. A cidade conhecida por transmitir as ideias humanistas da Itália para a Europa foi responsável por despertar a atração do jovem pela ordem dominicana, além do gosto pelas prédicas dos frades envolvidos com assuntos acadêmicos. Após dois anos da mudança, ocorre o falecimento da mãe e o rapaz, encontrando-se órfão, vê-se obrigado então a tomar suas decisões sozinho[15].

Assim, aos dezesseis anos, abandonando a futura carreira de jurista, parte para Ferrara, cidade das mais pujantes e populosas da Itália, prestigiada por seu endereçamento ao estudo das Humanidades. Ferrara passaria a ser o local em que Giovanni daria seus primeiros passos em direção às disciplinas filosóficas e para onde voltaria várias vezes em seus

---

13. A reflexão está em BROCCHIERI, op. cit., pp. 5-8. Não se deve julgar precipitadamente o sobrinho-biógrafo por um suposto enaltecimento do tio. Seus escritos mostram que não há uma exaltação, mas, antes, o contrário: em muitos momentos, Gianfrancesco é bastante severo e crítico acerca do pensamento de Pico. Sobre as circunstâncias do nascimento, veja-se Felice CERETTI, *Giulia Boiardo*, in: *Atti e Memorie...*, 1881, v. 4, parte 3, p. 213; Jacob BURCKHARDT, *La civiltà del Rinascimento in Italia*, 1902, pp. 142 e 232. Acerca das relações com a mãe, "Donna Giulia", veja-se SEMPRINI, op. cit., pp. 1-3.

14. Conforme historiadores, durante o período de senhorio da família Pico, que durou quatro séculos (até 1710), os habitantes do condado gozaram de prosperidade econômica e estabilidade legislativa e política, além de certa liberdade religiosa que levou ao florescimento de novas ordens, como a dos "Mendicanti". Da colaboração com os Mendicantes, nasceu em Mirandola o "Desco del Poveri" e o Monte de Pietà, além do mosteiro feminino das Clarissas (cf. BROCCHIERI, op. cit., p. 4). Após a morte do pai, que ocorre quando Giovanni era criança, seus irmãos Galeotto e Anton Maria viveram em perene discórdia em razão da posse do feudo. A luta familiar terminaria por assassinar o sobrinho de Giovanni, Gianfrancesco, em 1533, por um de seus parentes (cf. Felice CERETTI, *Biografie pichensi*, 1909, pp. 91-127).

15. Pasquale VILLARI, *Girolamo Savonarola*, 1910, pp. 21-23; SEMPRINI, op. cit., pp. 3-4; BROCCHIERI, op. cit., pp. 4-5; GARIN, 2011, pp. 3-5. Vejam-se dados biográficos em "Progetto Pico", convênio entre a Università degli Studi di Bologna e a Brown University.

últimos anos de vida[16]. Na nova cidade, passa a frequentar os círculos de discussões acadêmicas, chamando a atenção por ser o integrante mais jovem. Entre as principais pessoas de que vem a ter conhecimento, estão Battista Guarino, mestre que lhe apresenta um tipo de conhecimento laico até então desconhecido, e o frei Girolamo Savonarola, encontro que mais tarde será determinante em sua vida[17]. Após dois anos de intenso aprendizado, o núcleo de Ferrara, antes repleto de novidades, passa a mostrar-se limitado. Pico, cada vez mais interessado em escarafunchar conventos e bibliotecas atrás de novos volumes[18], sente-se atraído por um ambiente mais renomado e vivo de disputas acadêmicas[19]: Pádua.

Em 1480, agora com dezoito anos, Pico chega a Pádua. Na mais famosa universidade italiana da época, onde permanecerá por dois anos estudando, o pupilo abraça definitivamente a Teologia e a Filosofia[20]. A formação aristotélica iniciada em Ferrara seria mantida, uma vez que a Escola de Pádua seguia uma linha de tradição notadamente averroísta. O ambiente de estudos padovanos o satisfaz amplamente, como demonstra uma carta escrita ao novo amigo Ermolao Barbaro[21]. Uma das razões encontrava-se no fato de ter contato com pessoas que viriam a ter significado fundamental em seu desenvolvimento e em sua vida. Além de Barbaro, tornado doutor e titular da cátedra de Filosofia Moral aos vinte e três anos, com o qual a identificação foi imediata, Pico conheceu Nicoletto Vernia, original professor que o fez conhecer a concepção averroísta de unidade do intelecto pela primeira vez

---

16. GARIN, ibid., pp. 3-8; SEMPRINI, op. cit., p. 5.
17. SIRGADO GANHO, *Comentários à Oratio de Hominis Dignitate*, 2001, pp. 15-16; SEMPRINI, op. cit., p. 4; GARIN, 2011, p. 8.
18. SEMPRINI, ibid., p. 6.
19. As chamadas "disputas" eram debates de alto nível que ocorriam nos ambientes acadêmicos, tendo o caráter do que hoje conhecemos por simpósio ou congresso.
20. BROCCHIERI, op. cit., p. 9; DELLA TORRE, *Storia dell'Accademia Platonica di Firenze*, 1902, p. 752; GARIN, 2011, p. 10. Sobre a importância de Pádua como centro averroísta, veja-se BURCKHARDT, op. cit., pp. 242-244; SEMPRINI, op. cit., p. 12.
21. Na carta ao filósofo aristotélico Ermolao Barbaro, lê-se que, de todos os "ginásios" da Itália, aquele de Pádua era o que mais o agradava (DOREZ-THUASNE, *Pic de la Mirandole en France*, 1879, p. 9). Acerca das cartas de Pico, deve-se frisar que, graças ao primoroso trabalho de recolhimento das epístolas organizado por Léon Dorez, tornou-se possível acompanhar muitos detalhes da vida de Giovanni Pico.

— tema que teria forte impacto sobre sua formação e ao qual voltaria tempos depois[22]. O mestre aristotélico foi, de certa forma, também o primeiro a influenciá-lo sobre a harmonia de pensamento entre Platão e Aristóteles, projeto que seria perseguido por Pico durante os próximos anos de sua vida. Ainda em Pádua, Pico conhece o coetâneo Elia del Medigo[23], jovem brilhante que, como ele, terá uma morte prematura. O cretense, douto hebreu e precoce tradutor de Averróis e de outros textos árabes, imediatamente aprecia a aguda inteligência daquele jovem, "apesar" do visível gosto por Platão que nele começava a despontar — coisa mal vista por um aristotélico ortodoxo como Elia. Tal encontro se mostrará um dos principais elementos responsáveis pela aproximação do Mirandolano ao pensamento árabe-hebraico — que o levará, por vias indiretas, ao estudo da Cabala[24].

Pouco antes de completar vinte anos, talvez em razão da recém-editada obra de Marsilio Ficino, a *Theologia Platonica de immortalitate animorum*, observa-se uma mudança de direcionamento doutrinário; Pico começa a voltar-se fortemente ao Platonismo. Uma carta de final de 1482 testemunha o pedido feito a Ficino para que aceite ser seu guia no novo caminho de estudos, através do qual pretende integrar Aristóteles e Platão[25]. Coincidência ou não, nessa mesma época seu amigo Angelo

---

22. SEMPRINI, op. cit., pp. 11-12. A concepção de unidade do intelecto é uma das marcas do pensamento do filósofo árabe Averróis, tradutor das obras de Aristóteles no século XII. O tema será retomado no próximo item.

23. Elia del Medigo, mestre de filosofia oriental, falece com apenas trinta e três anos. Maiores detalhes podem ser vistos em RAGNISCO, *Documenti inediti e rari intorno alla vita ed agli scritti di Nicoletto Vernia e di Elia del Medigo*, Padova, 1891. Para as circunstâncias do encontro com Pico, veja-se Crofton BLACK, *Pico's Heptaplus and Biblical Hermeneutics*, 2006; BROCCHIERI, op. cit., p. 9.

24. Para Elia del Medigo, assim como para outros acadêmicos padovanos, Aristóteles representava "o pai de todos os filósofos" e Averróis era "o seu mais fiel comentador". Assim que a atitude de Del Medigo em relação à Cabala não seria tão positiva quanto a de Pico ou, como será visto, a de seu outro mestre hebreu Yohanan Alemanno, justamente em razão do forte acento neoplatônico encontrado naqueles textos. Cf. Umberto CASSUTO, *Gli ebrei a Firenze nell'età del Rinascimento*, 1918, pp. 284 ss.; BROCCHIERI, op. cit., pp. 10-11; GARIN, 2011, p. 11.

25. Para essa e outras cartas, veja-se DOREZ-THUASNE, op. cit., p. 10. Para a chegada em Florença, DELLA TORRE, op. cit., p. 747; SEMPRINI, op. cit., pp. 16-17; GARIN, 2011, p. 15.

Poliziano[26] o convida a participar do movimento literário florentino. Ademais, chega-lhe a notícia de que uma forte tradição de estudos hebraicos se propaga em Florença. Essas podem ter sido as principais motivações que o fizeram deixar o centro padovano e partir para a cidade do Arno[27]. Assim, em 1484, recém-liberto de preocupações de ordem financeira[28], Pico muda-se para a urbe então regida por Lorenzo de Medici, patrono de personalidades como Michelangelo e mecenas do círculo platônico — que dava, agora, as boas-vindas a seu mais novo ingressante.

Em pouco tempo, começam a ocorrer encontros de cristãos e hebreus na casa do mais novo morador da cidade. Um círculo de orientalistas reúne-se, com frequência, para discutir o Aristotelismo[29]. Não raro podia ser encontrado Elia del Medigo — o jovem mestre que, seguindo os passos do aluno, foi ter em Florença — sustentando debates filosóficos e religiosos com outro hebraísta, o então convertido Flavio Mitridate — que, mais adiante, viria a ser o próximo professor do Conde[30]. Graças, em boa parte, à influência e ao estímulo daqueles

---

26. Entre os Humanistas, era comum a substituição do próprio nome por outros: Ângelo Ambrogini, nascido em Montepulciano, era conhecido como Poliziano. Tinha cerca de dez anos a mais que Pico e morreu no mesmo ano que ele, 1494. Poliziano, aos trinta anos, era um filólogo rigoroso, preceptor dos filhos de Lorenzo de Medici e conhecido em toda a Europa por manter em alta o nome do *Studium* florentino com suas lições de literatura grega e latina, além de defensor incansável de Pico. Cf. SEMPRINI, op. cit., p. 18; SIRGADO GANHO, op. cit., p. 17; BROCCHIERI, op. cit., pp. 31-33.

27. O interesse pelo círculo hebraico é hipótese alçada por DOREZ-THUASNE, especialmente em razão da repercussão dos estudos hebraicos empreendidos pelo humanista Giannozzo Manetti (*Pic de la Mirandole en France: 1485-1488*, Paris, 1897, p. 13).

28. Em 1483, os irmãos de Pico chegam a um acordo em seu conflito testamentário e, fazendo uma repartição, deixam um terço das rendas para Pico. Seu irmão mais velho passaria a administrar seu patrimônio. Assim, livre de quaisquer preocupações de ordem prática, Pico pode continuar sua vida de estudos. Cf. SEMPRINI, op. cit., pp. 14-15; GARIN, 2011, p. 15; "*Memorie storiche della città e dell'antico ducato della Mirandola*", tomo unico, Mirandola, 1874, II.

29. GARIN, 2011, p. 23.

30. Flavio Mitridate era o nome do judeu siciliano convertido Guglielmo Raimondo di Moncada. Trata-se de figura enigmática, tradutor de textos árabes e hebraicos e favorito de Sexto IV. Pico, em suas cartas, o apresenta como um mestre intransigente em relação à não propagação de seus ensinamentos, tidos como mistérios sagrados. Detentor de um caráter irascível, colérico, arrogante e impaciente, inclusive com seus alunos de idiomas (os quais ele pretendia que passassem imediatamente à leitura dos tex-

encontros, a cidade de Florença se transforma, sobretudo de 1486 em diante e assim permanecendo por alguns anos, em um local de relevantes contatos entre duas culturas, em virtude das eruditas discussões que corroboravam a formação de intelectuais cristãos e hebreus. Entre eles, Yohanan Alemanno que, tão logo chega a Florença, pede para ser apresentado ao então renomado Conde de Mirandola[31] — com o qual dividirá, mais tarde, o entusiasmo pelos mistérios da Cabala. Sob tal atmosfera, não é difícil entrever que a casa florentina de Pico se transforma em um ambiente concorrido por abrigar debates de várias vertentes; ali podiam ser encontrados filósofos de várias correntes — árabo-hebraicas, aristotélicas, platônicas —, poetas, literatos, estudiosos de Petrarca e de Dante[32].

Durante o período florentino, Pico dedica-se ao aprendizado de idiomas como o hebraico, o caldeu e o árabe. A reconciliação entre Aristóteles e Platão — cujas afinidades haviam sido apontadas por Nicoletto Vernia — toma ares cada vez mais concretos, levando-o, entre 1485 e 1486, a transferir-se para o núcleo de Paris, principal centro de teologia escolástica, onde teria à disposição uma quantidade maior de material medieval para ampliar seus estudos. O ambiente dos teólogos da Sor-

---

tos antigos sem prévios estudos), desfrutava de uma vida um tanto licenciosa, de acordo com seus biógrafos. Cf. CASSUTO, op. cit., 1918; BROCCHIERI, op. cit., pp. 15-16.

31. Uma das comprovações do renome de Pico nos círculos intelectuais encontra-se no fato que, ao completar vinte e um anos, é escrita uma comédia em sua homenagem por Tommaso Mezzo (BROCCHIERI, op. cit., pp. 16, 47). Sobre o encontro de Pico e Alemanno, veja-se Umberto CASSUTO, *Gli ebrei a Firenze nell'età del Rinascimento*, Firenze, 1918, p. 305; Alberto AMBESI, *Giovanni Pico della Mirandola-Cenni biografici e presentazione dell'opera*, 1996, p. I; Fabrizio LELLI, *Umanesimo Lauren-ziano nell'opera di Yohanan Alemanno*, in: *La Cultura Ebraica all'epoca di Lorenzo il Magnifico*, 1998, p. 53.

32. GARIN, 2011, p. 23. Dante, acolhido pelo Humanismo florentino do final do Quattrocento, era finalmente perdoado por ter escrito em vulgar toscano. Nas últimas décadas daquele século, seus escritos eram retomados por muitos literatos e filósofos de Florença, graças ao impulso dado por Leonardo Bruni e sua obra *Vita di Alighieri*, publicada em 1436. Dante, que havia sido um aristotélico estudioso de Tomás, transformava-se agora, aos olhos dos humanistas, em "um platônico puro e profundo, um deles" (cf. BROCCHIERI, 2011, p. 51). Pico também nutria profunda simpatia por Dante, "alma rude, áspera, mas atormentada por problemas mais amplos". Seu vigor, algumas vezes *horridus, asper, strigosus*, sempre trazia uma "nutrição vital" (apud GARIN, ibid., p. 21).

bonne acolhe fortemente suas ideias; aqueles passam a considerá-lo um dos seus — a ponto de defendê-lo diante do perigo em futuro não muito distante[33]. De volta a Florença, imerge nos textos neoplatônicos de Proclo e investiga os textos hebraicos, contando com a ajuda de Elia del Medigo e de seu mais recente mestre, Flavio Mitridate[34]. Debruça-se sobre os mistérios platônicos, herméticos e caldeus, dos quais o amigo Ficino era tenaz estudioso. Em certo ponto, convence-se de que suas reflexões já estão maduras o suficiente para serem colocadas à prova. Passa a preparar então, com certo ímpeto, vários textos pertinentes a um debate público, organizados de forma a alcançar grande ressonância. O que não estava previsto é que, a partir da primavera do mesmo ano, importantes acontecimentos alterariam o rumo de sua vida, de forma definitiva.

1486, o início dos revezes

O ano de 1486 é crucial para Pico, que se encontra com vinte e três anos. Nem só de livros, aulas e projetos extraordinários vive o jovem. No mês de maio daquele ano, pouco depois de regressar de Paris, Pico vive uma desafortunada e brevíssima aventura amorosa que tem Arezzo como pano de fundo. Em rota para Roma, para onde se dirigia com o intuito de preparar sua próxima obra, apaixona-se pela jovem e bela — e casada com um Medici — Margherita. Planeja um rapto que não apenas termina frustrado como expõe, de forma ampla, os dois amantes, impedindo-o de prosseguir com a viagem[35]. O escândalo lhe traz, além de arrependimento, o ingresso em um duradouro período de austeridade, com a consequente retomada dos estudos. Conforme juízo

---

33. GARIN, 2011, p. 25; BLACK, *Pico's Heptaplus and Biblical Hermeneutics*, 2006, p. 7.
34. BIONDI, "Introduzione", in: *Conclusiones Nongentae — Le Novecento Tesi dell'anno 1486*, 1995, pp. X-XI.
35. Referente ao estado de ânimo de Pico após o rapto de Margherita e os reflexos do episódio sobre algumas passagens da obra *Commento sopra una Canzone d'amore composta da Girolamo Benivieni*, veja-se Pier Cesare BORI, *Pluralità delle vie — Alle origine del Discordo sulla Dignità umana di Pico della Mirandola*, 2000, pp. 11-21. Para maiores detalhes sobre o episódio, veja-se DELLA TORRE, op. cit., pp. 758-759; SEMPRINI, op. cit., pp. 56 ss.; BROCCHIERI, op. cit., pp. 55-56; CASSUTO, op. cit., p. 289.

de Garin, "sua dor se transmuta em um ímpeto de pesquisa capaz de trazer renovadas forças", com as quais enfrentaria os obstáculos que viriam no ano sucessivo. Acresce o historiador que aquele "ardor multiforme, insaciável, de glória, de amor, de saber e, no final, de renúncia e mística" formaria o "substrato psicológico da celebração piquiana da dignidade do homem"[36].

Recolhido, assim, em seu retiro de Fratta, província de Perugia, em meio aos meses de verão de 1486, o escritor começa a elaborar aquele que seria seu projeto mais audacioso. Em complexa empreitada, põe-se a redigir inúmeras teses acerca de múltiplos temas, passando da escolástica ao averroísmo, das tradições herméticas e persas às filosofias árabe e judaica, chegando às ciências ocultas. Também, nesse período, esboça um elogio à concórdia entre os vários sistemas filosóficos, parte do qual virá a compor a segunda parte da *De Hominis Dignitate*. A renovada motivação transparece em carta escrita a um amigo próximo: "em breve, saberás quanto seu amigo Pico colheu de vantagens da contemplação durante esses meses de vida obscura e solitária"[37]. Tendo por propósito inicial organizar em Roma, no mesmo ano, um convênio de intelectuais — a chamada *Disputa Romana* — para debater suas proposições com doutos da Filosofia e da Teologia, publica, em 7 de dezembro de 1486, as *Conclusiones Nongentae*, juntamente com o convite aos interessados no debate. O opúsculo, fixado em várias universidades, pode ter incomodado a alguns, levando-se em conta a idade do autor[38]:

> Giovanni Pico Mirandolano, Conde de Concórdia, disputará publicamente acerca das seguintes novecentas proposições dialéticas, morais, físicas, matemáticas, metafísicas, teológicas, mágicas e cabalísticas, sejam próprias que dos sapientes caldeus, árabes, hebreus, gregos, egípcios e latinos [...][39].

---

36. GARIN, 2011, p. 26.
37. BROCCHIERI, op. cit., p. 64.
38. Jules DUKAS, *Recherches sur l'histoire littéraire du quinzième siècle*, 1876, p. 47.
39. BIONDI, op. cit., p. XII. Como esclarece o tradutor italiano das *Conclusiones*, não se tem informações sobre a distribuição do opúsculo na Itália. Fora da Itália, o material foi reproduzido em Ingolstadt no ano sucessivo, 1487, e um exemplar está des-

A possibilidade da discussão agita os círculos teológicos de Roma, em razão não apenas da presença, em meio ao opúsculo, de alguns nomes "heréticos", como também de palavras suspeitosas como Magia, Astrologia e Cabalismo. Roma achava que ali, disfarçado sob o verniz do humanismo florentino, encontrava-se o sequaz praticante "das escolas de Pádua e de Paris, o discípulo de Averróis, de Alexandre de Afrodísia e dos hebreus"[40]. Assim, a intenção original de travar uma contenda "sobre todas as coisas conhecidas" (*omni scibili*) termina por despertar opositores, inclusive entre os amigos[41], tanto em razão do projeto ser visto como fruto de orgulho pretencioso quanto pela alegação da presença de supostas heresias naqueles conteúdos. E as cópias publicadas acabam gerando consequências desdobradas em um crescendo de gravidade cada vez maior.

De início, o papa Inocêncio VIII manda imediatamente suspender o debate das *Conclusiones* e, dois meses após a publicação do opúsculo, constitui uma comissão para examiná-lo, sob a presidência de Giovanni Monissart. Em seu *Breve*, deixava claro que "algumas dessas teses desviam do caminho da ortodoxia da fé, outras são obscuras, confusas e intrincadas, e outras tem ar de heresia", de forma que essas teses deveriam ser confiadas ao reverendo senhor Giovanni, bispo de Tournai, que teria "a tarefa de revê-las, discuti-las e avaliá-las"[42]. Em um segundo momento, Pico é convidado a dar esclarecimentos acerca de algumas *Teses*; nessa ocasião, reafirma vigorosamente seus pontos de vista acerca do conteúdo relacionado à Magia e à Cabala, além de acusar seus juízes

---

crito no *British Museum — General Catalogue of Printed Books*, v. 189, London, 1963, col. 612 (ibid., p. XIII).

40. GARIN, 2011, p. 32.

41. Em carta a Roberto Salviati, o veneziano Ermolao Barbaro escrevia que "sem dúvida o nosso Pico obterá dessa distinta iniciativa uma glória imortal, dando aos seus amigos uma incomparável felicidade". Por outro lado, com certa malícia, comparava seu amigo Pico ao sofista Górgias, dando a entender que tal promoção de discussões públicas visava apenas ao enaltecimento da vaidade do autor.

42. A íntegra do *Breve* papal pode ser vista em DOREZ-THUASNE, op. cit., pp. 114-115. Os verbais das reuniões ocorridas para o questionamento das *Teses* foram descobertos por Dorez em um manuscrito da Biblioteca do Seminário arcebispal de Malines e publicados na obra compilada em parceria com Thuasne (*Pic de la Mirandole en France*, 1897).

de padecerem de ignorância. Poucos dias depois, o trabalho da comissão se conclui com a condenação daquelas teses. O acusado, convocado para apresentar-se novamente e escutar o veredicto final, não comparece. Em sua ausência, a comissão decide proceder ao julgamento sem sua presença. Enquanto isso, rendendo-se ao fato de que as *Teses* não seriam debatidas nem em Roma nem em qualquer outro lugar cristão, Pico decide redigir a *Apologia*[43], composta de treze *disputationes* que comporiam sua defesa. Mesmo sem conhecimento do novo texto, Inocêncio VIII autoriza o tribunal, em 6 de junho, a punir o culpado por heresia, conforme as leis canônicas, fato que o leva, em 31 de julho, a fazer ato de submissão às decisões dos comissários pontífices, jurando não mais sustentar posições que os juízes não julgassem aceitáveis[44].

A submissão, contudo, chega tarde: a repercussão da *Apologia* explodia justamente nesse período, fazendo chegar aos ouvidos do Papa que Pico havia feito circular novos escritos, sem esperar o veredicto final[45]. A obra, apesar do tom dócil, incentivava a investigação da magia natural e da interpretação cabalística, reafirmando, ainda, a liberdade de crença (*libertas credendi*)[46]. Com isso, sua situação torna-se praticamente irreversível. Em 5 de agosto do mesmo ano, Inocêncio VIII não apenas condena todas as *Conclusiones*, como encarrega a comissão de intervir com um novo instrumento, o da Inquisição, com "autoriza-

---

43. A primeira edição da *Apologia* é datada de 31 de maio de 1487 ("*Die ultima Madij. Anno Domini MCCCCLXXXVII*"). A data correta de publicação é posterior, mas, para não parecer uma afronta à condenação papal, ela é retrodatada para antes da condenação. Na obra, dedicada a Lorenzo de Medici, Pico retoma temas presentes na *Oratio*.
44. Dorez-Thuasne, op. cit., p. 140: "Eu, Giovanni della Mirandola, tendo sob os olhos aquilo que pensam e decidem o nosso Senhor Santíssimo e os senhores deputados de Sua Santidade acerca de minhas teses, confesso que as teses são tais e quais determinam que sejam Sua Santidade e os juízes, e mantenho formalmente esta opinião. Não sustentarei mais nenhuma posição sobre essas porque Sua Santidade e os juízes julgam que não devam ser sustentadas. E, assim, juro". Para maiores detalhes sobre a questão, veja-se Dorez-Thuasne, op. cit., "Breve 6 Giugno", pp. 144-146; Semprini, op. cit., pp. 87-89.
45. Quando recebe a notícia da *Apologia*, o papa descobre que outros teólogos, externos à comissão "e pouco prudentes", haviam convalidado seu conteúdo.
46. Dorez-Thuasne, op. cit., pp. 125 ss. Veja-se *Apologia — L'autodifesa di Pico di fronte al tribunale dell'Inquisizione*, Paolo Edoardo Fornaciari (org.), 2010.

ção para citar, interrogar e punir conforme as faculdades canônicas"[47]. Em paralelo, o bispo de Tournai impõe que quem possua uma cópia das *Conclusiones* a entregue às autoridades para serem "anuladas pelo fogo". Por fim, o cardeal espanhol Pedro Garzias, que mais tarde escreveria uma confutação formal da *Apologia* de Pico, solicita a intervenção do temido Torquemada, então à frente da Inquisição espanhola, para resolver a questão. Ora, Pico lia com entusiasmo os textos hebraicos, escutava e comentava os ensinamentos de seus amigos e mestres hebreus, acreditava que nos segredos da Cabala podiam-se encontrar explicações inclusive para a verdade dos eventos cristãos: o homem que magnificava a sabedoria dos hebreus dificilmente seria absolvido[48].

Percebendo o perigo iminente, o Conde decide afastar-se da Itália, refugiando-se na França; torna-se, com essa atitude, um herege declaradamente reincidente, um *relapsus*, um homem caçado que poderia ser capturado e lançado ao cárcere[49]. A proibição de discutir as treze teses condenadas, por sua vez, lança todas as demais teses em desgraça, já que "um pouco de fermento pode corromper toda a massa". Com essa metáfora, Antonio Flores, membro da comissão que havia condenado as treze teses, pede ajuda à Universidade de Paris para que Pico seja capturado na França[50]. Entretanto, os professores daquela universidade, além de toda a corte do rei Carlos VIII, compartilham da mesma simpatia pelo "doutíssimo e desventurado" italiano, a ponto de ajudá-lo pouco tempo depois[51]: em janeiro de 1488, quando Pico é feito prisioneiro no castelo de Vincennes, são daqueles núcleos franceses, juntamente com alguns italianos, que se levantam protestos contra sua prisão. Tais pres-

---

47. DOREZ-THUASNE, op. cit., pp. 144-146; BERTI, *Intorno a Giovanni Pico della Mirandola, Cenni e documenti*, Torino, 1859, p. 47; SEMPRINI, op. cit., p. 89; BIONDI, op. cit., pp. XXI-XXII.
48. Lembremos que na Espanha, à mesma época, era feita a conversão forçada dos judeus.
49. BIONDI, op. cit., p. XXXI.
50. BROCCHIERI, op. cit., p. 68.
51. No ano anterior à fuga para a França, durante as discussões teológicas acerca da condenação de Pico, Jean Cordier, importante acadêmico parisiense, não firmara o verbal de processo de Pico. Após ter escutado as explicações do filósofo italiano, chegara à conclusão de que as treze teses incriminadas eram "católicas". Poucos anos depois, Cordier viria a ser reitor da Sorbonne (BROCCHIERI, op. cit., pp. 69, 71).

sões, associadas com os pedidos de Lorenzo de Medici ao Papa, fazem que Pico seja libertado — apesar de não absolvido —, com a condição de permanecer apenas em território florentino, sob a proteção do Magnífico. Ali, em Florença, Pico permanecerá pelo resto de seus dias[52].

Após a proibição da discussão das *Teses* e sua consequente condenação, Pico atravessa um momento difícil de sua vida. Como infere Garin, os anos seguintes presenciaram um homem ferido e "dobrado sobre si mesmo": a condenação do supremo líder do Cristianismo, mesmo para um espírito livre, era recebida naquele século como um acontecimento gravíssimo[53]. Mais do que o perdão da Igreja, Pico esperava uma reparação verbal através da qual a Igreja o aceitasse novamente como seu filho[54].

De toda forma, os anos sob vigilância em Florença foram os de maior fervor criativo. O resultado eminente daquele período de reclusão será o *Heptaplus*, dedicado a Lorenzo e publicado no outono de 1489. Último trabalho completo de Pico, o *Heptaplus* conhece imediato sucesso, o que alivia em parte as frustrações que havia sofrido[55]. A obra é entusiasticamente recebida por um número significativo de intelectuais, sobretudo humanistas; muitos escrevem para expressar sua admiração, entre eles Matteo Vero, Girolamo Donato, Cristoforo Landino, Bartolomeo Fontio e Ermolao Barbaro[56]. Porém, aos olhos do Papa, o livro apresenta-se como uma continuação das tendências heréticas demonstradas nas *Conclusiones*, fazendo que a absolvição se mantenha como uma esperança não realizada. No ano seguinte, é publicado o *Breve De Ente et Uno*, sobre alguns pontos da proposta de acordo en-

---

52. Crofton Black é de opinião que a atitude papal foi uma "solução pragmática para uma situação potencialmente embaraçosa": Pico e suas "doutrinas insalubres" permaneceriam afastados de Roma e ele seria confinado à "atmosfera rarefeita de bibliotecas florentinas e ao grupo de intelectuais à volta de Lorenzo" (BLACK, op. cit., p. 8). Para toda a questão da fuga em França, veja-se DOREZ-THUASNE, *Pic de la Mirandole en France (1485-1488)*, 1897, pp. 56-101.
53. GARIN, 2011, pp. 39-40.
54. BROCCHIERI, op. cit., p. 41.
55. BLACK, op. cit., pp. 8-9; BROCCHIERI, op. cit., p. 86.
56. Para as referências das cartas trocadas a esse respeito, veja-se BLACK, ibid., p. 10.

tre Platão e Aristóteles; o texto, contudo, não é finalizado. Pouco tempo depois, é publicada a última e mais longa obra piquiana, a *Disputationes adversus astrologiam divinatricem*, acerca da qual o autor compõe doze dos treze livros pretendidos e sobre cujas circunstâncias ainda hoje pairam dúvidas entre os intérpretes, como será abordado adiante.

Em 18 de junho de 1493, o Papa Alessandro IV Borgia, sucessor de Inocêncio VIII, absolve Pico da condenação de 1487[57]. O novo pontífice mostra interesse por alguns dos assuntos que haviam concorrido para a condenação das *Conclusiones*, como a Magia e a Astrologia; ademais, vê o jovem filósofo com simpatia, sentindo-se impelido a escrever um resumo contando suas desventuras — texto que, posteriormente, será publicado junto à edição das obras piquianas, em 1572. Em sua absolvição, descreve-o, ainda, como homem iluminado pela "Divina Piedade e um fiel filho da Igreja"[58]. O erudito Papa parecia entrever no Hermetismo e na Cabala preâmbulos significativos e prestigiosos da religião cristã, exatamente como havia pretendido comprovar o conde de Mirandola[59].

Os últimos anos e a relação com Savonarola

Nos últimos anos da vida de Pico, entre 1490 e 1494, desenvolve-se uma relação complexa e intensa com Girolamo Savonarola. Durante os anos de estudos iniciais em Bolonha, o frade predicador chamara a atenção do ainda muito jovem aprendiz, "em razão de suas maneiras simples e rudes, os olhos vivíssimos, a fronte sulcada pelas rugas e a pele morena que contrastava com suas vestes brancas"[60]. Assim era Savonarola em seus vinte e cinco anos, tão emagrecido pelos jejuns e abstinências que "a vê-lo passear pelos claustros, mais parecia uma sombra que um homem

---

57. Léon DOREZ, *Lettres inédites de Jean Pic de la Mirandole (1482-1492)*, in: *Giornale Storico della Letteratura italiana*, 1895, I, pp. 358-361.
58. BROCCHIERI, op. cit., p. 100.
59. Para Henri de LUBAC, a absolvição definitiva de Pico e de seus escritos ocorrerá apenas duas décadas adiante, graças ao gesto do então Papa Leão X que, em abril de 1519, autorizará Gianfrancesco a republicar integralmente as obras do tio (*Pico della Mirandola: L'alba incompiuta del Rinascimento*, p. 453).
60. SEMPRINI, op. cit., p. 4.

vivo"[61]. A atração pelos discursos de viés aristotélico foi o ímã que o ligou ao frei, quando teve a oportunidade de escutá-lo em uma disputa escolástica. Seria improvável pensar, naquela ocasião, que aquele homem douto, austero e rígido teria importância singular em sua vida[62].

O reencontro se dá quando Pico, não obtendo a absolvição esperada da Igreja, decide procurar Savonarola, que então pregava na Itália setentrional, pedindo-lhe que interviesse por ele junto ao principal dos Dominicanos. O pedido, sobre o qual seu amigo Lorenzo continuava a insistir com o pontífice[63], é frustrado, mas, de alguma forma, serve para reaproximar aquelas duas personalidades de maneira definitiva: a pedido de Pico, Savonarola acaba sendo chamado pelo Medici — a "contragosto" — para reger a Igreja de San Marco, em Florença, a partir de abril de 1489[64].

Tal relação teria exercido um poderoso influxo nas mudanças de direcionamento do pensamento de Pico, ensejando especulações de cunho psicológico entre os estudiosos da obra piquiana[65]. A influência de Savonarola não pode ser negada, seja qual for seu vetor. Em reflexão

---

61. Pasquale VILLARI, *Girolamo Savonarola*, 1910. Essa e outras descrições encontram-se nas pp. 21-23.

62. Para maiores detalhes, veja-se Joseph SCHNITZER, *Savonarola*, 1931, v. 1, sobretudo a partir das pp. 101 ss.; BROCCHIERI, op. cit., p. 39.

63. Como elucida Giulio Busi, Inocêncio VIII levou muito a sério o projeto de "utopia sapiencial" do Conde de Mirandola. Em resposta a Lorenzo, que insistia para que o amigo Pico fosse perdoado, escrevia que "isso é um caso importantíssimo, coisa diversa de gratificar o jovem filho de Lorenzo em questões que não são casos de fé". Ou seja, para o pontífice, era coisa de menor importância conferir a dignidade de cardeal ao filho de treze anos de Lorenzo de que transigir sobre o escândalo provocado pelas *Teses* piquianas, BUSI, *Pico: fede, ragione e… Inquisizione*, in: *Il Sole-24 Ore*, 28/08/2018.

64. AMBESI, op. cit., p. III. Girolamo Savonarola, também conhecido como Jerônimo de Ferrara, mantem-se à frente de San Marco até 1494. Nesse ano, após a morte de Pico e a queda de Piero, filho de Lorenzo, o frei toma o poder em Florença. Quatro anos depois, em maio de 1498, será enforcado e queimado (cf. Fabrizio LELLI, *Umanesimo Laurenziano nell'opera di Yohanan Alemanno*, in: *La Cultura Ebraica all'epoca di Lorenzo il Magnifico*, 1998, p. 54).

65. Para os efeitos psicológicos de Savonarola sobre Pico, veja-se GARIN, 2011, pp. 5-9. Para detalhes mais completos sobre a relação, veja-se GARFAGNINI (org.), *Savonarola tra Giovanni e Gianfrancesco Pico*, in: *Giovanni Pico della Mirandola. Convegno Internazionale di Studi nel Cinquecentesimo Anniversario della Morte (1494-1994)*, 1997, pp. 237-279. Ainda, SEMPRINI, op. cit., p. 4.

sobre o tema, ajuíza Garin que Pico e Savonarola eram "duas almas tão ardentes e originais quanto diferentes em suas tendências e atitudes". No entanto, "havia algo na alma de Pico que somente com o frei poderia ser identificado"[66]. Ambos amavam os livros de forma apaixonada, e neles viam não apenas fontes de cultura, mas respostas espirituais. Moviam-se em uma atmosfera distante daquela que respiravam os literatos contemporâneos. Os problemas espirituais não eram vistos como curiosidades intelectuais pertencentes ao mundo dos doutos: eram uma "questão de vida", como prossegue Garin[67]. E ambos buscavam verdades que não enxergavam na Igreja do Quattrocento, tampouco, entre os humanistas em geral. Nas palavras do historiador:

> A existência representava para ambos uma tarefa, uma missão. [...] O mundo do espírito não se encontrava separado da vida concreta; a sua luz deveria permeá-la, fundir-se a ela, transformá-la[68].

Certo é que, durante o período de isolamento, acentuam-se em Pico claras tendências místicas, tornando-se Savonarola seu padre espiritual. Também chama a atenção o fato de seus escritos do último período apresentarem uma mudança substancial de concepções filosóficas e teológicas; o autor chega a negar muitas das teses anteriores e parece voltar-se a uma posição mais ortodoxa. Tal mudança de pensamento está bem clara na obra *Disputationes adversus astrologiam divinatricem*, de forma acentuada nos últimos três livros, em que Pico trata com desprezo a ciência astrológica dos egípcios e caldeus, fazendo uma minuciosa crítica histórica que parece lançar por terra os êxitos daquelas antigas culturas. Tal mudança de posicionamento não passaria despercebida pelos críticos, levando a inúmeras polêmicas, não sem razão: a confutação da Astrologia, matéria combatida de forma ferrenha pelo frei e mentor dominicano, representava um ataque que se colocava em

---

66. GARIN, 2011, p. 8.
67. Idem.
68. Idem. As missões, seja do mentor, seja do pupilo, encontravam-se ligadas a certas formas de reação a valores religiosos e morais. Suas atitudes, contudo, eram anacrônicas: Pico buscava no passado a renovação moral do presente; Savonarola, em suas preocupações doutrinais, era um precursor das disputas religiosas que viriam no século sucessivo (idem).

oposição direta às doutrinas partilhadas pelas tradições às quais Pico prestara homenagem em suas obras anteriores, como o Hermetismo, a Cabala, o Zoroastrismo, o Neoplatonismo... Em tentativa de esclarecer as mudanças de rumo da inacabada obra, o editor Gianfrancesco Pico alegaria que essas mudanças eram em razão do progressivo isolamento e à crescente religiosidade vividos por seu tio, que o levaram a passar por um processo de conversão. Entretanto, essa afirmação tem sido colocada em dúvida por alguns comentadores[69].

A hipótese de conversão, seja espontânea ou relacionada com o eventual influxo de Savonarola, é enfraquecida diante de um interessante testemunho que expõe as verdadeiras convicções e o entusiasmo conciliador de Pico — o mesmo de seus anos anteriores. Pietro Crinito, membro fervoroso dos *piagnoni* — nome dado aos seguidores de Savonarola —, relata um encontro entre o Frei e o Conde na biblioteca de San Marco. Nessa ocasião, os dois travam um intenso debate acerca do valor da sabedoria dos Antigos, no qual o Frei posiciona-se, entre outros, contra Platão e Aristóteles[70]. Em resposta, e referindo-se às doutrinas cristãs acerca da imortalidade da alma e do caráter absoluto de Deus, Pico efetua uma ampla e eloquente defesa dos *Prisci Theologi*, muito semelhante às posições sustentadas por Ficino[71]: "ao longo

---

69. O tema da suposta conversão de Pico e os comentários de vários intérpretes podem ser conferidos na obra de William CRAVEN, *Giovanni Pico della Mirandola, Symbol of his age: Modern Interpretations of a Renaissance Philosopher*, 1981, pp. 77-87, 131-154. Para maiores detalhes acerca da mudança de direção nas *Disputationes*, veja-se Anthony GRAFTON, *Giovanni Pico della Mirandola: Trials and Triumphs of an Omnivore*, in: *Commerce with the classics: Ancient Books and Renaissance Readers*, 1997, pp. 93-134. Veja-se, ainda, Charles SCHMITT, *Gianfrancesco Pico's Attitude toward his Uncle*, in: *L'opera e il pensiero di Giovanni Pico della Mirandola nella storia dell'Umanesimo*, pp. 305-313; Stephen FARMER, *Syncretism in the West· Pico's 900 Theses. The Evolution of Traditional Religious and Philosophical Systems*, 1998, pp. 151-179; Eugenio GARIN, *Ricordando Giovanni e Gianfrancesco Pico della Mirandola*, in: *Giornale critico della filosofia italiana*, II. 74, 1995, pp. 5-19.

70. Pietro CRINITO, *De honesta disciplina* III, 2, Roma, Fratelli Bocca editori, 1955, p. 104. O debate é citado por Francisco BASTTITA HARRIET, *Recepción de los textos herméticos en el platonismo florentino del Quattrocento: Marsilio Ficino y Giovanni Pico della Mirandola*, in: *Hermes Platonicus. Hermetismo y Platonismo en el Medioevo y la Modernidad temprana*, 2016, p. 218.

71. Conforme expostas no capítulo I.

de toda a vida dos mortais, existiram alguns príncipes, os maiores em juízo e em conhecimento das coisas, como Moisés, Pitágoras, Mercúrio, Zoroastro e Sólon, os quais, com consenso unânime (*qui omnes pari consensu*), não apenas creram nessas coisas, como também as afirmaram maximamente"[72]. Seu discurso pretendia sinalizar que muitos sábios, entre pagãos e cristãos, compartilhavam dos mesmos princípios. Quando o debate termina, como prossegue Crinito, Savonarola mostra estar rendido perante a erudição do jovem, abraça-o e reconhece que ele é o único, em seu tempo, a conjugar um conhecimento exaustivo, tanto da Filosofia dos Antigos como das doutrinas e leis cristãs, comparável apenas ao dos grandes Padres da Igreja do Oriente e Ocidente[73].

As palavras de Pico trazem, por um lado, a constatação de uma não irrestrita anuência às orientações do dominicano; por outro, a confirmação da preservação das mesmas certezas de outrora em relação ao tema da concordância entre antigas tradições. Sob a luz de tal testemunho, arrefece a suposição de conversão e mudança de direcionamento doutrinário. E, solidifica-se a hipótese, alçada por uns, de adulteração de alguns textos, publicados postumamente por parte de seu religioso sobrinho e editor, sob a égide de Savonarola[74]. Outro sinal que afasta a possibilidade de conversão pode ser verificado no discurso de *post-mortem* do Mirandolano, no qual o frei demonstra, com desilusão, que "esperava mais do jovem": "Ele demorou a abraçar a religião [...], [mas] digo-vos que a alma dele, em razão das orações dos frades e de algumas obras boas que realizou em vida, está no purgatório". A "demora" em abraçar a religião deveu-se ao fato de o filósofo não se ter deixado convencer pelas conversas com o padre, que gostaria de tê-lo visto com o hábito dominicano[75].

---

72. CRINITO, op. cit., pp. 104-105.
73. CRINITO, idem. Na narrativa de Crinito, entre os Padres da Igreja aos quais Pico é igualado, estão Agostinho, Gregório, Dionísio, Jerônimo e Basílio.
74. BASTTITA HARRIET, 2016, p. 218. Para Alberto Cesare AMBESI, a orientação concordista de Pico, contrária à religiosidade de Savonarola que se manifestava de forma agressiva e intolerante, elimina a hipótese de conversão que muitos quiseram crer (op. cit., p. IV). Em razão das incertezas de autoria que pairam sobre as *Disputationes adversus astrologiam divinatricem*, preferimos nos abster de quaisquer comentários sobre a obra.
75. GARIN, 2011, pp. 43, 135.

Pico falece em 17 de novembro de 1494, em decorrência de uma febre súbita e violenta. Logo surgem em Florença suspeitas de assassinato[76]. Vestia na morte o hábito dominicano, aquele que em vida havia se recusado a usar. No mesmo ano, seu sobrinho Gianfrancesco della Mirandola publica aquela que passaria à História da Filosofia como a mais original contribuição de Giovanni Pico, a *De Hominis Dignitate*.

2. As bases filosóficas: entre a Academia e o Liceu

A recuperação dos diálogos platônicos, transcorrida nos mesmos palcos em que eram relidos os comentadores aristotélicos, levou ao nascimento de uma polêmica bastante áspera entre os sustentadores de cada uma daquelas linhagens filosóficas. Apesar do florescente encantamento por Platão, sobretudo no núcleo florentino, seria um equívoco pensar que Aristóteles tivesse sido esquecido na segunda metade do século XV. Nas principais escolas por onde Pico passara — Ferrara, Bolonha, Pavia e, especialmente, Pádua —, os ensinamentos aristotélicos continuavam a fervilhar[77]. Mesmo entre os humanistas de viés platônico mais acentuado, Aristóteles era uma leitura obrigatória por representar a antítese do Platonismo, servindo de fundamento aos mais amplos debates. Esses debates envolveriam alguns dos mais fundamentais filósofos do período, de Nicolau de Cusa a Pietro Pomponazzi, passando por Ficino e deixando marcas em quase toda a produção literária do século[78]. A complexa temática da pressuposta antítese entre o pensamento de Platão e o de Aristóteles, que dividia uma parcela dos aca-

---

76. Léon Dorez apresenta a tese da morte por envenenamento por parte do secretário de Pico, Cristoforo di Casal Maggiore, por razões financeiras ou políticas. Pico havia feito empréstimos e destinado um lauto legado a Cristoforo (*La mort de Pic de la Mirandole et l'édition aldine des oeuvres d'A. Politien*, in: *Giornale St. Letteratura italiana*, v. 32, 1898, pp. 360-364).

77. Também Florença respirava um clima aristotélico. Desde o final do século XIII, e até parte do XV, o filósofo mais estudado pelos grandes cidadãos de Florença havia sido Aristóteles. Só no Quattrocento foram feitas trinta e duas novas traduções de suas obras, a maior parte em Veneza e em Florença; nesta última, durante o período em que já prevalecia em seu solo a filosofia platônica (cf. Brocchieri, 2011, p. 24).

78. Paul Oskar Kristeller, *Movimenti filosofici del Rinascimento*, in: *Giornale critico della Filosofia Italiana*, 1950, p. 29.

dêmicos, ocupou uma relevante parte dos interesses de Giovanni Pico, que trabalhou no problema desde a *De Hominis Dignitate* até o *De Ente et Uno*. Além de todo seu esforço, empregou na questão a consistente bagagem que possuía, preenchida de forma equânime pelo peso das duas vertentes que abasteciam sua biblioteca[79].

Seus primeiros anos de estudos foram ocupados com as problemáticas em torno ao aristotelismo e as subsequentes questões alçadas por seus comentadores. Em uma carta de 1485, em resposta ao humanista Ermolao Barbaro, tem-se o importante testemunho do enraizado conhecimento de suas doutrinas e da gratidão que Pico nutria por aquela Escola: em aberto elogio aos "grandes mestres árabes e latinos da Idade Média", relata que a eles dedicou "todos os dias e noites" daqueles que, por seis anos consecutivos, teriam sido seus "melhores anos de estudo". A carta reproduz, ademais, a defesa dos grandes conteúdos em detrimento da filologia e da retórica humanista — defendida por Barbaro —, tendo se tornado um documento de elogio à Filosofia: "não seremos célebres nas escolas dos gramáticos [...] mas, sim, onde se indagam as razões das realidades humanas e divinas"[80]. Seus argumentos e justificativas somam-se para defender o método escolástico, tornando-se emblemáticos das discussões ensejadas no período renascentista — em que os defensores da elegância linguística encontravam-se em oposição aos defensores dos conteúdos filosóficos[81].

---

79. A biblioteca de Pico tornou-se famosa por ser uma das maiores de seu século. Ademais, suas fontes eram todos os livros das bibliotecas de seu tempo, segundo Giovanni Di Napoli (*Giovanni Pico della Mirandola e la problematica dottrinale del suo tempo*, 1955), tornando seu leque de referências fora do alcance de seus contemporâneos. Após sua morte, e conforme deixado em testamento, a biblioteca foi herdada por seu irmão Anton Maria, que a vendeu ao cardeal Domenico Grimani, amigo de Pico e de Elia del Medigo, estudioso de filosofia oriental. Outras informações sobre a biblioteca de Pico podem ser colhidas de Garin, *Giovanni Pico della Mirandola*, 2011, pp. 106 ss.

80. A carta de junho de 1485 é reproduzida, entre outros, por Eugenio Garin (org.), *Prosatori latini del Quattrocento*, Milano-Napoli, 1952, pp. 804-823. Eugenio Anagnine examina com precisão tal epístola em seu *Giovanni Pico della Mirandola*, 1937, pp. 18 ss. Veja-se, ainda, E. Barbaro, G. Pico della Mirandola, *Filosofia o eloquenza?*, Francesco Bausi (org.), 1998; e alguns comentários de Garin em sua tradução do *De Hominis Dignitate, Heptaplus, De ente et Uno e scritti vari*, 1942, pp. 7 ss., e em sua obra de 2011, p. 7.

81. A carta para Barbaro tornou-se conhecida como *De genere dicendi philosophorum*, ou, ainda, "il manifesto del pensiero moderno all'uscire dalla sua infanzia d'un

Fato certo é que, nas linhas da escolástica latina, especialmente a mais tardia, Pico encontrara uma riqueza de pensamento que o ajudaria a solucionar muitas de suas dúvidas filosóficas. Eis a razão para dedicar ao período nada menos que 94 de suas *Conclusiones*, entre as quais se encontram proposições dos principais representantes do aristotelismo cristão, estudados em Pádua e Paris, como Alberto Magno, o teólogo Enrico de Gand e seu contemporâneo Egidio Romano, o dominicano Tomás de Aquino, o franciscano Duns Escoto e seu discípulo Francisco de Meyronnes. Sua trajetória de estudos inicia-se com Tomás, com o qual passaria um longo período de instrução que continuaria com o percurso das demais interpretações latinas[82]. Impulsionado por seu crescente interesse em torno ao Liceu, em breve tempo Pico seria conduzido ao encontro com o pensamento árabe: a Universidade de Pádua, sobretudo à sua época, seguia uma linha majoritariamente averroísta[83]. O relevo dispensado a essa corrente de pensamento reflete-se em suas 82 teses dedicadas aos intérpretes árabes de Aristóteles, quase se igualando, em número, às dedicadas aos comentadores cristãos. Entre aqueles, o estudioso debruçou-se sobre o filósofo persa Ibn Sina, co-

---

secolo" (cf. GARIN, op. cit., pp. 22-23). O veneziano Ermolao Barbaro era discípulo ferrenho de um novo Aristóteles compreendido à luz do movimento humanista, que rompia com a escolástica medieval. Em sua visão, aquela forma de interpretação dogmatizava o estagirita, vinculando-o à lógica e a um padrão de pensamento teológico; para ele, "coisa de convento". Acerca da polêmica entre Ermolao Barbaro e Giovanni Pico, veja-se Paul Oskar KRISTELLER, *Ocho filósofos del Renacimiento italiano*, p. 82; GARIN (org.), *Prosatori latini del Quattrocento*, Milano-Napoli, 1952.
82. Eugenio ANAGNINE (*Giovanni Pico della Mirandola, Sincretismo religioso-filosofico*, 1937, p. 32), de forma singular, acentua a influência tomista no pensamento de Pico.
83. Em Pádua, a pesquisa universitária em torno do aristotelismo-averroísta ganhara uma notória dimensão, especialmente na década de 1470 do século XV. Esse fato contribuiu para que acorressem ao burgo diversos jovens humanistas, ávidos em aprofundar o conhecimento aristotélico. Paralelamente, diversos tipógrafos introduziram sua arte na cidade no último quartel daquele século e, por via da ação tipográfica, foram grandes divulgadores dos comentários de Averróis a Aristóteles. Sobre a ação tipográfica em Pádua, veja-se G. ANTONELLI, *Sulle Opere di Aristotele col commento dell'Averroe, impresse in Padova dal Canozio negli anni 1472, 1473 e 1474* (FERRARA, 1842). A Escola de Pádua, graças aos sistemas cientificistas adotados em seus estudos, foi responsável por cunhar a expressão "método científico" para questões de âmbito filosófico.

nhecido como Avicena, e seu mestre de origem turca Al-Farabi; e, de forma singular, sobre o andaluz conhecido como Averróis, cujas obras ocupavam grande parte de sua biblioteca[84].

Em seus estudos de especulação oriental, a obra de Averróis desempenharia um papel fundamental, muito graças a seus mestres de Pádua, Nicoletto Vernia e, sobretudo, Elia del Medigo, que, efetivamente, incitaram Pico a aprofundar-se no pensamento do comentador de Aristóteles. É bastante provável que Elia, leitor atento da concepção da ordem metafísica averroísta, tenha sido o primeiro a lançar na mente de seu aluno a semente da "verdade única", sobretudo exposta por Averróis em seu *De animae beatudine*, determinante para as primeiras concepções piquianas em torno da concordância final entre doutrinas, que se desenvolveria nos anos seguintes[85]. Outras duas concepções averroístas certamente tiveram efeito em seus escritos, quais sejam, o encontro da unidade da verdade com a unidade do espírito que a busca — e que define a unidade última do intelecto, inteligente e inteligível — e a cognição racional que ocorre entre pensadores individuais que formam uma continuidade de pensamento, levando a um complemento do real que apenas assim se atua de forma plena. Pico estava disposto a debater essa última concepção durante a pretendida *Disputa Romana*, pois, entre as teses atribuídas a Averróis, lê-se que "a alma intelectiva é única em todos os homens"[86]. Mas, de forma parti-

---

84. Em seu *Appendice* a Giovanni Pico della Mirandola (2011, pp. 106 ss.), no qual se encontra a relação de obras que compunham a biblioteca de Pico, escreve Garin que o pensador do qual Pico, "não sem significado", possuía mais obras era, justamente, Averróis (p. 118). Comentador de Aristóteles por excelência, Abu al-Walid ibn Rushd, mais frequentemente conhecido no Ocidente por Averróis, havia feito, entre outras interpretações, um comentário da *Metafísica* à luz do Corão. A biblioteca de Pico continha várias de suas traduções e comentários, em árabe, hebraico e latim. Para um maior enquadramento da problemática averroísta, veja-se a obra de Ernest Renan, *Averroès et l'Averroïsme*, 1852.

85. Acerca do influxo de Averróis sobre a concepção de concórdia piquiana, veja-se Garin, 2011, pp. 12 ss., 84 ss.

86. Pico, *Concl.* (I), II, I, 2 (p. 20): "*Una est anima intellectiua in omnibus hominibus*". Entre as teses atribuídas por Giovanni Pico aos comentadores árabes de Aristóteles, 41 foram dedicadas a Averróis. O tema da unidade de alma dos filósofos é tratado na obra do filósofo árabe *Destructio destructionum*, disp. I, fol. 20I-21a: "Sócrates é

cular, foi a doutrina que postula a possibilidade de união do intelecto humano com a mente divina que mais fortemente ecoaria e se repetiria na obra de Pico[87]. Na forma pressuposta pelo filósofo árabe:

> Aquele intelecto então ascenderá pelo ato à assimilação das realidades abstratas e compreenderá ser seu o que é, pelo ato, o intelecto[88].

A ideia da conciliação do indivíduo com o intelecto universal e a ideia da unidade de alma existente entre os filósofos seriam colhidas e ajudariam a compor o substrato do pensamento piquiano[89]. Tais concepções, muito provavelmente, fizeram-no abraçar com mais veemência o Platonismo, com o qual encontraria similitudes conceituais — como na questão da afinidade existente entre a parte da alma capaz de entender as ideias e a realidade inteligível, permitindo sua união. Cabe ressaltar que a inspiração averroísta de Pico foi de tal profundidade que o levou a afastar-se dos tradicionais núcleos de Pádua, em razão de divergências em relação a especificidades daquela doutrina. A cisão com o academicismo padovano fez com que Barbaro o chamasse de "traidor", na famosa carta de 1485: incomodado pela aproximação do amigo ao Platonismo, o peripatético atribuiu seu afastamento a uma suposta adesão incondicional à filosofia do círculo de Ficino. Mas, ao contrário do que tantos quiseram crer, seu afastamento foi mais consequência dos argumentos retirados de seus intensos estudos sobre o

---

diverso de Platão em número; e, contudo, ele mesmo [Sócrates] e Platão são o mesmo na forma, que é alma" (*"Socrates est alius a Platone numero: et tamen ipse et Plato sunt idem in forma, quae est anima"*).

87. A união da mente humana com o divino é concepção presente na inteira obra piquiana, colocada por outras vias e através de outras formas filosóficas ou teológicas como seu objetivo final. Sobre a específica reflexão do tema averroísta na obra de Pico, veja-se Guido DE RUGGIERO, *La filosofia del Cristianesimo*, 1920, p. 56.

88. AVERRÓIS, *De animae beatudine*, Opera, v. IX, 153AB. O tratado *De animae beatudine* foi uma compilação posterior de dois curtos textos de Averróis sobre o intelecto (*Tractatus De animae beatudine* — Aristotelis Opera cum Averrois Commentariis, Venetiaa, Junctas, 1562 [reprinted: Frankfurt, 1962], v. IX, pp. 148r-155r).

89. A concepção de que o intelecto é capaz de entender o agente primeiro, e a si mesmo, a partir da virtude racional é uma tese de Al-Farabi, que Pico encontra também em Avempace e em Maimônides (*Doctor perplexorum*, I, 68), neste último conforme elucida Salomon MUNK, *Le Guide des Egarés*, Paris, 1856, v. I, pp. 304-308 (GARIN, 2011, p. 65).

pensamento árabe, aliados a uma forma diferenciada de ler Averróis[90]. Mais do que ter sido "roubado" de Averróis por Platão, Pico foi impelido pelo Comentador ao Platonismo, pois havia algo naquela filosofia que dava espaço para a transcendência[91].

Embora seja redutivo outorgar à filosofia de Averróis o crédito por uma aproximação ao núcleo de pensamento da Academia, cabe lembrar que o Pico que se lança com interesse sobre a ficiniana *Theologia Platonica*, em 1482, tem a mente já moldada por uma robusta bagagem averroísta, que não seria desprezada. Seu primeiro texto relevante, o *Commento sopra una Canzona d'amore composta da Girolamo Benivieni*[92], apresenta um claro viés platônico. A inegável orientação de seu primeiro escrito mostra que, embora o número total de teses dedicadas ao Platonismo na sucessiva obra de 1486 tenha sido menor, a admiração por suas concepções não se mostra inferior do que a experimentada com as correntes aristotélicas. É bastante possível que ao aproximar-se de Platão e dos neoplatônicos, Pico já o faça trajando as vestes do conciliador que busca harmonizar os motivos centrais do Liceu e da Academia. Sob tal enfoque, chama a atenção o fato de Proclo ser homenageado com 55 teses; dez a mais que seu estimado Aquinate. Essa quantidade revela não apenas o apreço de Pico pelo filósofo grego como, muito provavel-

---

90. Um detalhamento da interpretação de Pico que o levou a divergir dos demais averroístas nos afastaria do tema traçado. Para o tema, veja-se GARIN, 2011, pp. 12 ss., 84 ss.

91. Conforme infere Moshe IDEL, Averróis, "o mais ortodoxo entre os aristotélicos medievais e, ao mesmo tempo, conhecido por permitir a possibilidade da união epistêmica do humano com o Agente Intelecto", é entendido por oferecer uma metafísica e uma epistemologia que podem conter alguns elementos místicos. Trata-se, pois, de "um racionalista que, não conseguindo justificar todas as coisas plenamente através da razão, aceita a revelação" (IDEL, *Jewish mystical thought in the Florence of Lorenzo il Magnifico*, in: *La Cultura Ebraica all'epoca di Lorenzo il Magnifico*, 1998, pp. 28-29).

92. Durante sua permanência em Fratta, após o fracasso amoroso com Margherita, Pico concluiu seu comentário à canção de amor redigida pelo amigo Benivieni, o chamado *Commento*, obra que se tornou famosa e foi bastante comentada nas cartas do período. O texto foi editado uma primeira vez em 1519, no contexto das obras piquianas; e, em 1731, como texto autônomo, com o título *Dell'amore celeste e divino — Canzone de G. B. fiorentino, col comento di G. Pico della Mirandola* (Alberto Cesare AMBESI, "Giovanni Pico della Mirandola: Cenni biografici e presentazione dell'opera", in: *Heptaplus*, 1996, p. V).

mente, a vontade de dar continuidade ao projeto que aquele havia iniciado, já então uma tentativa de levar a termo a conciliação entre as duas escolas filosóficas[93]. Ademais, assim como ele, o último grande mestre neoplatônico considerava como elemento preliminar à carreira filosófica o entendimento das obras lógicas de Aristóteles. Certo é que a ideia de encetar um estudo de verificação da concórdia entre os dois grandes da antiguidade iniciara pouco antes de seu estabelecimento em Florença, ocorrido em 1484, encontrando-se expressa na epístola a Barbaro do mesmo ano, na qual afirma ser apenas aparente tal discórdia:

> Parece-me que em Platão há dois aspectos, a eloquência homérica que se ergue até os céus da poesia e um total acordo com Aristóteles, se se vai a fundo. Portanto, se olharmos a forma, nada concorda entre os dois; mas, se não olharmos a forma, nada se opõe entre os dois[94].

O momento para retomar aquele projeto maior, mantido vivo desde antes da elaboração das novecentas teses, ocorre após o fracasso de seu intento com as *Conclusiones*. Para levá-lo a termo, muniu-se de fundamentos encontrados tanto nas similitudes descritas pelos comentadores que o influenciaram quanto, em sentido contrário, nas diferenças entre os dois filósofos, acentuadas, sobretudo, por George Gemistos Plethon, anos antes[95]. Assim, durante os anos de 1490 e 1491, Pico

---

93. Em sua "Introdução" às *Conclusiones*, Pico esclarece que o acordo entre Platão e Aristóteles, "por muitos considerado possível", não havia sido por ninguém "suficientemente provado". Por "muitos", Pico referia-se a Boécio, Simplício, Agostinho e João Gramático: "Boécio [...] parece que nunca cumpriu o que sempre disse querer fazer. Simplício, entre os gregos, tinha sustentado a mesma coisa; quem dera tivesse mantido quanto prometera. Até mesmo Agostinho, no livro *Contra os Acadêmicos*, escreve que muitos foram os que tentaram provar que a filosofia de Platão e de Aristóteles são uma mesma filosofia. Assim, João Gramático, que afirma que Platão difere de Aristóteles só para os que não percebem o texto de Platão, deixou aos vindouros a demonstração" (*Concl.*, p. 145). Naomi GOLDFELD observa que o mestre Elia del Medigo foi outro entre os que encontraram dificuldades para conciliar Platão e Aristóteles, seguindo os passos de Averróis que, por sua vez, havia encontrado dificuldades quase três séculos antes ao tentar essa conciliação (*Elia del Medigo e l'averroismo hebraico*, in: *La Cultura Ebraica all'epoca di Lorenzo il Magnifico*, 1998, pp. 43-44).

94. PICO, Carta de 6 de dezembro de 1484, in: *De Hominis Dignitate etc.*, p. 9 (I, 22).

95. É bastante provável que a polêmica de algumas décadas gerada pelo opúsculo posteriormente intitulado *De Differentiis*, que exerceu forte influxo nas concernentes

se dedica, exaustivamente, à *"concordia Platonis et Aristotelis"*, conseguindo concluir, em 1492, o texto embrionário *De Ente et Uno*, dedicado ao amigo Poliziano[96]. Nesse percurso, ocorre seu retorno à escolástica, que pode ter sido decisivo; assim como o averroísmo, anos antes, o aproximara de Platão, Tomás de Aquino, seu mestre inicial, o reaproximava, agora, de Aristóteles — não sem a influência da convivência com Savonarola. Como infere Di Napoli, o retorno a Tomás, com sua "síntese de superação da distinção entre Platão e Aristóteles", seria "determinante" para que Pico embasasse sua concórdia[97]. O esteio tomista traria a sustentação necessária para discorrer acerca da relação entre o Uno e o Ser, proscênio de uma das importantes disputas entre acadêmicos aristotélicos e platônicos nas discussões teológicas do século. Solucionar um dos grandes contrastes teóricos da época cria o eixo de *De Ente et Uno*, para a fundamentação na qual Pico se apoia, sobretudo, na *Metafísica*, de Aristóteles, e no *Parmênides*, de Platão[98].

---

discussões do século XV — no qual o mestre de Mistra aborda as diferenças entre Platão e Aristóteles —, tenha afetado o jovem Pico. Conforme foi visto no capítulo I, a polêmica sobre as divergências ou similaridades entre os dois filósofos perpassou o século, de certa forma graças à continuidade do debate mantida por George de Trebizonda e Basílio Bessarion. Para maiores detalhes acerca da questão, leia-se MOLINARI, *Libertà e Discordia. Pletone, Bessarione, Pico della Mirandola*, 2015; James HANKINS, *Plato in the Italian Renaissance*, 1990, pp. 193 ss.; GARIN, 2011, p. 128.

96. A íntegra da obra pode ser encontrada na edição de Vallecchi, Eugenio Garin (org.), da *De Hominis Dignitate, Heptaplus, De ente et Uno e scritti vari*, 1942. Para dados adicionais sobre a discussão do *De Ente et Uno*, leia-se GARIN, 2011, entre as pp. 79 e 98, sobretudo as pp. 80-81.

97. Giovanni DI NAPOLI, *Pico e la problematica dottrinale del suo tempo*, 1965, p. 223. Para o influxo de Tomás de Aquino sobre o pensamento de Pico em seus últimos anos, veja-se André-Jean FESTUGIÈRE, *Studia Mirandulana*, in: *Archives d'histoire doctrinale e litteraire du Moyen Âge*, 1933, pp. 151 ss.; ANAGNINE (op. cit., p. 32).

98. A discussão do *Parmênides* envolveu muitos eruditos no século XV, como Bessarion e Ficino, que enxergavam no diálogo o coração da teologia platônica. Alguns pontos da obra contrapuseram Pico — que considerava a obra apenas como um exercício dialético — a Ficino, que diria: "no *Parmênides*, Platão encerrou a inteira teologia" (Ficino, *Opera*, Henricpetrina, Basilea, 1576, p. 1137, apud MOLINARI, op. cit., p. 81). Ainda, GARIN, *L'Umanesimo Italiano*, 2008, p. XVII. As interpretações dos dois autores renascentistas sobre o pensamento de Platão exercerá uma influência profunda nos séculos seguintes, alcançando desde os platônicos de Cambridge até a literatura alemã, atingindo Winckelmann, Herder, Goethe, Schelling e Hegel (cf. CASSIRER, "Ficino's Place in Intelectual History", in: *Journal of the History of Ideas*, n. 6, 1945).

Apesar de o intento não ter sido terminado e a concordância, portanto, não concluída nos moldes pretendidos, a obra aborda conceitos metafísicos obrigatórios para a questão, retratando, de acordo com Garin, uma "notável posição especulativa"[99].

A sólida estrutura preparada ao longo de anos para sustentar aquele que seria um de seus mais importantes projetos filosóficos, o de dirimir as diferenças entre os dois gregos, permitiu-lhe especular sobre esferas metafísicas elevadas. Apesar de uma exposição mais ampla do *De Ente et Uno* mostrar-se secundária para a composição do tema aqui proposto, tomar conhecimento de seu núcleo e, sobretudo, de onde aponta seu *fim* é condição para que se complete o cenário dos alicerces que constituem o pensamento piquiano. O núcleo da obra concentra um motivo de cunho ontológico, visto que trata da discussão acerca da unidade ou multiplicidade do Ser, tomando por base as visões aristotélica e platônica referentes ao Ser e ao Uno. Partindo da passagem da *Metafísica* "o Ser é Uno"[100], que se opunha à "prioridade do Uno em relação ao Ente" sustentada na Academia[101], Pico pretende averiguar se a Unidade é inerente ao Ser. O fim de sua obra, para o qual se orienta a tentativa de dirimir o presumido conflito, eleva-o para a esfera dos princípios — um interesse relacionado à origem; protológico, portanto. Essa informação deve ser guardada. Em torno a essa esfera, e não abaixo dela, concentram-se muitas das demais argumentações piquianas, algumas de âmbito suprafilosófico, sobretudo as que recorrem a argumentos retirados da dimensão esotérica, como será visto. Seus interesses de ordem religiosa ou mística procuram, justamente, encontrar o ponto de convergência entre aquelas doutrinas e os princípios.

---

99. GARIN, 2011, p. 42. Como reflete o comentador em outra obra, Pico mergulhou na problemática da discórdia não para eliminar seu dissenso, mas para integrar — e distribuir em níveis distintos — seus conteúdos (GARIN, *Le Interpretazioni del pensiero di Giovanni Pico*, in: *L'opera e il pensiero di Giovanni Pico della Mirandola nella storia dell'Umanesimo*, 1965, p. 17). Mesmo não tendo concluído a obra de conciliação entre Platão e Aristóteles — tema que continuará em todo o século XVI —, só o fato de tê-la proposto em termos novos e tê-la iniciado mostram como era forte a necessidade de suplantar certas posições humanistas do Quattrocento e como já despontavam em Pico questões que seriam a tônica do século vindouro (GARIN, 2008, p. 98).

100. *Metaphysica* IV, 2, 1003b-23.

101. PICO, *De Ente et Uno*, p. 389.

3. A aproximação dos estudos místicos

O contato com a consistente corrente do pensamento padovano não trouxe apenas a convicção de conciliar Platão e Aristóteles. Já à época de seus estudos iniciais, havia-se encastelado na mente de Pico aquele que viria a ser seu desafio maior: encontrar os pontos de acordo entre sistemas filosóficos e doutrinas religiosas pertencentes a tradições distintas[102].

Não por acaso, observa-se em sua biografia uma alternância de temáticas de pesquisa que transitam entre filosofia e doutrinas ligadas ao campo da revelação. Essas últimas são retomadas no período imediato ao retorno da França para Florença, quando ocorre a aproximação do misticismo hebraico, através de uma renovação nos estudos bíblicos. Em fase de introspecção, inicia-se a redação de uma série incompleta de comentários sobre os *Salmos* e, embora não comprovado, uma nova tradução e alguns comentários sobre partes do *Livro de Jó*. Nessa fase, tocado pelo estado de espírito de seu amigo, Lorenzo escreve para o embaixador papal em Roma, Giovanni Lanfredini, contando que Pico "vive muito piamente, como um monge, canta os *Salmos* e escreve conteúdos teológicos". E, acresce que "poucos são os homens" que lhe despertam "tanta estima"[103]. A carta — uma tentativa para a reabilitação do sentenciado, ainda não absolvido de sua condenação — termina sendo malsucedida, pois Inocêncio VIII considera intolerável o interesse contínuo de Pico em teologia, preferindo que ele "se dedique à poesia"[104].

Esse tipo de interesse pelas *Escrituras* não era novo. Quando ainda estudante em Pádua, lançara-se com premência ao estudo do idioma

---

102. GARIN, 2011, p. 13; BROCCHIERI, op. cit., p. 13.
103. A carta foi escrita em 13 de junho de 1489. Os conteúdos teológicos referem-se tanto aos *Salmos* quanto, presumivelmente, ao *Heptaplus* (BLACK, op. cit., p. 9). As cartas entre Giovanni Lanfredini e Lorenzo de Medici podem ser vistas em Domenico BERTI, *Intorno a Giovanni Pico della Mirandola, Cenni e documenti*, 1859, pp. 51-52. Ainda, para a questão, veja-se GARIN, 2011, pp. 39-40.
104. Em 2 de outubro de 1489, o embaixador Giovanni Lanfredini assim responderia a Lorenzo: "*Et dixe* [il papa]: '*Queste cose della fede sono troppo tenere et non posso tollerarle. Se lui* [Lorenzo] *gli vuole molto bene* [a Pico], *che lo facci scrivere opere di poesia et non cose theologiche perché saranno più di sua denti, perché il conte non è bene fondato et non ha visto tanto quanto bisogna ad chi scrive theologia*'" (Ms. Firenze, Archivio di Stato, MAP 58, 96, apud Raffaella Maria ZACCARIA, *Critiche e difesa dell'Heptaplus*, in: *Pico, Poliziano e L'Umanesimo di fine Quattrocento*, 1994, pp. 76-77).

hebraico; em um primeiro momento, buscava apenas compreender as traduções e interpretações hebraicas dos pensadores árabes e seus comentários referentes a Aristóteles; contudo, em fase posterior, os textos originais hebraicos foram objeto de profundo interesse para a busca de confirmações da verdade de suas crenças cristãs — interesse despertado, sobretudo, pelo contato com Elia del Medigo, durante o período florentino. A proficiência do idioma seria incrementada por Flávio Mitridate — mestre que não apenas o ajudaria nas traduções de alguns textos como se tornaria seu principal instrutor de línguas orientais[105]. Além do hebraico, iniciou-o no aramaico e no árabe; este, entre outras coisas, para que pudesse ler Maomé no original. Assim, em dado período, o aprendiz lia, simultaneamente, o *Corão*, os *Oráculos Caldeus*, atribuídos a Zoroastro, e o *Livro da Criação*, pilar do misticismo judaico — buscando extrair seus pontos de conversão[106].

O contato com os mestres hebreus que frequentavam o círculo florentino, ligado à Academia, acentuou, ademais, seu interesse pelo Esoterismo. Elia del Medigo não lhe apresentaria apenas Averróis e as filosofias orientais; em carta ao aluno, no provável ano de 1485, mencionava a principal doutrina mística judaica, afirmando que "poucos, entre os antigos, entenderam a Cabala"[107]. Ademais, continuava a carta,

---

105. Para os estudos com Mitridate, leia-se Franco BACCHELLI, *Giovanni Pico e Pier Leone da Spoleto — Tra Filosofia dell'amore e tradizione cabalística*, 2001, p. 88; Domenico BERTI, *Intorno a Giovanni Pico della Mirandola, Cenni e documenti*, in: *Rivista contemporanea*, 1859, pp. 36-37.

106. A questão do aprendizado de línguas está bem documentada em várias cartas. Veja-se Gianfrancesco PICO, *Vita di Giovanni Pico* (org. Sorbelli), 1963; DUKAS, op. cit., pp. 69-70; CASSUTO, op. cit., pp. 282, 299-300; GARIN, 2011, pp. 97-98. Em resposta a uma carta de Ficino, de setembro de 1486, em que esse lhe pede de volta a versão latina do Corão, Pico conta-lhe sobre seu mês de esforços para aprender o hebraico, além de levar adiante os estudos do árabe e do aramaico. A carta pode ser lida em Chaim WIRSZUBSKI, *Pico della Mirandola's Encounter with Jewish Mysticism*, 1987, pp. 3-4. Escreve Wirszubski que "o quanto Pico aprendeu em hebraico, em termos de proficiência, é difícil dizer: não é, de forma alguma, insignificante". E, na p. 6, "Pico aprendeu muito com as traduções de Mitridate, infinitamente mais do que ele poderia ter aprendido com os originais hebraicos, uma vez que tentou lê-los sem traduções".

107. HELIAE CRETENSIS, *De efficientia mundi*, in: RAGNISCO, *Documenti inediti e rari intorno alla vita ed agli scritti di Nicoletto Vernia e di Elia del Medigo*, 1891. Ve-

seus textos obscuros pediam uma hermenêutica especial que possibilitasse a decodificação das doutrinas secretas lá ocultas; ele, Elia, seria o mestre capaz de fornecer a Pico os preciosos elementos para a compreensão da gnose hebraica[108]. Assim, embora não se tendo limitado aos ensinamentos de Elia, que, nesse sentido, foram um tanto escassos, as primeiras indicações para seus estudos da Cabala foram-lhe transmitidas por aquele jovem mestre, que insistia para que fossem extraídas as partes teoreticamente mais profundas da mística hebraica. Elia colocava e ressaltava, continuamente, o problema da convergência entre filosofia e teologia ("o outro caminho para acreditar-se na lei, além da fé, se dá pela via filosófica")[109] — uma concepção essencial para a formação do pensamento piquiano.

Não somente Elia lhe abriria as portas para esse gênero de interesse. A forte dicotomia entre a leitura literal e não literal era uma característica constante e enfática da tradição judaica medieval, ainda mantida viva no século XV, e apresentava evidentes paralelos com os modelos de transmissão esotérica greco-cristãos; tais ideias tinham, portanto, uma ressonância contemporânea, sendo objeto de discussões teóricas na Itália ainda à época em que Pico escrevia o *Heptaplus*[110]. De forma que a postura hermenêutica ali desenvolvida não se fundamenta, apenas, na mística judaica, mas encontra raízes entre os primeiros intérpretes latinos e gregos. Entre as várias fontes às quais Pico teve acesso e que foram, certamente, utilizadas em suas pesquisas, verificam-se desde

---

ja-se, ainda, Crofton BLACK, *Pico's Heptaplus and Biblical Hermeneutics*, 2006; BROCCHIERI, op. cit., p. 9.
108. CASSUTO, op. cit., pp. 284 ss. Ainda, para o tema, BROCCHIERI, op. cit., pp. 10-11; GARIN, 2011, p. 11; SIRGADO GANHO, op. cit., p. 17.
109. HELIAE CRETENSIS, *De efficientia mundi*, f. 255, in: RAGNISCO, op. cit. A carta de Elia del Medigo foi publicada pela primeira vez por Jules DUKAS, em: *Recherches sur l'histoire littéraire du quinzième siècle*, 1876: "[…] *si quid tamen dictum sit contrarium Legi non mirum est: quia tantum intentiones Philosophorum secundum fundamenta eorum dicere volui: scitur nam quod via Legis, cui magis creditur, alia est a via Philosophica*". Complementando a colocação acima, cabe observar que, na visão de Elia, segundo Naomi GOLDFELD, a fé está fundada sobre a razão ("Elia del Medigo e l'averroismo hebraico", in: *La Cultura Ebraica all'epoca di Lorenzo il Magnifico*, Firenze, 1998, pp. 43-44).
110. BLACK, op. cit., pp. 131-132.

representantes do Cristianismo primitivo quanto do médio e novo Platonismo, como Plutarco, Diógenes Laércio, Clemente, Eusébio, Plotino, Porfírio e Jâmblico. Tendo sido adotada por alguns entre os primeiros exegetas cristãos, a abordagem esotérica foi mantida em circulação por intermédio da tradição neoplatônica mais tardia — levada adiante por Macróbio, Pseudo-Dionísio e Simplício — depois que ela havia deixado de ser utilizada[111].

Já em relação às interpretações relativas ao *Gênesis*, cujos sinais se mostram na *De Hominis Dignitate* e, em caráter precípuo, no *Heptaplus*, é bastante certo que um limitado número de textos tenha sido extraído das exegeses gregas da escola alexandrina, particularmente referentes a escritos de Orígenes e de Fílon. A obra *De opificio mundi*, de Fílon, foi bem recepcionada por Ambrósio, cujo pensamento influiria sobre Agostinho; mas, após essa recepção cristã no século IV, sua utilização parece ter desaparecido em grande parte[112]. É possível que Pico tenha tido acesso ao conteúdo de Fílon por meio de Ambrósio ou Agostinho.

Passar do esoterismo grego e cristão ao oriental foi um passo. Pico percebia, através de suas leituras, que havia outros sistemas que, em comum com aqueles, partilhavam de certo pendor por questões de cunho teológico — quando não puramente místico. Ainda antes de chegar a Florença, o jovem de Mirandola fora atraído pelo platonismo de Ficino, um platonismo de viés teológico que tentava a conciliação com o cristianismo. O então ordenado padre via na obra platônica uma filosofia divinamente inspirada, na qual estava sintetizada toda a tradição especulativa oriental e grega[113]. Na concepção ficiniana, todos os campos do real encontravam-se convergentes, em virtude de uma união vital do mundo; tal reflexão contemplava a perspectiva de uma *pia phi-*

---

111. BLACK, ibid., p. 147. O tema será retomado no capítulo VII.
112. BLACK, idem. Não está claro se esta obra foi incluída entre os manuscritos de Fílon pertencentes à biblioteca de Lorenzo. Por outro lado, ela está atestada em dois manuscritos do Vaticano, que foram incluídos nos inventários de 1475, 1481 e 1484.
113. Para Ficino, existia uma única filosofia, que consistia na "reflexão sobre as verdades eternas, as ideias, que, como tais, permanecem inalteradas no tempo e transcendem a História" (cf. Sebastiano GENTILE, *Il ritorno di Platone, dei platonici e del "corpus" ermetico, Filosofia, teologia e astrologia nell'opera di Marsilio Ficino*, in: Vasoli-Pissavino [org.], *Le filosofie del Rinascimento*, 2002, pp. 193-228).

losophia, na qual estariam alinhados Zoroastro e Moisés, Hermes Trismegisto e Platão, os pitagóricos e os neoplatônicos. O legado de Ficino não deixaria de acrescer importantes elementos na construção do pensamento piquiano, embora não sem ressalvas[114]. Sobretudo os textos herméticos, de acordo com as traduções ficinianas, teriam exercido influência nas reflexões do Conde: alguns de seus temas, como a liberdade da alma em relação ao corpo e a natureza mediadora do homem, seriam amplamente desenvolvidos nas obras posteriores a 1486[115]. Para alguns comentadores, a "antropologia" foi um dentre os principais interesses extraídos daquele conhecimento, em razão do parágrafo inicial da *De Hominis Dignitate*, em que é citada a célebre sentença do *Asclepius*, "*Magnum, o Asclepi, miraculum est homo*"[116], uma entre diversas passagens herméticas que exaltam a grandeza do homem. Ficino havia citado a mesma passagem, mais de dez anos antes, em sua *Theologia Platonica*[117]; mas, com Pico, a teoria hermética será aprofundada e decisiva para a questão da dignidade. Os escritos atribuídos a Trismegisto foram, ademais, a fonte utilizada para desenvolver seus pontos de vista sobre a magia branca, capaz de "comungar" o homem com o divino — tema a ser retomado no próximo capítulo —, em-

---

114. Nem tudo foi apenas união de ideias entre Ficino e Pico: No *Commento sopra una canzona d'amore da Girolamo Benivieni*, Pico faz ásperas críticas a uma das obras de maior sucesso de Ficino, o *Commentarium in Convivium*, criticando a concórdia estabelecida por Ficino, de forma muito fácil, entre o pensamento de Platão e a doutrina cristã, especialmente em pontos essenciais como a figura do Cristo. Como escrevia Pico, "é preciso estar atento em não confundir o filho de Deus [o demiurgo, no texto de Platão] com o filho de Deus dos teólogos cristãos, já que este é de mesma essência que o Pai, criador e não criatura" (GARIN, *Le Interpretazioni del pensiero di Giovanni Pico*, in: *L'opera e il pensiero di Giovanni Pico della Mirandola nella storia dell'Umanesimo*, Istituto Nazionale di Studi sul Rinascimento, Firenze, 1965, p. 28).

115. O conceito do homem-mediador na obra de Hermes Trismegisto é bem desenvolvido por SCOTT-FERGUSON em *Hermetica, The Ancient Greek and Latin Writings which Contain Religious or Philosophic Teachings Ascribed to Hermes Trismegistus*, 1924-1936, pp. 120 ss.

116. PICO, *Oratio*, p. 102. O tema será retomado no capítulo IV.

117. Marsilio FICINO, *Theologia platonica* XIV, 3, 2 (ed. Bompiani, p. 1299): "*Quod admiratus Mercurius Trismegistus inquit: 'Magnum miraculum esse hominem, animal venerandum et adorandum, qui genus daemonum noverit quasi natura cognatum, quive in deum transeat, quasi ipse sit deus'*".

bora seus múltiplos interesses o fizessem se envolver, também, com certas alquimias de conotação prática, extraídas do manual *Picatrix*[118].

Na Academia, Pico inicia, portanto, a construir uma estrada própria, a partir — não da fusão, mas do encontro — de componentes comuns extraídos de domínios distintos: da teologia cristã, da filosofia neoplatônica, de escolas iniciáticas egípcias e persas, da mística judaica. A síntese daqueles estudos se mostrará na fase de reclusão no mosteiro de San Marco, após o retorno da França; uma nova etapa na qual o pesquisador se voltará para pensadores que fizeram da experiência religiosa seu campo de reflexão. Mergulhando, de início, nas reflexões teológicas de Maimônides, entra, definitivamente, pela porta do pensamento hebraico. E, ao trilhar essa estrada, começa a vislumbrar a ideia de ter encontrado uma solução para seus problemas referentes à dificuldade em aliar filosofia e cristianismo[119]. A alegria de encontrar no pensamento hebraico a confirmação da identidade profunda entre aquelas reflexões e suas crenças — e, ainda, com as de outras culturas — seria relatada, posteriormente, no *Heptaplus*.

No ambiente de isolamento, a cultura hebraica de Pico começa, efetivamente, a desabrochar. Isso ocorre, morfmente, através das reflexões conduzidas junto a Yohanan Alemanno. Elia o tinha guiado em seus primeiros passos através do pensamento árabe-hebraico, mas o viés aristotélico de Elia não permitia maior aprofundamento na Cabala; com Flavio Mitridate, não há dúvidas, as cognições sobre o tema se estenderam; mas agora, com Alemanno, Pico consegue, de modo efetivo, avançar em suas intuições acerca da aplicação dos métodos cabalísticos na solução das antíteses entre religião e filosofia[120]. Os interesses de Alemanno, comprovados em sua bibliografia, apresentavam muitos pon-

---

118. Para a relação de Pico com a magia extraída do Hermetismo, leia se Frances Yates, *Giordano Bruno e a Tradição Hermética*, 1995, pp. 84-116. Algumas questões relacionadas à magia prática e alquimia são descritas por Pietro Crinito: conta, por exemplo, que Pico ficou dias a preparar uma fórmula alquímica, à base de certos venenos, para curar Ermolao Barbaro. E, em época de peste, experimentou algumas misturas de venenos para encontrar a cura, "*ex oleo scorpionum, linguisque aspidum et aliis eiusmodi venenis confectum*" (*De honesta Disciplina*, I, 7, p. 12, apud Garin, 2011, p. 44).
119. Garin, 2011, p. 27.
120. Garin, 2011, pp. 38-39; Wirszubski, op. cit., pp. 256-257.

tos de contato com a interpretação bíblica em geral e, particularmente, com o conteúdo desenvolvido no *Heptaplus*. Por meio da interpretação cabalística poderia ser promovida a possível conciliação entre as *Escrituras* e a Filosofia, como será visto no capítulo VI. Da mesma forma que a teologia cristã havia identificado ecos de suas doutrinas nos manuscritos de caldeus e egípcios, como mostravam as recentes descobertas do platonismo florentino[121], Pico tentaria encontrar nas *Escrituras* conteúdos que teriam derivado das doutrinas cabalísticas — não com o intuito de subordinar umas às outras, mas com a firme vontade de dar verdade aos textos sagrados, dentro da filosofia que buscava[122].

* * *

Com a apresentação das *Conclusiones Nongentae*, Giovanni Pico teria a chance não apenas de expor, como de debater, finalmente, o cabedal de conhecimento aprendido naqueles anos de estudos filosóficos, teológicos, orientais e, em parte, esotéricos. Tendo sido apresentadas as circunstâncias ao seu redor e os caminhos pelos quais se estruturou seu pensamento, será possível prosseguir em direção ao objetivo traçado, qual seja, mostrar de que forma Pico mesclou, em suas argumentações, parâmetros de teor não filosófico.

---

121. Essa era a ideia prevalente no círculo de Ficino. A relação entre essas doutrinas e sua aceitação na Academia podem ser confirmadas pela recepção dos textos atribuídos a Hermes do Egito e ao persa Zoroastro, conforme abordado no capítulo I. A aceitação de Hermes, como "um dos seus", pela Igreja pode ser comprovada através do grande trabalho de marchetaria feito no piso do *Duomo* de Siena, nos anos 1480 do século XV, onde Hermes Trismegisto está representado de forma extraordinária, mostrando sua recepção em território cristão.

122. Bohdan Kieszkowski, *Averroismo e Platonismo in Italia*, in: *Studi sul Platonismo del Rinascimento in Italia*, 1936, cap. VII.

CAPÍTULO III
As *Conclusiones Nongentae* e sua *Occulta Concatenatio*

As *Conclusiones Nongentae*[1], ou *Novecentas Teses*, formam, em seu conjunto, a primeira obra de Giovanni Pico a ser estampada — e seu trabalho mais desafortunado. Os acontecimentos em torno ao assunto ocorreram em um ritmo muito veloz. A redação foi concluída em 12 de novembro de 1486; em 7 de dezembro, o manuscrito foi levado para edição em Roma, pelas mãos de Eucharius Silber[2], sem que

---

1. O título original, conforme a *editio princeps*, é *Conclusiones DCCCC dialecticae, morales, physicae, mathematicae, publice disputandae, Romae, Anno ab incarnatione Domini MCCCCLXXXVI die septime Decembris*. Sobre a escolha do número de teses, Pico explicaria, em carta escrita a Girolamo Benivieni, que seu intento inicial era o de escrever 700 teses, chegando depois a 900, embora tivesse material para um número maior. O 900 seria o número certo por seu significado místico, acerca do qual Pico apenas sinalizaria: "se, efetivamente, a nossa ciência dos números é digna de fé, tal cifra simboliza a alma que retorna a si após ter sido revolvida pela inspiração das Musas" (cf. Léon Dorez, *Lettres inédites de Jean Pic de la Mirandole* [1482-1492], in: *Giornale Storico della Letteratura italiana*, XXV, 1895, p. 358).

2. Eucharius Silber, *alias* Franck, era considerado o melhor tipógrafo de Roma (cf. Giulio Busi, *Pico: fede, ragione e... Inquisizione*, in: "Il Sole-24 Ore", 28/08/2018). O texto original das *Conclusiones* está contido, atualmente, em quatro manuscritos con-

fosse aguardado o usual parecer de catolicidade por parte da comissão pontifícia. Em breve tempo, algumas daquelas primeiras cópias seriam vetadas e, em março de 1487, a comissão ligada ao prelado proibiria definitivamente sua difusão. Treze teses foram inicialmente censuradas, Pico julgado e, finalmente, a totalidade das teses condenada. A próxima publicação das *Conclusiones* somente ocorreria na segunda metade do século XVI, na Basileia, terra não católica[3].

Voltando atrás alguns meses para o período de sua elaboração, verifica-se que o principal projeto de Pico seguiu uma bem estruturada sistematização na preparação dos fundamentos, erigida ao molde das construções teóricas medievais. Em posse do conhecimento dos formatos escolásticos, o autor daria início a uma ordenação das várias vertentes e escolas com as quais tivera contato, com o objetivo de apresentar seus pontos de analogia. Assim, a organização do conteúdo obedece a uma sequência de proposições extraídas de sua crítica-histórica, organizada por grupos de pensamento. Em termos de estilo, e aproveitando-se do método de argumentação através de números (*calculationes*), apreendido nos cursos de lógica seguidos em Pavia, Pico se serve do modelo de escrita "*parisiensis*", tendo por base a lógica aristotélica[4].

---

servados e distribuídos entre as cidades de Viena, Munique e Erlangen (respectivamente, nas seguintes bibliotecas: Osterreichische Nationalbibliothek, lat. 14.708; Bayerische Staatsbibliothek, lat. 11.807; Universitatsbibliothek, lat. 646). Cf. Mauro ZONTA, *Due nuove fonti filosofiche giudeo-arabe conosciute e impiegate da Giovanni Pico della Mirandola*, 2009, p. 185.

3. Para maiores detalhes sobre as circunstâncias da publicação, veja-se Albano BIONDI, "Introduzione" a *Conclusiones Nongentae*, 1995, pp. V-XIII; ainda, Edoardo FORNACIARI, "Introduzione" à tradução de *Giovanni Pico della Mirandola: Conclusioni Cabalistiche*, 2009, p. 9; Mariateresa BROCCHIERI, *Pico della Mirandola*, 2011, p. 63. Por mais de cinco séculos, as *Conclusiones* permaneceram esquecidas com acesso apenas a poucos especialistas: suas poucas edições remetem, quase todas, ao século XVI, e sua última edição completa é de 1619. Após essa data, a obra passou por um longo período de esquecimento até ser, finalmente, editada por Kieszkowski, em 1973.

4. PICO, *Concl.* (I), p. 7: "[...] *in quibus recitandis non Romanae linguae nitorem, sed celebratissimorum Parisiensium disputatorum dicendi genus est imitatus.*" O "*stylus parisienses*" foi especialmente desenvolvido durante a permanência de Pico em Paris, entre 1485 e 1486 (cf. GARIN, 2011, p. 24). Os "*calculatores*" do século XIV aplicaram a matemática para problemas tratados qualitativamente na física aristotélica (Stephan FARMER, *Syncretism in the West: Pico's 900 Theses [1486]*, 1998, p. 467). Veja-se, ainda, BIONDI, 1995, p. XI.

Tal estilo, utilizado tanto nas *Conclusiones* quanto na *Apologia*, constituía a base da *vulgata scholastica* e começava a ser objeto de críticas por parte dos humanistas, em razão de sua linguagem considerada obstinadamente técnica. No que concerne à discussão pública, para a qual as *Teses* haviam sido preparadas, o método escolhido — sempre escolástico — teria sido o das *quaestiones*[5].

A obra compõe-se de novecentos aforismos — ou breves proposições — que não contemplam sua análise ou fundamentação filosófica. Ao folhear as páginas das novecentas *Conclusiones*, verifica-se uma sucessão de sintéticos conteúdos filosóficos, teológicos, científicos e misteriológicos[6] que encerram aquilo que seria uma revisão de posições, parte delas de autores ou escolas comentadas por Pico (as primeiras quatrocentas) e as demais de autoria do próprio Pico (as quinhentas seguintes). O planejamento do conjunto previa, pois, a apresentação de *propostas de discussão* — ponto fundamental para a compreensão das consequências desencadeadas —, e não a discussão em si. Certamente, obtendo o bom resultado que o autor esperava no debate, o intento seria levado adiante.

Contrariando, no entanto, aquela que seria a vontade de seu escritor, o vasto material, parte de um projeto não finito e não devidamente esclarecido, difundiu-se rapidamente. A edição das novecentas proposições, embora tendo transgredido as formalidades eclesiásticas, tinha por honesto intento uma devida apresentação e discussão com os eruditos — antes de qualquer apresentação pública. A indevida publicação da obra, de certa forma, serviu para aumentar a notoriedade do jovem

---

5. Crofton BLACK, *Pico's Heptaplus and Biblical Hermeneutics*, 2006, pp. 7-8. Conforme observa o comentador, as especulações filosóficas e teológicas dos três séculos anteriores foram fundamentadas sobre esse método. Para maiores detalhes sobre os métodos mencionados, veja-se BIONDI, "Introduzione" e "Premessa ai testi", em *Conclusiones Nongentae*, op. cit., pp. XI, 4.

6. O número de distinções temáticas mencionadas por Pico na abertura das *Conclusiones* é maior: "são proposições dialéticas, morais, físicas, metafísicas, teológicas, mágicas e cabalísticas" (ed. BIONDI, p. 7). As proposições do tipo que hoje aceitaríamos como científicas — que contemplam campos da física, biologia e astronomia — apresentam-se em número bastante limitado. Veja-se, como exemplo, a *Conclusio* 7, segundo Alberto Magno: "O som é levado, conforme seu ser real, até o ponto onde inicia o nervo ótico" (I. I, 7). Ou, ainda, a *Conclusio* 9, segundo Egidio Romano: "O calor poderá gerar o fogo mesmo quando não estiver em contato direto" (II. VI, 9).

conde, que já desfrutava de grande fama, fazendo-o passar a ser reconhecido como "doutor universal, dono de um saber privilegiado acerca do homem e da natureza, dos anjos e de Deus"[7]. Mas nem todos, naqueles finais do Quattrocento, enxergaram as *Teses* com tamanho otimismo. Algumas vozes consideraram a obra, na melhor das hipóteses, uma tentativa superficial de fusão de doutrinas; outras a julgaram "audaz", "temerária" e "vangloriosa", especialmente em razão de sua imoderada dimensão e do abarcamento de várias áreas de conteúdos diversos em uma única obra[8]. É irônico observar que o autor, que tanta atenção dedicou à questão doutrinária da não divulgação de certas concepções sigilosas de ordem universal, assistiu à indevida publicação das *Teses* e sua decorrente leitura por mentes despreparadas, conjuntura que o levou a sofrer consequências nefastas e até quase seu atestado de morte.

A rejeição à obra alcançou a contemporaneidade, porquanto as *Conclusiones* foram pouco entendidas e muito criticadas. Alguns críticos, talvez por não terem colhido a ideia seminal contida em seu projeto, acreditaram tratar-se de uma miscelânea de pensamentos que não faziam sentido ou que se encontravam inconclusos. Outros viram nas *Conclusiones* uma combinação excêntrica de problemas incompatíveis, uma curiosidade literária sem qualquer coerência interna[9]. Eugenio Garin foi

---

7. Albano Biondi extrai essa imagem outorgada a Pico de uma carta do famoso poeta carmelita Battista Spagnoli de Mantova, mestre de Filosofia e Teologia em Bologna (Biondi, "Introduzione", op. cit., p. VI).

8. Na *De Hominis Dignitate*, elaborada como introdução às *Conclusiones*, Pico antecipara a defesa das prováveis críticas que receberia, justificando que a ideia de realizar um debate, no molde praticado por respeitados filósofos como Platão e Aristóteles, era uma forma favorável para a obtenção da verdade: "do mesmo modo que as forças do corpo se robustecem com a ginástica, assim também, sem dúvida, nesta espécie de palestra do espírito, a energia da alma se torna mais forte e firme" (*Oratio*, p. 135). Ademais, seu debate não tinha como intenção "mostrar engenho e erudição" (idem), mas "apenas a formação de sua alma e o conhecimento da verdade" (ibid., p. 133). Em relação à elevada quantidade de teses escritas, considerada, por muitos, ambiciosa e "acima das forças" do autor (ibid., pp. 133, 139, 147), Pico escreveria: "Procurei reduzir a discussão ao menor número possível de pontos. Se eu tivesse querido dividir e desmembrar as suas partes — como é habitual outros fazerem —, teria escrito, certamente, uma quantidade inumerável de teses" (ibid., p. 163).

9. Um desses críticos foi J. Brucker (*Historia critica Philosophiae*, Lipsia, 1766, pp. 57 ss.), que escreveria que a obra "mistura tudo inadequadamente e nos confunde uns aos outros", no que foi seguido por vários (apud Garin, 2011, p. 74).

dos poucos a apontar que aquele conglomerado de sistemas deveria ser apreciado a partir de suas referências aos maiores problemas filosóficos da História do Pensamento. O historiador completa que a tentativa de conciliação de diferentes doutrinas filosóficas deve ser entendida como a consciente percepção da existência de uma pluralidade de pontos de vista que podem ser integrados[10]. Apesar de aparentemente fragmentária, a obra de Pico acolhe, torna suas e, finalmente, refaz, sob outros prismas, as perguntas filosóficas mais difíceis, procurando, em sentido contrário ao errôneo julgamento de querer demonstrar uma magnitude de conhecimentos, "reduzir" todo o seu *scibile* a compactas 900 teses[11].

A quantidade de temas pertencentes a cada setor de pensamento não está distribuída de forma uniforme dentro da recomposição piquiana; alguns, eleitos pelo escritor, recebem mais atenção do que outros. É o caso do amplo espaço dado a questões de teologia — concernentes a tradições distintas —, a específicas áreas da filosofia — como a metafísica, as questões acerca da alma e o campo que chamamos de cosmologia — e a algumas doutrinas pertencentes ao campo da misteriologia — caso, por exemplo, do grupo de teses voltadas à magia, ao orfismo e à cabala. Os tópicos a seguir procurarão mostrar que tais escolhas obedecem a um planejamento. Após a averiguação da estrutura das *Conclusiones*, necessária para o entendimento do desenho geral da obra, e de algumas teses relacionadas aos temas filosóficos mencionados, serão verificadas as questões teológicas condenadas e sua relação com as crenças do autor; por fim, as disposições de âmbito misteriológico.

1. A secreta conexão

O conjunto de novecentas teses divide-se em dois grupos. No primeiro, composto de quatrocentas proposições, Pico apresenta as teo-

---

10. GARIN, *Le Interpretazioni del pensiero di Giovanni Pico*, in: *L'opera e il pensiero di Giovanni Pico della Mirandola nella storia dell'Umanesimo*, 1965, p. 17. Em outra obra, Garin considera que o que pareceria um "floreio filosófico" é, na verdade, uma "exaltante procura da pequena mas 'imortal contribuição' que cada homem, grego, romano, cristão, árabe, judeu dava à eternidade do pensamento" (GARIN, 2011, pp. 72-76).
11. José Vitorino PINA MARTINS julga, ainda, que a obra é fruto do amadurecimento do autor, decorrente de suas profundas reflexões (*Cultura Italiana*, Lisboa, 1971).

rias de vários pensadores que o marcaram, ligados a diferentes escolas[12]. Nesta seção, é realizada uma síntese histórico-doutrinária que introduz ao leitor o núcleo do pensamento piquiano. Pouco mais da metade das teses desse grupo são dedicadas aos autores de tradição aristotélica, divididos entre os escolásticos cristãos — entre eles, Tomás de Aquino e João Escoto —, os peripatéticos orientais — como Avicena, Averróis e Maimônides[13] — e os gregos — Alexandre de Afrodísia e Teofrasto, entre outros[14]. A outra metade da primeira parte é formada por filósofos da Escola neoplatônica — com Plotino e Proclo entre seus principais representantes — seguidos por quatro séries de doutrinas singulares. Essas séries finais destacam-se das precedentes por contemplar temas ligados a teologias não cristãs. De fato, as últimas teses do primeiro grupo tratam da matemática pitagórica e das doutrinas caldaicas, herméticas e cabalísticas. Cabe observar que, embora aos autores aristotélicos seja dedicado, enquanto conjunto, um número relativamente maior de teses, o autor isolado ao qual são destinadas mais proposições é Proclo, seguido pelas doutrinas cabalísticas que fecham o grupo[15].

O segundo grupo, com as quinhentas proposições seguintes, constitui a primeira delineação precisa de uma doutrina da *pax unifica*, mar-

---

12. Na primeira parte da obra, Pico mostra seu reconhecimento à tradição filosófica das escolas, porquanto a sequência de autores é ordenada por sua filiação doutrinária. Não são inseridas citações originais dos autores escolhidos, mas interpretações pessoais de alguns passos ou doutrinas a eles atribuídos (e que Pico poderia ter recebido por meio de outras fontes). De qualquer forma, os conteúdos correspondem, com maior ou menor exatidão, a informações que podem ser encontradas nos escritos daqueles autores (cf. Mauro ZONTA, *Due nuove fonti filosofiche giudeo-arabe conosciute e impiegate da Giovanni Pico della Mirandola*, 2009, p. 195).

13. Apesar de Maimônides — o chamado Moyse "egípcio" — ser um filósofo sefardita, Pico o inclui no grupo dos árabes ("*secundum doctrinam Arabum*"), possivelmente em razão de Maimônides ter vivido no Egito e no Marrocos.

14. As teses referentes à tradição peripatética estão assim distribuídas: 94 dedicadas a seis autores escolásticos latinos; 82 distribuídas entre oito filósofos orientais e 29 dedicadas a cinco filósofos gregos que professam o aristotelismo. O total de 205 teses, que agraciam os discípulos do Liceu, reflete o acolhimento dado àquela escola durante os seis anos a ela dedicados, conforme testemunha a carta escrita a Ermolao Barbaro, vista no capítulo II.

15. Entre o elevado número de fontes mencionadas por Pico (gregas, latinas, hebraicas e árabes), algumas permanecem não identificadas até esta data. Uma grande parte delas, inclusos os autores árabes e hebreus, encontra-se identificada na obra de Stephan FARMER, *Syncretism in the West: Pico's 900 Theses (1486)*, Arizona Center for Medieval and Renaissance Studies, Temple, 1998.

cando a especulação original de Pico[16]. Essa série de teses, denominadas *secundum opinionem propriam*, detinha um caráter de novidade ao lançar em debate inusitados campos de reflexão. Distribuídos entre onze seções, os temas dividem-se entre os denominados "paradoxais voltados a conciliar os pronunciamentos de Aristóteles e Platão, seguidos de outros doutos que se encontram em maior discórdia", os "em dissenso com a filosofia corrente"[17], os "paradoxais, que introduzem novas posições na filosofia" e os teológicos, "bastante diversos da comum formulação dos teólogos"; completam o conjunto as teses platônicas, matemáticas, órficas, mágicas e, mais uma vez, outras tantas relacionadas às teologias dos caldeus e dos cabalistas[18]. Curiosamente, constam nesse grupo dez teses sobre as doutrinas de certo filósofo árabe de nome Abucaten Avenan[19]. Nas teses "paradoxais conciliantes", estão lançadas as bases de seu projeto de conciliação entre pensadores e escolas que professavam doutrinas tantas vezes entendidas como divergentes, como os escolásticos Tomás e Duns Escoto, ou os árabes Averróis e Avicena — e que Pico mostraria, em debate, serem concordantes[20].

---

16. É praticamente consensual a qualificação da segunda parte das *Conclusiones* como sendo a expressão da originalidade de Pico. Veja-se BIONDI, 1995, p. XVIII.

17. Não apenas nesse específico grupo de teses, como em linhas gerais, Pico reconhecia que suas proposições se apresentavam em linha contrária aos hábitos argumentativos tradicionais, tanto em relação ao estilo quanto ao conteúdo (BIONDI, idem).

18. "*Conclusiones numero quingentae secundum opinionem propriam, quae denaria diuisione diuiduntur in Conclusiones Physicas, Theologicas, Platonicas, Mathematicas, Paradoxas dogmatizantes, Paradoxas conciliantes, Caldaicas, Orphicas, Magicas et Cabalisticas.*"

19. Pico presume que Abucaten Avenan seja o autor de uma das mais célebres obras de cunho neoplatônico da filosofia medieval, o *Liber de Causis*, obra que Pico teria facilmente lido na versão latina realizada por Gerardo de Cremona, por volta de 1175. A questão da identificação desse autor, que se manteve por muito tempo obscura, foi talvez resolvida em 1998, quando se encontrou, na lista de tradutores árabes-islâmicos presentes no grupo de al-Kindi (Bagdá, século IX), fornecida no *Catálogo* (*Fihrist*) do bibliógrafo árabe medieval al-Nadīm (m. 987), o possível nome do personagem em questão: tratar-se-ia de Zaruba al-Nà'imi al-Himsi, autor árabe cristão vivido no Iraque por volta do ano 850 (cf. Mauro ZONTA, *Due nuove fonti filosofiche giudeo-arabe conosciute e impiegate da Giovanni Pico della Mirandola*, 2009, p. 188).

20. *Oratio*, p. 147: "*Addidimus autem et plures locos in quibus Scoti et Thomae, plures in quibus Averrois et Avicennae sententias, quae discordes existimantur, concordes esse nos asseveramus*".

A distribuição estrutural das proposições certamente não é ocasional. Tomando-se a primeira série de quatrocentas teses, observa-se a seguinte sequência: os pensadores aristotélicos; os neoplatônicos; a teologia pitagórica; a caldaica; a hermética; a cabalista. Não seria errado sugerir que essa ordenação segue a cronologia dos estudos percorridos por Pico[21]. Entretanto, tal hipótese não explicaria a colocação da Cabala ao final de tudo, visto que os estudos cabalísticos iniciaram, muito provavelmente, em período anterior a alguns entre aqueles. Uma segunda hipótese pode ser proposta a partir do reconhecimento da existência de uma aproximação gradual a filosofias relacionadas à Revelação. Ou seja, a divisão temática responde a uma ordem sucessória que, partindo do nível aristotélico-teorético, vai ao encontro das escolas neoplatônicas — em que a presença de abstrações metafísicas é maior do que no grupo anterior — e alcança, finalmente, as últimas escolas, de proeminente conteúdo teológico-soteriológico. A hipótese de uma gradativa aproximação a tais temáticas se adapta, ademais, à criação de condições preparatórias para receber o segundo grupo de teses, aquelas tecidas "segundo a opinião do autor". Essas, iniciando-se com resoluções e conciliações de âmbito geral filosófico, passam por questões de ordem teológica, platônica e matemática, concluindo-se com aquele que seria um corpo único formado pelas doutrinas misteriológicas, quais sejam, o Zoroastrismo, o Orfismo, a Magia e a Cabala, que, mais uma vez, da mesma forma significativa como na primeira parte, fecha a segunda parte da obra.

Nesse sentido, a sequência das proposições aponta para a existência de uma intencional organização — não informada por Pico, tampouco esclarecida por seus comentadores. Malgrado a escassez de informações expressas, tais indícios são confirmados pelo próprio Pico, quando, poucos meses após a publicação das *Conclusiones*, para justificar-se da acusação de que seu trabalho representava um amontoado caótico de enunciados, o réu faria menção, em sua *Apologia*[22], à exis-

---

21. Conforme foi visto no capítulo anterior, Pico iniciou seus estudos pelas portas das universidades de Pádua, Pavia e Ferrara, núcleos aristotélicos; apenas mais tarde aproximou-se do Platonismo e, ainda depois, através da influência de Ficino, aproximou-se do estudo de Hermes, no núcleo de Florença.

22. A *Apologia* foi o texto escrito imediatamente após a condenação das *Teses*, preparado por Pico para defender-se das acusações perante a comissão romana. Nela são

tência de uma *"occulta concatenatio"* que traria significado e unidade às *Teses*[23]. A revelação de existência de uma concordância oculta, nunca esclarecida, pede que o leitor olhe, com discernimento, para o conteúdo das teses, bem como para a quantidade de enunciados atribuídos a cada campo de conhecimento. Verifica-se que, mesclados aos assuntos que passam por conceituações de física, astronomia, biologia, ontologia e matemática, firma-se uma prevalência de determinados temas, que se interligam: mais do que uma terça parte da totalidade das teses encontra-se distribuída entre questões pertinentes à alma humana e questões relacionadas ao processo hierárquico do cosmo — parte dessas, dedicadas à astrologia de ordem esotérica. Ademais, uma fração relevante das teses trata de questões teológicas. Esses temas concorrem a compor uma importante faceta do pensamento piquiano e, como será visto no último tópico, integram os núcleos das doutrinas misteriológicas abordadas por Pico, sendo a possível chave da secreta conexão sinalizada.

Embora não caiba aqui a análise individual de cada *Conclusio*[24], uma pequena amostra de cada um dos dois primeiros temas acima men-

---

apresentadas extensas confutações acerca de cada uma das 13 teses inicialmente condenadas, que Pico reformula em um total de 45. Vejam-se detalhes na fundamental organização de Paolo Edoardo FORNACIARI, *Apologia-L'autodifesa di Pico di fronte al tribunale dell'Inquisizione*, Firenze, 2010. A *Apologia* firma-se como "um documento exemplar, que anuncia a grande reviravolta intelectual da Idade Moderna", de acordo com Giulio BUSI, que assim narra: "*Fu dunque nel mese di aprile 1487 che il Conte della Mirandola scrisse di getto, in latino, un testo appassionato, difficile, a tratti insolente, con cui voleva mettere fine, una volta per tutte, alle accuse e insinuazioni sul suo conto. Nacque così l'Apologia, una delle creazioni più significative dell'intero Rinascimento*" (Pico: fede, ragione e... Inquisizione, in: "Il Sole -24 Ore", 28/08/2018).

23. PICO, *Apologia*, f. 235: "*in omnibus meis conclusionibus, semper occulta quaedam est concatenatio.*"

24. O esforço hercúleo foi realizado por Stephan Farmer que apresenta, até o momento presente, a mais completa edição comentada das novecentas teses, em seu *Syncretism in the West: Pico's 900 Theses (1486)*, de 1998. Em termos de edições críticas das *Conclusiones*, existem outras duas obras entre as publicações modernas atuais: a realizada por Bohdan Kieszkowski, em 1973, baseada no manuscrito de Erlangen (que, segundo Farmer, parece conter vários erros); e a publicada por Albano Biondi, em 1995, acompanhada de tradução italiana (a primeira em quinhentos anos). Essa se baseia no manuscrito de Erlangen e na *editio princeps*, contraposto aos manuscritos de Viena e de Mônaco (cf. BIONDI, p. 3), tratando-se da edição aqui majoritariamente empregada para as traduções das citações. A edição de Farmer, acima mencionada, baseia-se na ve-

cionados é bem-vinda para retratar o panorama geral das *Conclusiones*. O terceiro tema, referente à Teologia, será abordado no tópico seguinte. Entre as 900 teses, uma quantidade mínima[25] de 167 são dedicadas às questões relacionadas à alma — universal, humana e suas inter-relações — nas específicas nomenclaturas e subdivisões que recebe, como Intelecto Agente, Intelecto Possível ou Mente[26]. É o caso das não poucas proposições filosóficas pertinentes ao processo dialético que se realiza dentro de um cenário epistemológico, como se vê em algumas das asserções extraídas do Aristotelismo — grego e árabe —, do Neoplatonismo e da Matemática[27]:

> Quando Aristóteles sustenta, em *Metafísica IX*, que as realidades separadas e divinas são por nós totalmente conhecidas ou totalmente ignoradas, deve ser entendido tratar-se daquele conhecimento pertinente àqueles que já alcançaram a primeira atuação do intelecto[28].
> (*Conclusio secundum Alexandrum 5*)

> Felicidade última do homem é a contiguidade entre intelecto agente e intelecto possível, do qual esse se faz forma[29].
> (*Conclusio secundum Auenroen 3*)

---

rificação de duas cópias da *editio princeps* presentes na British Library de Londres e na Biblioteca Apostólica Vaticana, em Roma. Os detalhes acerca das três edições são comentados na obra de FARMER (1998, pp. 186-188).

25. Trata-se de um valor mínimo, possivelmente sendo de ordem maior. A obscuridade de certas proposições não permite sequer sua classificação temática.

26. Nas teses "segundo opinião dos platônicos", *conclusio* n. 19 (ed. BIONDI, II, p. 97), o próprio Pico esclarece que a parte racional da alma, que ele chama de "Intelecto Possível, seguindo os peripatéticos", é aquela capaz de operar "sem conjunções com os produtos da fantasia".

27. A classificação das teses segue a formatação estabelecida por Albano Biondi (*Conclusiones Nongentae: Le novecento Tesi dell'anno 1486*, 1995), que efetua uma divisão conforme grupos doutrinários. A tradução das teses para o português é de responsabilidade da autora, tendo sido utilizada, como guia, a edição de Biondi.

28. PICO, *Concl.* (I) III. IV, 5 (p. 34). A edição de FARMER apresenta diferente posição das teses: a quinta de Alexandre de Afrodísia, em BIONDI, corresponde à sexta de FARMER.

29. *Concl.* (I) II. I, 3 (p. 20). Segundo Stephan FARMER, o problema da "unidade do intelecto", colocado por Averróis, nasce sobre o comentário do *De Anima* 3.5; provavelmente, segundo o autor, o texto aristotélico mais debatido entre os escolásticos medievais (1998, p. 252).

Felicidade última do homem é quando o nosso intelecto particular se conjuga completamente com o intelecto total e primordial[30].

(*Conclusio secundum Plotinum 7*)

Como os objetos da matemática, se assumidos absolutamente, não completam em nada o intelecto, se assumidos como imagens das realidades superiores, nos conduzem pela mão imediatamente para a especulação dos Inteligíveis[31].

(*Conclusio de mathematicis 4*)

Ainda compondo as questões concernentes à alma, verifica-se que um número substancial de asserções é reservado para tratar, em linguagem teológica ou filosófica, do tema da Queda ou distinção de um princípio de unidade, e de seu consequente retorno àquele estado, de acordo com cada escola. Os exemplos abaixo são tomados de teses referentes ao Peripatetismo grego, ao Neoplatonismo e ao misticismo hebraico:

Creio que o intelecto agente que apenas ilumina seja, em Temístio, a mesma coisa que, na Cabala, é *Metraton*[32].

(*Conclusio secundum Themistium 2*)

Não toda descende a alma, quando descende[33].

(*Conclusio secundum Plotinum 2*)

O intelecto agente não é outra coisa que a parte da alma que permanece no alto e não participa da Queda[34].

(*Conclusio secundum Adelandum Arabem 1*)[35]

---

30. *Concl.* (I) IV. I, 7 (p. 36). Provavelmente, a concepção é extraída de *Enéadas* I. 4, embora colocada com palavras de Pico. O autor elaborou essas teses seis anos antes de Ficino publicar a sua tradução das *Enéadas* — que o próprio Pico o havia incitado a realizar, em 1484 —, fato que apoia a hipótese de que Pico tenha sido o primeiro filósofo em séculos a debater publicamente aquelas opiniões (FARMER, ibid., pp. 296-298).
31. *Concl.* (II) VII, 4 (p. 106).
32. *Concl.* (I) III. V, 2 (p. 34). FARMER (p. 294) comenta que Pico transforma o *Metraton* cabalístico em princípio filosófico.
33. *Concl.* (I) IV. I, 2 (p. 36). Segundo FARMER, os argumentos mais similares da proposição encontram-se em *Enéadas* IV.8.1 ss. (op. cit., p. 297).
34. *Concl.* (I) IV. II, 1 (p. 36).
35. Adelando Árabe é, na verdade, Adelardo di Bath (cf. FORNACIARI, 2010, p. LXIV).

Quando a alma terá compreendido tudo aquilo que poderá compreender e se unirá à alma superior, se despirá de suas vestes terrenas, se extirpará de seu lugar e se conjugará com o divino[36].

(*Conclusio secundum secretam doctrinam sapientum hebraeorum* 44)

Outro grupo temático pode ser delineado a partir das teses que abordam questões relacionadas a teorias de organização do cosmo, verificadas em quantidade proeminente, e, de forma mais específica, do processo de gradação dentro do desenho universal. Tal tema encontra representação, entre outras doutrinas, na escolástica e na neoplatônica, bem como em todas as misteriológicas mencionadas por Pico (tratadas na parte final):

> As processões nas realidades divinas se distinguem segundo intelecto e vontade[37].

(*Conclusio secundum Henricum Gandauensem* 3)

> O artífice ou construtor do mundo sensível é o sétimo da hierarquia intelectual[38].

(*Conclusio secundum Jamblichum* 2)

A particular temática da continuidade hierárquica do real encontra em Proclo de Lícia seu principal emissário. Às doutrinas daquele que representava o último anel da cadeia dos platônicos, Pico destina 55 teses que sintetizam alguns conteúdos que abrangem não somente as processões, como também complexas questões astrológicas. Após ter realizado uma preliminar carreira filosófica debruçado sobre as obras de Aristóteles, o neoplatônico instalara-se sobre a filosofia hierática e teúrgica[39],

---

36. *Concl.* (I) IX, 44 (p. 60).
37. *Concl.* (I) I. V, 3 (p. 16). A biblioteca de Pico continha as principais obras de Henrique de Gand — *Summa Theologica*, *Quodlibeta* e uma compilação de seus escritos (Pearl KIBRE, *The library of Pico della Mirandola*, 1936).
38. *Concl.* (I) IV. IV, 2 (p. 40). Muitas das *conclusiones* atribuídas a Jâmblico foram extraídas do comentário de Proclo ao *Timeu*, que preserva fragmentos do comentário perdido de Jâmblico para esse diálogo. Outras tantas foram extraídas do primeiro livro do *De Mysteriis*, parte do qual Ficino traduziu para o latim dois anos após Pico ter publicado as 900 teses (FARMER, p. 310).
39. Proclo, efetivamente, comentou os versos atribuídos a Orfeu — em cujos moldes compunha hinos — e os *Oráculos caldeus*, nos quais via a essência de toda a sabe-

passos similares aos que Pico agora seguia. Em relação ao visível realce que lhe foi deferido, e como bem observa Albano Biondi, esse "é um caso em que a quantidade demonstra adequadamente a relevância atribuída a um estilo de pensamento"[40].

Os deuses intelectuais trazem os elementos unificantes do Uno primevo, as substâncias das realidades inteligíveis, as vidas (perfeitas, compreensivas e generantes do divino) das realidades inteligíveis e intelectuais, a propriedade intelectual de si mesmos[41].
(*Conclusio secundum Proclum* 10)

Após a setemplicidade intelectual devem ser colocados imediatamente os deuses supramundanos, não ligados a partes do universo e não coordenáveis a este mundo, que esses, aliás, abraçam por cada parte segundo causa[42].
(*Conclusio secundum Proclum* 20)

Júpiter, Netuno e Plutão, dividindo-se o reino de Saturno, não herdam o reino de Saturno senão por mediação do fundador Júpiter[43].
(*Conclusio secundum Proclum* 26)

Olhando para a quaternidade do ser por si animado, o demiurgo fabrica as quatro partes principais do mundo[44].
(*Conclusio secundum Proclum* 39)

Dentro do quadro cosmológico, Pico anuncia, ainda, em meio às teses e através daquele que se mostra um de seus autores mais estimados, a existência dos três Mundos, cujas concepções seriam esclarecidas, devidamente, no *Heptaplus*...

---

doria (cf. BIONDI, 1995, p. XXV). As teses referentes a Proclo, à exceção de algumas, foram extraídas de sua obra-prima *Theologia Platonica*. Pico, aparentemente, utilizou o texto grego (FARMER, op. cit., pp. 314-315, 318).
40. BIONDI, op. cit., p. XXV. Proclo, que havia sido esquecido após o fechamento da Academia em 529 d.C., ressurgindo uma primeira vez no círculo de Miguel Psello, em Bizâncio, renascia, agora, em Florença, pelas mãos de Giovanni Pico.
41. *Concl.* IV. V, 10 (p. 44).
42. *Concl.* IV. V, 20 (p. 44).
43. *Concl.* (I), IV. V, 26 (p. 46). Conforme *Theologia Platonica* 6. Trata-se dos três líderes *henads* da ordem procliana de deuses supramundanos (FARMER, p. 324).
44. *Concl.* IV. V, 39 (p. 48). Acerca da participação do demiurgo no processo emanatório, tratam, ainda, as teses referentes a Proclo nn. 40, 41 e 42.

Por "lugar supraceleste" devemos entender aquilo que, da segunda tríade, é mais inteligível que intelectual; por "concavidade subceleste", aquilo que é mais intelectual que inteligível; por "céu", aquilo que participa igualmente de uma e de outra realidade[45].
(*Conclusio secundum Proclum 52*)

...e que, através de outras escolas, encontram analogia com os corpos do homem:

Através do segredo do raio direto, refletido e refratado, na ciência da perspectiva, somos informados acerca da tríplice natureza: intelectual, animal e corporal[46].
(*Conclusio secundum Mathematicam Pythagorae 7*)

A temática astrológica, tema que merece atenção por encontrar-se distribuído entre várias séries, ocupa um espaço não pouco significativo[47]. Sua presença, na maior parte das vezes expressa em linguagem velada, contribui para firmar a conceituação da ordenação universal tecida por Pico. É verificável, particularmente, entre os representantes neoplatônicos e, em conteúdo mais enigmático, nas doutrinas que fecham o segundo grupo de teses.

Cada alma que participa de intelecto vulcânico é semeada na Lua[48].
(*Conclusio secundum Porphyrium 4*)

Assim como Apolo é intelecto solar, Asclépio é intelecto lunar[49].
(*Conclusio secundum Porphyrium 7*)

Nos oito corpos do céu, os elementos se encontram duas vezes em modo celeste; encontrá-los-á aquele que proceder em ordem retrógrada àquela dupla numeração de *Biná*[50].
(*Conclusio secundum Jamblichum 4*)

---

45. *Concl.* IV. V, 52 (p. 50). Segundo *Theologia Platonica* 4.
46. *Concl.* (I) V, 7 (p. 52).
47. Trata-se de 37 teses que abordam, de forma expressa, a Astrologia. A quantidade, que pode não parecer relevante, é maior do que, por exemplo, o número de teses atribuídas a Tomás de Aquino, à matemática pitagórica ou ao Orfismo, entre alguns exemplos.
48. *Concl.* (I) IV. III, 4 (p. 38).
49. *Concl.* IV. III, 7 (p. 38).
50. *Concl.* (I) IV. IV, 4 (p. 40). De acordo com FARMER (op. cit., p. 311), essa proposição é aparentemente inspirada no *De mysteriis* I. 17. A referência à *Biná* — terceira

Provavelmente não por coincidência, logo em seguida a Proclo são tratadas as doutrinas que se perpetuaram através do esoterismo, representadas nas teses "segundo a matemática pitagórica", "segundo a opinião dos teólogos caldeus", "segundo a doutrina de Mercúrio Trismegisto"[51] e "segundo as doutrinas dos sábios da Cabala"[52]. Pela ordenação dada, não seria incorreto deduzir que Pico pretendesse confirmar a afinidade entre o misticismo do último dos platônicos e as doutrinas que se lhe seguem. De fato, nas teses herméticas e caldaicas, Pico descreve, pontual e sinteticamente, as diversas estruturas metafísicas do real que, embora não expresso, se analogam com as neoplatônicas. Por vezes, as áreas do saber são de duvidosa classificação, dado seu caráter de difícil decifração ou em razão da presença de dois ou mais campos de conhecimento que se mesclam. É o caso da área teológica, da qual 123 teses podem ser discernidas de forma inequívoca, mas cuja presença se encontra entrelaçada entre outros tantos conteúdos, de forma oblíqua ou obscura, dificultando sua classificação, como no exemplo abaixo:

> A ordenada série dos inteligíveis não reside na coordenada série intelectual, como sustenta Amasis, o Egípcio. Essa é, em verdade, acima de cada hierarquia intelectual; no abismo da unidade primária e abscôndita, além de qualquer possibilidade de participação, sob a névoa da escuridão originária[53].
>
> (*Conclusio secundum Chaldeorum Theologorum* 5)

A discussão conceitual das teses apresentadas, mesmo em seu número reduzido, traria não apenas prolixidade ao texto, como um dis-

---

entre as *Sefirot* cabalísticas ou *numerationes*, correspondente à "Inteligência" —, que tem origens no Medioevo tardio, não poderia ser de Jâmblico. Pico, provavelmente, como ainda infere Farmer, pretende derivar os "dois modos celestiais" dos elementos de *Biná*, utilizando-se do método de *revolutio alphabetariae* ou de alguma forma de *gematria* (concepções a serem vistas no capítulo V).
51. Pico utiliza a versão latina do nome de Hermes Trismegisto.
52. *Conclusiones* [...] "*secundum Mathematicam Pythagorae*", "*secundum opinionem Chaldeorum Theologorum*", "*secundum priscam doctrinam Mercurii Trismegisti Aegyptii*", "*secundum doctrinam sapientum hebraeorum Cabalistarum*".
53. *Concl.* (I) VII, 5 (p. 54). Farmer ajuíza que as proposições caldaicas tenham sido extraídas de fontes neoplatônicas, embora Pico afirmasse ter em sua posse manuscritos originais caldeus (p. 338).

tanciamento desnecessário da trajetória traçada. A amostra dos poucos exemplos tem por finalidade apontar para a prevalência de determinados conteúdos e mostrar, na continuidade, que os específicos temas indicados encontram-se, não por acaso, especialmente presentes nas matérias esotéricas contidas na segunda parte da obra. Uma etapa, pois, necessária para alcançarmos nosso intento final. Entre as dispersas teses, que parecem não se relacionar, encontram-se elos que indicam a existência de um projeto de composição que seleciona, dentro de cada sistema doutrinal, temas característicos que confirmam a oculta concatenação anunciada pelo autor. Outros fatores indicativos de tal concatenação poderão ser averiguados, de forma mais clara, a partir do segundo grupo de teses, aquelas elaboradas "segundo a opinião do autor", a serem verificados no tópico final deste capítulo. Antes, serão vistas as teses teológicas condenadas pela Igreja, que abrem espaço para a discussão da relação entre Filosofia e Teologia na estruturação do pensamento de Pico, reflexão que servirá de preâmbulo não apenas para o último item como, particularmente, para os capítulos VI e VII.

2. Religião ou filosofia?

Em Veneza, a edição das *Conclusiones* foi publicamente queimada por 14 dias consecutivos[54]; esse foi apenas o início dos graves conflitos que Pico viria a ter com a Igreja e que culminariam em sua ordem de julgamento pela Inquisição — seguidos da fuga, prisão, parcial clemência papal (sem absolvição) e, finalmente, a voluntária (e vigiada) reclusão até quase o último ano de sua vida[55]. Afinal, o que havia de "mal" nas

---

54. Paolo Edoardo FORNACIARI, *Giovanni Pico della Mirandola: Conclusioni Cabalistiche*, 2009, p. 10.
55. Graças às descobertas feitas por Léon Dorez em torno aos verbais das audiências tidas pela Comissão Pontifícia referentes às *Teses* de Pico, é possível conhecer as condições que levaram à sua suspensão e à supressão do planejado debate (DOREZ-THUASNE, *Pic de la Mirandole en France, 1485-88*, 1897/1976). Veja-se, também, para uma reconstrução pontual dos acontecimentos em torno ao julgamento eclesiástico, Giovanni DI NAPOLI (*Giovanni Pico della Mirandola e la problematica dottrinale del suo tempo*, Roma, 1965); ainda, o item "*Le tappe del processo a Pico*", de FORNACIARI, em

Conclusiones? Aos olhos da Cúria Pontifícia, não eram poucas as razões para ensejar a proibição daquela composição, que recolhia suficientes fatores para levar os juízes eclesiásticos a se colocarem de sobreaviso:

a) tanto a quantidade de intérpretes aristotélicos presentes entre as teses quanto o estilo parisiense evocavam o racionalismo herético averroísta e, mais grave, alessandrino, que se opunha às ideias humanisto-platônicas, partilhadas pela Igreja[56].

b) a menção a tradições pagãs, que traziam certos temas não aceitos pelo Cristianismo, gerava uma situação incômoda:

> Todos os sábios, entre indianos, persas, egípcios e caldeus acreditaram na transmigração das almas, isto é, na sua passagem de um corpo a outro[57].

(*Conclusio secundum Adelandum Arabem 8*)

c) a menção a teologias não comprovadamente divergentes, como a pitagórica, a órfica e a hermética, mas também não exatamente alinhadas com a doutrina cristã constituía uma questão delicada. A complexidade de certos temas, mesclados a questões teológicas, deveria ser devidamente avaliada e autorizada pela Igreja:

> Quem conhecerá a sucessão 1, 2, 3, 4, 5, 12, terá nas mãos, com precisão, a distribuição da Providência[58].

(*Conclusio secundum Mathematicam Pythagorae 4*)

---

sua "Introdução" à *Apologia, l'autodifesa di Pico di fronte al tribunale dell'Inquisizione*, 2010, pp. XIV-XXII.
56. Pico apresentava a mesma necessidade de "entender" o divino, ultrapassando o véu da Revelação, que outrora havia acometido Averróis, cujas doutrinas já haviam sido condenadas — como a concepção de que apenas o Intelecto único poderia ser considerado imortal. Os seguidores de Alessandro de Afrodísia postulavam a mortalidade do corpo juntamente com a mortalidade do Intelecto, considerando a alma como uma função do organismo, portanto ligada a ele e à sua extinção. Os alessandrinos chegaram a reconhecer, posteriormente, a presença de certa imortalidade da alma, mas tratar-se-ia de um tipo de imortalidade impessoal, não condizente com o Cristianismo. Para outras informações, veja-se GARIN, 2011, pp. 32 ss., 140 ss.
57. *Concl.* (I) IV, II, 8 (p. 38).
58. *Concl.* (I) VI, 4 (p. 52).

d) a presença de vinte e nove *Conclusiones theologicae*, intituladas "diversas do modo comum dos teólogos"[59], era, por si só, ousada e soava arrogante aos olhos da Cúria Romana. Ademais, o conteúdo das asserções teológicas — que compõem a maior parte das teses inicialmente condenadas — era ofensivo e de alto teor herético.

e) a presença de *Conclusiones Magicae* e de um grande número de *Conclusiones Cabalisticae*, cujo conteúdo, entre outras coisas, tentava demonstrar a existência de um sentido oculto nas Escrituras, não poderia ser tolerada.

A Comissão romana inicialmente condenou treze teses, quase todas extraídas das *Conclusiones in Theologia secundum opinionem propriam*; em sua maior parte, foram julgadas como falsas, errôneas, heréticas ou escandalosas, sendo uma ou mais dessas qualificações conjuntas[60]. A leitura de algumas entre as teses condenadas pode dar uma amostra da complexidade do debate em que Pico pretendia se envolver:

> Se se segue a doutrina comum acerca da possível encarnação [de Deus] em qualquer criatura, o corpo de Cristo pode estar presente sobre o altar segundo a verdade do sacramento da Eucaristia, sem a conversão do pão no corpo de Cristo ou sem a anulação da substância do pão. E isso seja dito em termos de possibilidade, não de realidade[61].
> (*Conclusio in Theologia 2*)

---

59. *Conclusiones in Theologia numero XXIX, secundum opinionem propriam a communi modo dicendi Theologorum satis diuersam*.
60. No *Breve* de Inocêncio VIII, de 20 de fevereiro de 1487, se lê: "[...] segundo o juízo de homens doutíssimos, algumas entre aquelas [teses], por efeito de sua formulação, desviam do reto caminho da ortodoxia; algumas, de tal forma obscuras, confusas e intrincadas, não poderiam absolutamente ser apresentadas em pública discussão sem prévios esclarecimentos; outras são tão paradoxais que poderiam ser proibidas pela Igreja pelo sabor de heresia que emanam, assim que se fossem apresentadas em debate público poderiam engendrar escândalo entre as pessoas incultas e inexperientes" (DOREZ-THUASNE, op. cit., 1976, pp. 114-115).
61. *Concl.* (II), IV, 2 (p. 88). De acordo com FARMER (op. cit., p. 422), muitas das questões implicadas nas teses condenadas são derivadas da vasta tradição de comentários medievais encontrados nas *Sentenças* de Petrus Lombardus, nas quais Pico se fundamentou. As principais oposições das teses teológicas são endereçadas a escritos de Tomás

As palavras "este é o meu corpo", e as demais pronunciadas durante a Consagração, devem ser interpretadas materialmente e não indicativamente[62].

(*Conclusio in Theologia* 10)

Não se deve adorar nem a cruz de Cristo, nem outra imagem alguma, segundo adoração de *latria*; tampouco na forma como a entende Tomás[63].

(*Conclusio in Theologia* 14)

Um pecado mortal finito no tempo não pode ser punido com uma pena infinita segundo o tempo, mas apenas com uma pena temporalmente finita[64].

(*Conclusio in Theologia* 20)

É mais racional acreditar que Orígenes esteja salvo de que o considerar condenado[65].

(*Conclusio in Theologia* 29)

---

de Aquino (FARMER, idem). Outros comentários acerca das teses teológicas podem ser encontrados em Jader JACOBELLI, *Pico della Mirandola*, Longanesi, 1986, pp. 96-98.

62. *Concl.* (II), IV, 10 (p. 90). Segundo FARMER (p. 427), Pico faz uso da "teoria da suposição" medieval tardia: postular algo "materialmente" seria equivalente ao uso moderno de "colocar aspas" em torno àquilo, enquanto postular algo em "sentido indicativo" seria propô-lo absolutamente. A tese de Pico, nesse sentido, significaria que se a fórmula da Eucaristia não fosse colocada "materialmente", então a sentença "este é o meu corpo" referir-se-ia ao corpo do sacerdote, e não ao de Cristo. Ou, na forma sintetizada por JACOBELLI (op. cit., pp. 96-98), tomar as palavras "materialmente", significa "como se as dissesse Cristo". A hostilidade da comissão para com Pico reflete-se no julgamento de que tal tese, aparentemente inócua, fosse "escandalosa e contrária à opinião comum dos sagrados doutores".

63. *Concl.* (II), IV, 14 (p. 90). A "adoração de *latria*" significa a idolatria, conforme JACOBELLI, op. cit., p. 97.

64. *Concl.* (II), IV, 20 (p. 92). Aqui, segundo GARIN (2011, p. 142), Pico se baseia em Orígenes e Agostinho, para os quais seria "impossível e absurdo" um mal que fosse todo mal.

65. *Concl.* (II), IV, 29 (p. 92). Em sua resposta oral à comissão papal, Pico alegou que desde que Orígenes não errou por "pertinência de vontade", seria mais provável e piedoso acreditar que ele estaria salvo (DOREZ-THUASNE, op. cit., pp. 124-125). A comissão declarou que a tese de Pico "tinha sabor de heresia", uma vez que se opunha à determinação da Igreja universal (ibid., p. 130). A resposta de Pico, relatada em sua *Apologia*, ganhou considerável popularidade no século XVI, admirada pelos reformadores da Igreja em razão dos limites que impunha à autoridade eclesiástica. Para Farmer (p. 435),

Não há ciência que nos assegure mais sobre a divindade de Cristo do que a Magia e a Cabala[66].

(*Conclusio magica 9*)

Como se vê, são todas proposições que discutem a Teologia cristã, mas não apenas; quase todas apresentam um conteúdo dificilmente compreensível ao crente de pouca erudição, pois não se referem a temas da "fé comum". Pico sabia e tentara advertir que suas afirmações deveriam ser examinadas e debatidas apenas entre os sapientes da religião. Contudo, a partir da divulgação das teses, as prelazias eclesiásticas não tardaram a se preocupar com as interpretações equivocadas que aquelas declarações poderiam suscitar entre "os simples", podendo levar os fiéis a uma confusão em suas crenças. Não se tratava, apenas, de discutir assuntos que a Igreja considerava não ser de alçada de um filósofo: Pico proclamava que ninguém deve ser obrigado a crer se não for persuadido; defendia a salvação de Orígenes; negava a eternidade das penas do inferno; colocava-se contra a adoração da cruz e de qualquer imagem. A busca por uma coerência dentro dos dogmas o levava além de limites tacitamente estabelecidos pela ortodoxia católica, não lhe permitindo parar nem diante dos sacramentos: ingressando em sutilezas teológicas, pretendia submeter à discussão a própria questão da transubstanciação[67]. Além da condenação das teses, seu artífice foi declarado "ímpio", "herege", "mago", "ismaelita" e "judeu":

> Não sou mago, não sou judeu, nem ismaelita, nem herege. Venero Jesus e trago sobre o meu corpo a cruz de Jesus através do qual o mundo é para mim crucifixo e eu sou crucifixo ao mundo[68].

As razões que nos levam a abordar teses de específico teor teológico-cristão em uma investigação que trata do uso de paradigmas esotéricos

---

havia um sentido pessoal na afirmação de Pico de que Orígenes não fora condenado por suas heresias, mas, sim, pela "glória da sua eloquência e conhecimento".

66. *Concl.* (II), IX, 9 (p. 118).

67. Observe-se que toda a discussão contrária à adoração da cruz e de outros símbolos, bem como a crítica piquiana ao sacramento da Eucaristia — a disputa *De Eucharistiae Sacramento* — seriam dois dos grandes debates travados pelos Reformadores do século XVI (cf. GARIN, 2011, pp. 32-33).

68. PICO, *Apologia* (p. 8).

são duas. Primeiramente, para evidenciar que o Pico que se aproxima a teologias não cristãs não o faz como um investigador desprovido de fundamentos pertinentes à teologia de sua fé, mas sim como alguém em posse de efetivo conhecimento daquele campo; em segundo lugar, a abordagem do material teológico permite a discussão da relação fé-razão no pensamento piquiano, necessária para o fechamento do último capítulo. Sob tal prisma, a citação acima deve ser entendida como uma efetiva prova de fé do autor, longe de uma tentativa de contemporizar com seus arguidores. Por outro lado, as comprovações de certas atitudes poderiam lançar dúvidas sobre o fato, a saber: a maior parte das posições contestadas nas *Conclusiones* foi mantida na *Apologia*, em clara confirmação de suas opiniões, salvo poucas modificações[69]; algumas passagens da defesa, tanto oral quanto escrita, mostram a incontida irritação do autor e, por vezes, certo escárnio que tomaria ares de provocação à Igreja[70]; o reiterado interesse por conteúdos pertencentes a outras tradições teológicas e, sobretudo, o fato de fechar as duas partes de sua obra com um conteúdo relacionado a uma doutrina religiosa "estrangeira" poderia sugerir que Pico não mais encontrasse conforto nas crenças cristãs.

---

69. Os detalhes completos da defesa de cada tese condenada podem ser vistos em *Apologia-L'autodifesa di Pico di fronte al tribunale dell'Inquisizione* (FORNACIARI, 2010).

70. Pico escreve, na *Apologia* (p. 33): "Examinando as questões condenadas como heréticas pelos mestres de Roma, faz-se necessário que eu mude minha linguagem: devo falar o idioma dos bárbaros, pois, como diz jocosamente o provérbio, os balbuciantes apenas entendem outros balbuciantes". Na argumentação referente à terceira *Quaestio*, concernente à *conclusio in Theologia 14*, que trata da adoração da cruz e de imagens, Pico chama de heréticos seus examinadores, utilizando um artifício retórico bastante simples: sendo a sua tese católica, quem a condena, postulando o contrário, é propriamente herético (ibid., p. 132). Em outra passagem, replicando as suspeitas sobre a Cabala, lê-se: "suspeitam [os interrogadores] que os cabalistas não sejam seres humanos, mas hircocervos [animal mítico da antiguidade clássica, metade bode, metade veado] ou centauros ou qualquer coisa de todo monstruosa" (ibid., pp. 176-177). Na sua quinta *quaestio*, que trata da defesa da tese mágica n. 9, Pico diz ter ouvido alguém dizer que "Cabala" fosse o nome de um inimigo de Cristo e não de uma doutrina (ibid., pp. 176-177); esse fato seria mais tarde relatado por Johannes Reuchlin que, em 1516, em seu tratado *Arte della Cabala*, refere que alguém teria perguntado, durante o interrogatório de Pico, o que era a "cabala", recebendo como resposta tratar-se de um "homem pérfido e diabólico que havia escrito contra Cristo", sendo seus discípulos chamados "cabalistas" (apud François SECRET, *Les Kabbalistes Chrétiens de la Rénaissance*, 1985, 1º cap.).

No entanto, e como assegura Eugenio Garin, Pico era um "grande espírito religioso" e toda sua obra filosófica esteve voltada ao conhecimento de Deus e à sua relação com o homem e com a realidade[71]. O próprio subtítulo que abre as *Conclusiones secundum opinionem propriam* é forte indicador da intenção respeitosa do autor e de sua vontade de submeter as teses à discussão, não de impô-las: "[...] em nenhuma delas afirmo qualquer posição como assertiva ou provável, senão na medida em que as retenha verdadeiras ou prováveis a Sagrada Igreja Romana"[72]. O fato desconfortável para o magistério eclesiástico é que, apesar de sua autêntica *"pietas"*, que se manifestava em "atitudes de sacerdote em hábitos laicos", Pico permanecia alheio às formas exteriores e cerimoniais da experiência religiosa: o repúdio pela adoração de imagens não era apenas escrito (*conclusio* IV, 14), mas factual. Tratava-se de um fiel que praticava o Cristianismo "sem ritos e sem exterioridades", de um cristão que "introduzia a crítica inclusive nos Evangelhos"[73]. Eis a razão para Pico salvar Orígenes, com evidente inocência e aproveitando de breve momento de liberdade juvenil[74]: porque o erro do teólogo fora feito em boa fé, ele se arrependera e sofrera o martírio; porque se a condenação de Orígenes fosse aceita, deveriam ser condenados os evangelhos, os apóstolos e os santos, já que tantas de suas doutrinas a Igreja não admitia; por-

---

71. Uma ampla discussão acerca da religiosidade de Pico pode ser encontrada na obra de GARIN, *Giovanni Pico della Mirandola*, 2011, especialmente entre as pp. 37-48. A relação entre fé e razão, religiosidade e filosofia, tem recebido destaque entre vários comentadores.
72. Conforme a abertura às *Conclusiones secundum opinionem propriam*.
73. GARIN, 2011, p. 48. A tendência a dar uma nova interpretação à experiência religiosa e ao conhecimento das culturas orientais seria o prelúdio à profunda renovação religiosa que o mundo moderno assistiria. Os orientalistas de Cinquecento a Settecento viram em Pico seu grande precursor. Por meio de Reuchlin, o exemplo de Pico repercutiu nas novas correntes da crítica religiosa que confluíram ou foram conexas ao tema reformador. Não apenas pelo fato de ser precursor dos estudos orientais, mas também por seu acento independente e sua livre pesquisa das *Escrituras*, dos ritos, dos cultos, dos símbolos da Igreja e das teorias já aceitas; atitudes e estudos que refletiriam na Reforma (cf. GARIN, 2011, pp. 100, 105, 135).
74. A atribuição é emprestada do tradutor Albano Biondi, que considera as *Conclusiones* uma obra "tanto ingênua quanto sofisticada", como um diário de viagem de um intelectual que aproveita de uma "breve liberdade sem condicionamentos" (BIONDI, op. cit., p. XXXVIII).

que não é a Igreja, mas apenas Deus que condena. Na inflamada defesa de Orígenes, Pico mostrava tanto seu caráter pio quanto a íntima rebelião que vivia em relação às doutrinas eclesiásticas[75].

O que Pico buscava, de fato, era uma via de saída que permitisse a conciliação entre as exigências do pensamento lógico e os conteúdos da "revelação", sempre como parte de seu projeto maior de concórdia. Sua vívida fé cristã poderia tê-lo levado a se acomodar diante do fascínio oferecido pelas liturgias da *Ecclesia* ou da coerência dialética de seus teólogos, mas sua inteligência havia sido nutrida em demasia com textos herméticos e cabalísticos — que, intimamente, o haviam convencido da existência de outros significados na literatura sagrada[76]. Não se tratava, portanto, de uma negação da experiência cristã, mas da necessidade de ampliá-la. Era um jovem entusiasmado com as recentes descobertas que comprovavam as verdades de sua religião, como havia escrito em sua introdução às *Teses*, procurando esclarecer aos Padres seu interesse pelas doutrinas cabalísticas: "as coisas tiradas dos antigos mistérios hebreus, aleguei como confirmação da sacrossanta e católica fé"[77]. De fato, através de vários dos enunciados presentes na série das *Conclusiones Cabalisticae*, Pico propunha para debate comprovações "não tanto da religião mosaica, quanto da cristã", que dizia ter encontrado nos livros sagrados[78]:

> Aqui os mistérios da Trindade, aqui a encarnação do Verbo, aqui a divindade do Messias; aqui quanto diz respeito ao pecado original, à expiação deste por meio de Cristo, quanto concerne à Jerusalém

---

75. A tese condenada referente ao cristão Orígenes (*Concl.* II, 4, 29) é a única em que Pico pretende defender um autor, e não sua doutrina. Sua defesa ocupa, na *Apologia*, um espaço muito mais extenso que as restantes, com exceção da defesa da Magia e da Cabala (cf. *Apologia*, "De salute Origenis"). Orígenes foi um dos poucos pensadores, entre filósofos e teólogos cristãos, a se interessar pelo conhecimento do pensamento e idioma hebreus. Essa, talvez, tenha sido uma das causas do interesse de Pico por sua filosofia (GARIN, 2011, pp. 141 ss.).
76. Alberto AMBESI, "Giovanni Pico della Mirandola — Cenni biografici e presentazione dell'opera", Introdução ao *Heptaplus*, Carmagnola, 1996, p. IV.
77. *Oratio*, pp. 155-157. Para detalhes referentes ao confronto entre Cristianismo e Cabala, veja-se Chaim WIRSZUBSKI, *Pico della Mirandola's Encounter with Jewish Mysticism*, Cambridge, 1989.
78. *Oratio*, pp. 159-161.

Celeste, à queda dos demônios, aos coros angélicos, às penas do purgatório e do inferno; li as mesmas coisas que todos os dias lemos em Paulo e Dionisio, em Jerônimo e em Agostinho[79].

O entendimento da relação religião-filosofia na obra de Pico não está isento de dificuldades, podendo denotar certa ambivalência. A inflamada defesa de sua própria filiação religiosa, como emerge na citação anterior, deu margem a leituras puramente cristológicas de sua obra[80]. No entanto, há que se observar que, na construção do pensamento piquiano, a religião representava a manifestação final de conceitos alcançados plenamente apenas através da Filosofia. A fé constituía, nesse sentido, "o ápice de um processo racional que nela se manifesta e se potencializa". Seu mais puro sentimento a esse respeito emerge da carta escrita a Aldo Manuzio, em 1491: *"Philosophia veritatem quaerit, Theologia invenit, Religio Possidet"*[81]. A primazia da Religião, colocada acima da Teologia e da Filosofia, conforme expressa na carta, deve ser entendida em sua correta dimensão, pois, em outras passagens da obra piquiana a dicotomia razão-fé apresenta-se em ordem invertida, com a submissão da religião à filosofia; é o caso da passagem "seria necessário que a Filosofia iluminasse as mentes" e que a Igreja soubesse reconhecer a sua forma ca-

---

79. Algumas das assertivas contidas na citação encontram-se espalhadas entre as teses cabalísticas (II) n. 5, 6, 7, 8, 14, 15, 16, 24, 30, 34 e 38. Além de presente na *Oratio* (idem), a citação em questão pode ser lida na *Apologia* (p. 30).

80. Para alguns, que partilham do mesmo entendimento de William CRAVEN (*Giovanni Pico della Mirandola, symbol of his age: modern interpretations of a Renaissance philosopher*, 1981, p. 107), o único interesse de Pico pela Cabala estava em demonstrar a verdade cristã — embora haja muitas divergências quanto a esse ponto. Outros, como Michael SUDDUT, vão além, defendendo uma "Cristologia" na obra de Pico (*Pico della Mirandola's Philosophy of Religion*, in: *Pico della Mirandola-New Essays*, 2008). Por outro viés, Pier Cesare BORI, que não coloca dúvidas sobre a religiosidade cristã de Pico, está convencido de que a utilização da Cabala e outras teologias orientais são "bem mais do que um expediente apologético a serviço de um universalismo cristocêntrico" (*I tre Giardini nella scena paradisiaca del De hominis dignitate di Pico della Mirandola*, in: *Annali di storia dell'esegesi*, 1996).

81. "A Filosofia procura a verdade, a Teologia a encontra e a Religião a possui." Assim escrevia Pico (*Epístola* I, 6), em 11 de fevereiro de 1491, ao humanista e editor de textos raros Aldo Manuzio: *"Accinge ad philosophiam, sed hac lege, ut memineris nullam esse philosophiam, quae a mysteriorum veritate nos avocet. Philosophia veritatem quaerit, theologia invenit, religio possidet"* (*Oratio*, p. 37).

paz de "persuadir e convencer racionalmente"[82]. A argumentação alude que apenas quem conhece e sabe discutir criticamente as fontes pode julgar seu conteúdo e sua eventual pretensão de verdade. Segundo Pico, de fato, o ato de crer não depende apenas da vontade, mas também do intelecto[83]. Nesse caso, contrário ao conteúdo anterior expresso na carta a Manuzio, a necessidade de submeter a religião à razão deve ser entendida em relação a uma dimensão religiosa que se mostra em caráter dogmático, horizontal, em oposição à dimensão religiosa enquanto *experiência real*. Os indícios de tal dimensão, da experiência de uma efetiva religião[84], Pico teria encontrado em seus estudos relacionados a teologias e teurgias tomadas da literatura neoplatônica, posteriormente complementadas com os *Hinos Órficos*, os *Oráculos Caldeus* e a prática da Cabala. Tratava-se, pois, de uma real vivência religiosa que extrapolava os dogmas de qualquer religião particular. Sob tal entendimento, quaisquer correspondências encontradas nas teses que se relacionem com as doutrinas da Igreja não devem ser interpretadas como uma defesa ortodoxa do Cristianismo, mas como um passo a mais em direção à conjunção dos "fins" que tendem ao Absoluto. Seguindo essa acepção, Pico teria encontrado em Proclo sua definição de "verdadeira religião":

> Assim como a fé, que é simples disposição a crer, é inferior à ciência, assim a fé, que é fé verdadeira, é suprassubstancialmente superior à ciência e ao intelecto, conjugando-nos imediatamente a Deus[85].
> (*Conclusio secundum Proclum 44*)

---

82. O tema é amplamente discutido em GARIN, 2011, pp. 137-142. Ainda, BUSI, *Pico: fede, ragione e… Inquisizione*, in: *Il Sole 24 Ore*, 28/08/2018.

83. *Conclusiones in Theologia* (II) IV, 18 (p. 91). Como aponta GARIN (2011), pp. 137-142), não por acaso o padre da Igreja que Pico mais amou e sobre o qual meditou foi, justamente, Orígenes. Parecia-lhe absurda a ideia de impor uma fé sem de monstrá-la, assim como castigar um herege e condená-lo por erro teórico (cf. *Apologia*, "De libertate credendi").

84. A ideia contemporânea que se tem do termo "religião" está bastante esvaziada de seu sentido original, a ponto de poder causar estranheza a dignidade que Pico lhe atribui colocando-a acima da Filosofia e da Teologia. Nunca é tarde para recordar a origem etimológica do termo "religião", proveniente do verbo *"religare"*, que aponta para a real união com o divino: um estado de plena vivência espiritual que ultrapassa as questões teóricas relacionadas à Filosofia ou à Teologia.

85. *Concl.* (I) IV. V, 44 (p. 48).

3. *Maritare Mundum*

Nas 144 teses que, distribuídas em quatro séries, concluem as 500 *Conclusiones secundum opinionem propriam*, é possível descobrir alguns elos que dão sentido ao conjunto, de forma que as secretas analogias apontadas na *Apologia* possam ser delineadas. A segunda metade da obra contempla os principais e mais originais argumentos que seriam utilizados para debater uma teoria global da representação do mundo, realizando a consonância com os temas verificados no primeiro tópico deste capítulo. Observa-se que o realizador da obra estava seguro por ter encontrado ocultas correspondências, que se mostram particularmente claras no exame das séries finais das *Conclusiones*, intituladas "segundo opinião dos enunciados de Zoroastro", "mágicas", "segundo os hinos de Orfeu [...] e aquele saber relativo às coisas divinas e às coisas naturais" e "consolidantes da religião cristã a partir dos fundamentos colocados pelos sábios hebreus"[86]. O complexo dessas quatro séries representa um corpo único no pensamento de Pico, apresentando uma substancial unidade entre os saberes da Magia, da Teurgia e da Teologia.

Várias correspondências são estabelecidas, ainda, entre as teses caldaicas, mágicas, órficas e cabalísticas com os demais temas da inteira obra, seguindo um planejamento em que se destacam específicos teores: o aceno aos três mundos que Pico havia mencionado através de Proclo, dentro de um cenário de organização do cosmo[87]; a confirmação de certa escolha temática que prestigia as questões relacionadas ao conhecimento da alma; a tonalidade teológica que se mostra mesclada a várias teses; e, sobretudo, o entrelaçamento entre distintos campos do saber que afirmam a presença da concórdia buscada. Os modelos temáticos citados a seguir, todos extraídos das "teses segundo o signifi-

---

86. Conforme a sequência e títulos completos dados por Pico, temos: *Conclusiones secundum propriam opinionem de intelligentia dictorum Zoroastris et expositorum eius Chaldaeorum*; *Conclusiones Magicae*; *Conclusiones secundum propriam opinionem de modo intelligendi hymnos Orphei secundum Magiam, id est, secretam diuinarum rerum naturaliumque sapientiam, a me primum in eis repertam*; *Conclusiones Cabalisticae secundum opinionem propriam, ex ipsis Hebraeorum sapientum fundamentis Cristianam Religionem maxime confirmantes.*
87. *Conclusio secundum Proclum 52.*

cado das sentenças de Zoroastro e de seus exegetas caldeus", apresentam não somente aforismos que retratam os temas mencionados, como, ainda, um exemplo da multidisciplinaridade piquiana, verificável no último dos enunciados no qual se confirma a correspondência entre as teologias caldaica, cristã e hebraica:

> No aforismo 17 [do enunciado de Zoroastro], com o tríplice indumento de linho, pano e pele, os Magos não entendem outra coisa além da tríplice morada da alma: celeste, espiritual e terrena[88].
> (*Conclusio secundum propriam opinionem de intelligentia dictorum Zoroastris* 8)
>
> Aquilo que dizem os exegetas caldeus acerca do primeiro enunciado de Zoroastro sobre a "escala do tártaro ao primeiro fogo" não significa outra coisa que a série das naturezas do universo: do não grau da matéria ao grau que, gradualmente, se sobrepõe acima de cada grau[89].
> (idem, 1)
>
> Graças ao enunciado de Zoroastro "sacrificareis ainda por três dias e não mais", me resultou evidente, através da aritmética do cálculo dos dias, da *Mercavá* superior, que naquele enunciado estava prevista expressamente a vinda de Cristo[90].
> (idem, 14)

A menção à aritmética da *Mercavá* superior alude à existência de um campo conceitual que requer um preparo especial, tantas vezes guar-

---

88. *Concl.* (II) VIII, 8 (p. 116). O trecho, de acordo com FARMER (op. cit., p. 489), é extraído dos *Oráculos Caldeus*. A seção caldaica das *Conclusiones* contém material não encontrado no recolhimento de Miguel Psello ou George Plethon; nem mesmo a numeração dos *Oráculos* de Pico coincide com a ordem encontrada naquelas coleções anteriores. A questão das fontes que Pico consultou na seção caldaica é tão misteriosa quanto à versão dos *Oráculos* que ele tinha em mãos. Em carta a Ficino, de 1486, Pico fala de "um pequeno livro sobre os ensinamentos da teologia caldaica, naquela exposição divina e opulenta dos persas, gregos e caldeus", que lhe tinha chegado recentemente às mãos (FARMER, op. cit., pp. 486-487).
89. *Concl.* (II) VIII, 1 (p. 114).
90. *Concl.* (II) VIII, 14 (p. 116). A *Mercavá* superior (carruagem) representa a parte especulativa da Cabala concernente às coisas divinas, como esclarece o escritor cabalista Chaim WIRSZUBSKI (*Pico della Mirandola's Encounter with Jewish Mysticism*, 1989, pp. 193-194).

dado pelo segredo. O autor desse material mostra ter consciência da necessidade de proteger certas áreas conceituais que não devem ser divulgadas — e dos riscos envolvidos em sua eventual divulgação. Esse cuidado é referido de forma velada, algumas vezes, e de forma expressa, em outras. Na abertura do penúltimo grupo de suas teses, intituladas "conforme o modo de interpretar os hinos de Orfeu segundo magia", Pico sugere ter colhido, nos *Hinos Órficos*, certas verdades cuja divulgação seria arriscada; por necessidade, em razão da restrição pedida pelo segredo, teria que expressar-se em modo elíptico, utilizando-se de aforismos para conseguir despertar "a mente dos contemplativos"[91]. Assim se lê em sua *Conclusio* órfica n. 1:

> Expor em público a magia secreta, por mim extraída por primeiro dos *Hinos* de Orfeu, não é lícito; mas será útil delineá-la para estimular as mentes dos contemplativos, mesmo que por meio de aforismos[92].
>
> (*Conclusio de modo intelligendi hymnos Orphei 1*)

Depreende-se da asserção acima uma forte conotação iniciática, tônica que conflui no complexo orgânico das últimas séries, revelando a existência de uma dimensão — conhecida por Pico — que admite o adepto através de graus que elevam ao conhecimento — desde que ele seja capaz de ingressar por suas portas de iniciação. A *conclusio* órfica 7 conta que existe uma "estrada de analogia secreta", que só poderá ser trilhada por aquele que souber "intelectualizar perfeitamente as propriedades sensíveis", a serem extraídas dos *Hinos* de Orfeu[93]. Vê-se que é dada ênfase, seja na primeira e na sétima tese acima, ao uso intelectual ou contemplativo das informações recebidas, como precaução para

---

[91]. Pico tinha consciência dos riscos de uma interpretação errônea ou da utilização delituosa da teurgia órfica. Marsílio Ficino, que já havia traduzido para o latim os *Hinos Órficos*, havia decidido evitar sua publicação por julgá-los perigosos (cf. Paolo Edoardo FORNACIARI, *Conclusioni Ermetiche, Magiche e Orfiche*, Milano, 2009, pp. 73-74); ainda, do mesmo autor, veja-se *Aspetti dell'itinerario cabbalistico di Giovanni Pico della Mirandola*, p. 630). O acesso de Pico aos *Hinos Órficos* é comprovado pela existência, em sua biblioteca, de pelo menos um manuscrito contendo não apenas aqueles hinos, como também os *Hinos Homéricos* e os de Proclo (Pearl KIBRE, op. cit., 1936, pp. 148, 205).

[92]. *Concl.* (II) X, 1 (p. 120).

[93]. *Concl.* (II) X, 7 (p. 122).

não ser aprisionado por elementos negativos — advertência que, embora não expressa nas teses acima, encontra-se na tese 10 segundo Hermes Trismegisto e na tese cabalística 13[94]. A *conclusio* mágica 17 sugere que, para ultrapassar os limites estabelecidos pela natureza, existem "devidas modalidades, conhecidas pelos sábios"[95]. Nesse percurso, a Magia representa o primeiro grau[96], por se tratar, conforme a *conclusio* mágica 4, da parte "mais nobre da ciência natural", sendo o conhecimento do mundo físico, em primeira etapa, o alimento da alma racional[97]:

> Se se verifica em nós uma natureza imediata que seja simplesmente ou, pelo menos, prevalentemente racional, essa tem seu ápice na arte mágica. E, graças à participação mágica, tal natureza pode ascender, nos homens, a uma maior perfeição[98].

(*Conclusio Magica 14*)

A Magia, conforme se depreende da explanação realizada na *De Hominis Dignitate*[99], ocupa-se das relações da vida humana com toda

---

94. A tese cabalística 13 adverte que, "quem opera na Cabala, se cometer erros durante o trabalho ou se aproximar deste sem a devida purificação prévia, será devorado por Azazel, de acordo com suas próprias regras de justiça". A tese 10, segundo as doutrinas de Trismegisto, informa sobre a existência de uma maligna sequência denária, correspondente à existente na Cabala, a respeito da qual Pico declara que não poderá escrever nada "por tratar-se de um segredo".

95. *Concl.* (II) IX, 17 (p. 118). A inteira sentença postula que "a magia é própria daquela natureza que é horizonte de tempo e eternidade, e de lá deve ser extraída, segundo as devidas modalidades, notas aos sábios". O significado da primeira oração, segundo FORNACIARI, é que a natureza é o limite do tempo, no sentido que o tempo intrínseco à natureza é limitado, e não eterno (*Conclusioni Ermetiche, Magiche e Orfiche*, 2009, p. 64).

96. Na *De Hominis Dignitate*, Pico dedica muitas linhas a esclarecer o que entende por "magia", defendendo-a contra entendimentos equivocados e/ou preconcebidos.

97. Cf. FORNACIARI, *Conclusioni Ermetiche, Magiche e Orfiche*, 2009, pp. 58, 63.

98. *Concl.* (II) IX, 14 (p. 118). FARMER (p. 498) comenta que a questão concerne à alma purificada do mago, capaz de reunir todas as forças racionais distribuídas entre o mundo celestial e terrestre e elevá-las. Nesta tese, lê-se que a magia envolve naturezas "racionais"; na correlata tese cabalística 12, encontra-se que a "Cabala pura" (há também variedades inferiores, como será visto no capítulo V) envolve a "parte intelectual" da alma racional.

99. Além da ampla defesa da magia realizada na *Apologia* (*Quaestio V de magia naturali et cabala hebraeorum*, pp. 154-193), Pico dedica não poucas linhas para a questão na *De Hominis Dignitate*: "Repleta de profundíssimos mistérios, [a "boa magia"]

a criação, daí a outorga de nobreza que Pico lhe concede; em caráter privilegiado, tem por objeto a relação entre o mundo físico e a alma imortal, pois que o mago opera para realizar a conexão do mundo sublunar com os mundos superiores[100], como será visto adiante. Alguns dos métodos à disposição do sapiente prático para alçar-se através dos níveis intelectuais relacionam-se, diretamente, com o uso de sons e mantras — como se extrai de algumas teses órficas, mágicas e cabalísticas. A tese órfica 2, por exemplo, sinaliza que "nas operações de magia natural, nada é mais eficaz que os *Hinos* de Orfeu"; acrescendo, em tom de precaução, "desde que sejam aplicadas a correta música, a correta intenção de ânimo e todas as demais circunstâncias que os sapientes conhecem"[101]. A quarta tese órfica confirma a analogia de práticas e resultados entre teologias distintas:

> Assim como os *Hinos* de Davi se prestam de forma admirável às operações da Cabala, assim os *Hinos* de Orfeu se prestam às operações da magia autêntica, lícita e natural[102].
>
> (*Conclusio de modo intelligendi hymnos Orphei 4*)

Observa-se uma relação entre os resultados obtidos através das práticas órficas e as cabalísticas, pois que nos *Salmos* de Davi encontra-se uma aplicação mágica, pertencente ao esoterismo hebraico, que Pico certa-

---

abraça a contemplação mais alta das coisas mais secretas e, por fim, o conhecimento total da natureza. Esta, como que trazendo das profundidades à luz as virtudes dispersas e disseminadas no mundo pela bondade de Deus, mais do que realizar milagres coloca-se ao serviço da milagrosa natureza. Esta, perscrutando intimamente o secreto acordo do universo a que os gregos chamam de uma maneira muito significativa *sympatéia* ["harmonia do universo"], explorando a mútua ligação das naturezas, traz à luz, como se ela própria fosse o artífice, as maravilhas escondidas nas profundezas do mundo, no seio da natureza e dos mistérios de Deus" (p. 153).
100. Cf. Fornaciari, 2009, p. 58.
101. *Concl.* (II) X, 2 (p. 120). Proclo, em seu proêmio ao Comentário ao *Timeu*, atesta que os textos sagrados do Orfismo continham indicações taumatúrgicas. Ademais, ao próprio Proclo foram atribuídos o poder de autocura e de curar o próximo através do recurso a hinos, inclusive os órficos, conforme se lê em *Vita Procli*, de Marino Neapolis (apud Fornaciari, 2009, p. 74). Complementa Fornaciari (p. 75) que é a concentração do pensamento, no mago ou teurgo, que propicia o movimento interior, desde que acompanhado do cumprimento dos preceitos e das palavras certas pronunciadas nas orações.
102. *Concl.* (II) X, 4 (p. 122). Os *Hinos* de Davi referem-se aos *Salmos*.

mente conhecia[103]. Embora se situem em patamares distintos[104], as duas dimensões operativas apresentam analogias, como revela a tese órfica 6: "a propriedade analógica de qualquer virtude" (no sentido de qualidade, poder ou potência)[105], seja natural ou divina, é a mesma, "guardadas as devidas proporções", assim como são os mesmos os nomes (utilizados na magia natural), os hinos (na teurgia órfica) e o operar (em sentido cabalístico); "quem tentar interpretá-los, encontrará as correspondências", completa o texto[106]. Pico alerta, outrossim, que, para a aplicação operativa de determinados hinos órficos[107], será necessária a participação da operação cabalística, como postula a tese órfica 21: "Não há aplicação operativa daqueles [específicos] hinos sem a operação da Cabala"[108].

Da mesma forma que efetua em relação ao Orfismo, Pico tece múltiplas analogias entre a Cabala e a Magia[109], dois peculiares temas que

---

103. A hinografia atribuída ao rei Davi exerce uma função sagrada no judaísmo e houve uma aplicação mágica sua chamada *simmusy tehillim* ("uso dos Salmos"). Vejam-se esclarecimentos sobre a questão e as implicações em âmbito cabalístico em FORNACIARI (2009, p. 76).
104. No capítulo VI serão esclarecidas as distinções entre os procedimentos teúrgicos e os procedimentos de tipo superior realizados em certo tipo de prática cabalística.
105. A complementação ao termo *"virtute"* é de FORNACIARI (*Aspetti dell'itinerario cabbalistico di Giovanni Pico della Mirandola*, 2001, p. 630).
106. *Concl.* (II) X, 6 (p. 122).
107. Trata-se dos hinos aos quais Pico se refere na tese órfica 20 (p. 125), endereçados à mente paterna: *"Protogeni, Palladis, Saturni, Veneri, Rheae, Legis, Bacchi".*
108. *Concl.* (II) X, 21 (p. 124). A Cabala possui as propriedades para "colocar em ato cada quantidade formal, contínua e discreta", como está complementado na mesma tese 21. Essa tese, um tanto complexa, recebeu de WIRSZUBSKI (op. cit., pp. 141-145) e de Brian COPENHAVER (*L'occulto in Pico* in: *Giovanni Pico della Mirandola*, 1997, p. 98) interpretações acuradas e distintas, o primeiro em âmbito cabalístico e o segundo em âmbito matemático-geométrico. Já a interpretação de FORNACIARI (2009, pp. 91-92), mais alinhada com o desenho geral da *Conclusiones*, faz corresponder as três quantidades, formal, contínua e discreta, aos três mundos, inteligível, intermédio e sublunar, cujas formas podem ser operacionalizadas e quantificadas pela Cabala através da *gematria* (tipologia a ser verificada no capítulo VI).
109. Maior aproximação à Cabala será feita nos capítulos V e VI. Em relação à Magia, as 26 teses mágicas foram objeto de análise em artigo de Frances YATES (*Giovanni Pico della Mirandola and Magic*, in: *L'Opera e il pensiero di G. Pico della Mirandola nella storia dell'Umanesimo*, Firenze, 1965, pp. 159-196). Para definições e esclarecimentos feitos pelo próprio Pico, remeter-se à parte da *De Hominis Dignitate* que trata de Magia e, ainda, à seção dedicada à *quaestio* "*De magia naturalis et Cabala disputatio*", na *Apologia*.

exorbitam os limites de seus próprios grupos e que são encontrados, de forma esparsa, correspondendo-se não apenas entre si como com outros dos demais elementos presentes nas *Teses*. Além da tese mágica 8, condenada pelos teólogos de Inocêncio VIII, que conjuga Magia e Cabala (no caso, para afirmar a divindade de Cristo), as duas precedentes, 6 e 7, também comportam a assunção da Cabala ao lado da Magia, ambas convergindo para ingressar em um plano superior, teológico. Na *conclusio* mágica 6, Pico assume que todas as operações mágicas e/ou cabalísticas encontram sua referência direta em Deus:

> Qualquer obra que suscite estupor, seja de tipo mágico, cabalístico ou de qualquer outro gênero, deve ser, em primeiríssima instância, referida a Deus, glorioso e bendito, cuja graça espalha as superabundantes águas de milagrosas virtudes sobre os homens contemplativos de boa vontade[110].

(*Conclusio Magica 6*)

A tese seguinte, de número 7, provavelmente surpreendente aos ouvidos cristãos, afirma que "as obras de Cristo não poderiam ter sido realizadas nem por via de Magia nem por via de Cabala"[111]. A afirmação parece significar que Cristo possuiria virtudes superiores em respeito à Magia e à Cabala, rendendo ambas inúteis. Entretanto, segundo a interpretação de Paolo Fornaciari, Pico estaria, em verdade, sustentando que Cristo teria operado milagres graças à força da Magia e da Cabala *conjuntas*[112]. Fato que parece sugerido na condenada tese de número 9, amplamente discutida na *Apologia*: "não existe ciência que nos afirme a divindade de Cristo mais do que a Magia e a Cabala"[113]. A intrínseca relação entre Magia e Cabala está ainda presente na tese mágica 15,

---

110. *Concl.* (II) IX, 6 (p. 118). Para Pico, as operações mágicas não funcionam de forma mecânica, mas dependem da mediação de uma alma purificada (FARMER, p. 497).
111. *Concl.* (II) IX, 7 (p. 118).
112. FORNACIARI, *Aspetti dell'itinerario cabbalistico di Giovanni Pico della Mirandola*, 2001, p. 630.
113. *Concl.* (II), IX, 9 (p. 118). Veja-se ampla discussão dessa tese em FARMER (op. cit., pp. 126-128), que se remete à obra de Frances Yates, *Giovanni Pico della Mirandola and Magic*, 1965.

que atribui à Cabala a propriedade, tida como imprescindível, de consentir ao mago operar com sucesso no mundo físico:

Nenhuma operação de Magia pode ser de eficácia se não tiver conexa a obra cabalística, explícita ou implícita[114].
(*Conclusio Magica* 15)

Finalmente, nas três teses mágicas finais, a relação entre a Cabala e a Magia é precisada. Na *conclusio* 24, a partir de quanto ensina a Cabala, Pico posiciona, conforme "princípios secretos da Filosofia", as qualidades formais inscritas nos símbolos (*caracteres et figuras*) acima das qualidades materiais, no que concerne à operatividade mágica[115]; na sucessiva tese 25, afirma a correspondência entre os símbolos (*caracteres*), usados nas operações mágicas, e os números (*numeri*), usados nas operações cabalísticas. Na tese 26, Pico sustenta que, à diferença de quanto ocorre no campo mágico-natural, onde o nexo causa-efeito é respeitado em modo rigoroso, na atuação cabalística pode ocorrer que um acontecimento não dependa da mediação das causas. Nesse sentido, a última tese mágica pontua, assim, a distinção de gradação entre os dois saberes: através da obra cabalística pode ocorrer algo que nenhuma magia pode alcançar, desde que o operar cabalístico seja "puro e imediato"[116].

Para além das inter-relações temáticas, uma especial atenção deve ser dispensada às *Teses Cabalísticas*[117], às quais alguns privilégios foram

---

114. *Concl.* (II) IX, 15 (p. 118). Acerca dessa tese, FARMER (p. 499) interpreta que o sentido primário que Pico quer esclarecer é que a parte racional da alma (pertinente à "magia natural") deriva da parte intelectual da alma (pertinente à "cabala pura"); sob tal prisma, a Cabala estaria implícita em qualquer ato mágico.
115. *Concl.* (II) IX, 24 (p. 121).
116. Respectivamente, *Concl.* (II) IX, 25 e 26 (p. 121). Basicamente, nessas três últimas teses, Pico postula que as palavras mágicas podem ser traduzidas em números, e os números em palavras mágicas, aparentemente, conforme inferência de FARMER (p. 503), através de equações de *gematria*. A menção à Cabala pura e imediata, "*si sit pura cabala et imediata*", abrange a parte intelectual da alma, como ainda completa Farmer (idem).
117. Paolo FORNACIARI realizou a interpretação da totalidade das *Conclusiones Cabalisticae* (2009), utilizando-se da obra de Chaim WIRSZUBSKI (*Pico della Mirandola's Encounter with Jewish Mysticism* 1987/1989) como parâmetro hermenêutico para o misticismo hebraico.

concedidos[118]: são elas que encerram as duas seções da obra piquiana, como a ocupar um espaço nobre; a quantidade de teses cabalísticas, em seu total de 118, supera a quantidade de teses de cada um dos outros grupos[119]; e quatro quintos das correspondências efetuadas entre os vários conteúdos envolvem a Cabala[120]. Efetivamente, o número de conexões da Cabala com outros temas ultrapassa aquelas efetuadas com as duas séries acima mencionadas. Além das 47 teses cabalísticas *ad mentem cabalistarum*, e das 71 *secundum opinionem propriam*[121], ao menos outras cinquenta fazem referência direta ao tema[122]. Embora a última série cabalística, "segundo a opinião de Pico", apresente um grande número de proposições teológicas que pretendem confirmar as verdades do Cristianismo — originalidade da qual Pico se orgulhava, em razão do triunfo da aplicação de seu método cabalístico[123] —, o conjunto for-

---

118. De todas as obras de Pico, as *Conclusiones cabalisticae* parecem ter conhecido melhor destino, visto que foram publicadas mais vezes, geralmente em latim (veja-se, por exemplo, FORNACIARI, *Giovanni Pico della Mirandola: Conclusioni Cabalistiche*, Milano, 2009, p. 13). Para Albano BIONDI, as *Teses cabalísticas "secundum opinionem propriam"* representam o coroamento do inteiro edifício piquiano (2013, p. XXVI).

119. Dentro do primeiro grupo, é atribuído a Proclo o maior número de teses, um total de 55, seguido do grupo dos "Sábios da Cabala", com 47 teses. No segundo grupo, as "Teses sobre a Matemática" e as "Teses pessoais acerca da doutrina de Platão" são as que apresentam maior número, respectivamente, 85 e 80 teses cada. Contudo, na somatória dos dois grupos, o conjunto das doutrinas cabalísticas é detentor da maior quantidade de teses, 118 no total.

120. Cf. William CRAVEN, *Giovanni Pico della Mirandola, Symbol of his age: modern Interpretations of a Renaissance philosopher*, 1981, p. 107.

121. O título do último grupo menciona 71 teses (*Conclusiones Cabalisticae numero LXXI*), embora sejam apresentadas, de fato, 72. Conforme FORNACIARI (2009, p. 15), não se trata de erro banal de Pico, de seus editores de Roma e de Ingolstadt (com o qual esteve em relação direta), dos inúmeros copistas e dos editores dos séculos sucessivos. A hipótese do comentador é que Pico tenha evitado, propositalmente, escrever o número 72, por se tratar de cifra sagrada, pertencente à versão mais ampla do "nome expandido" de Deus de 72 letras (conforme Ex 34,6-7), habitualmente impronunciável e que apenas o Gran Sacerdote teria o direito de proferir uma vez ao ano.

122. Sheila RABIN apresenta uma completa especificação das teses que mesclam conteúdos cabalísticos, caso da *conclusio* 2 segundo Temistio, da n. 10 segundo Hermes e das referências presentes nas teses matemáticas, entre outras (*Pico on Magic and Astrology*, in: *Pico della Mirandola, New Essays*, 2008, p. 157).

123. Efetivamente, através de alguns métodos como a *gematria*, Pico consegue comprovar intrigantes relações entre os mistérios hebreus e a Teologia cristã. Essas questões serão verificadas nos capítulos V e VI.

mado pelas duas séries referentes aos mistérios hebraicos contempla a maior incidência de aforismos de conteúdo obscuro ou esotérico, alguns apenas acessíveis ao círculo dos cabalistas:

> O Grande Aquilo é, de maneira geral, a fonte de todas as almas. Outros dias são de algumas, mas não de todas[124].

(*Conclusio secundum secretam doctrinam sapientum hebraeorum 6*)

> Na Cabala, quem penetrar o mistério das Portas da Inteligência, conhecerá o mistério do Grande Jubileu[125].

(idem, 13)

> Aquele que, na sequência coordenada da direita, compreender a propriedade do meridional também saberá a razão de cada partida de Abraão ir sempre em direção ao Austro[126].

(idem, 14)

> Quem penetrar o caráter próprio de *hosec* e *laila*, que é o segredo da escuridão, saberá o porquê de os maus demônios serem mais perigosos à noite do que durante o dia[127].

(idem, 21)

As três últimas séries de teses contemplam a existência — e sugerem a transcendência, por parte do homem — do mundo fenomênico

---

124. *Concl.* (I) VIII, 6 (p. 56). Para explicar tal tese, algumas interpretações foram tentadas. Os "dias" da criação são concernentes a diferentes *Sefirot* (concepção a ser verificada adiante). O "Grande Aquilo", segundo FARMER, representa um símbolo cabalístico da quinta *sefirá*; para FORNACIARI, da quarta; para WIRSZUBSKI (apud Farmer), o sentido é outro, não elucidado por Farmer.
125. *Concl.* (I) VIII, 13 (p. 56).
126. *Concl.* (I) VIII, 14 (p. 56). Farmer procura esclarecer parte da tese, informando que a "sequência da direita" é uma distinção da emanação das verdadeiras *Sefirot* da ma léfica "sequência da esquerda", que a reflete (p. 351). Wirszubski (1989, pp. 32-33) cita uma longa passagem da tradução de Mitridate, da *Portae Iustitiae* de Gicatilla, para tentar mostrar que "sequência da direita" é, simplesmente, um símbolo para a quarta *sefirá*. Farmer parece não concordar com tal versão, pois afirma que a linguagem de Pico difere radicalmente da encontrada na tradução de Mitridate (que usa a palavra *dextra*, mas nada diz sobre a coordenação da "sequência da direita").
127. *Concl.* (I) VIII, 21 (p. 58). A edição de Stephan Farmer (1998) suprime a expressão *"hosec et laila"*.

natural, do supramundano intermédio e dos planos inteligíveis, bem como de uma dimensão epistemológica que permeia todos os planos.

A velada iniciação sugerida por Pico tem por principal intento alçar o homem ao entendimento do íntimo sistema de correspondências que se distribui entre os diversos níveis. O conhecimento do mundo sublunar pode ser alcançado pela Magia; do celeste, pela Teurgia órfica; e, o acesso ao Inteligível, pela intermediação da Cabala. Sob esse prisma, compreende-se que a unificação dos mundos é o objetivo final de toda a operação, seja mágica, teúrgica ou cabalística:

> Não existe, nem no céu, nem na terra, virtude em estado potencial e separada que o mago não possa levar ao estado atual e unificar[128].

(*Conclusio Magica 5*)

Entendendo o mundo como um complexo único, articulado desde o mundano aos sobremundanos, o operador (ou iniciado) torna seu único escopo o aprendizado e atuação sobre os reinos, que conjuga com seu próprio intelecto, elevando-se do saber natural ao teológico, através de vários graus e métodos. O sábio é, pois, um alquimista, para quem "a arte mágica não advém por união e atuação de coisas que na natureza existem em estado de potência e separação"[129]; o ato de conjugar o mundo, "*maritare mundum*", torna-se, assim, sua meta precípua e terminal[130]:

> Operar magia é, simplesmente, casar o mundo[131].

(*Conclusio Magica 13*)

Entender a natureza e ultrapassá-la, elevando-se até a mente divina: esse é o tema principal daquele texto escrito para servir de "introdução" às *Teses*. Qualquer das ferramentas operadas pelo homem para obter conhecimento só é digna se tiver como finalidade sua elevação. Pois, como lembra Pico, "a forma de todo o poder mágico tem sua raiz

---

128. *Concl.* (II) IX, 5 (p. 118).
129. *Concl.* (II) IX, 11 (p. 118).
130. Pico, *Apologia*, pp. 171-172. Veja-se discussão aprofundada sobre o tema de "*maritare*" o mundo em Franco Bacchelli (2001, pp. 72-73).
131. *Concl.* (II) IX, 13 (p. 118). Farmer bem observa que "o *homo-magus* é um sacerdote cósmico" (p. 498).

na alma humana", mas somente *"naquela alma que se mostra permanente e não cadente"*[132].

A mensagem piquiana concernente ao conteúdo das *Conclusiones*, de forma particular no que se refere às últimas séries, não pode ser adequadamente elucidada[133]. Todavia, o caminho para desvendar a *occulta concatenatio*, mencionada na *Apologia*, pode ser trilhado a partir da constatação, e subsequente averiguação, de duas veementes marcas presentes entre as novecentas teses — e que aqui foram indicadas: a primeira encontra-se na repetição de temas relacionados à Cosmologia, à Alma e à Teologia, difusos entre as séries da inteira obra; a segunda pode ser depreendida das correspondências encontradas entre as séries finais das *Conclusiones*, que se relacionam àqueles três temas. Veremos, no próximo capítulo, que tais temas estão expostos de forma mais evidenciada na *Oratio De Hominis Dignitate*, concorrendo para a construção do homem piquiano. Ademais, as constatações levantadas acrescem algumas peças ao tema principal, a ser sintetizado nas páginas finais. Resta pontuar que o debate no qual Pico discutiria suas *Teses*, esclarecendo, quem sabe, muitos de seus obscuros temas, não aconteceu. Muitas doutrinas, entre aquelas que não poderiam ter seus conteúdos divulgados, continuaram com seu segredo resguardado.

---

132. *Concl.* (II) IX, 12 (p. 118).
133. Segundo admite Paolo FORNACIARI, tradutor e comentador das *Conclusiones cabalisticae*, "não estamos ainda em grau de esclarecer plenamente, no estado atual dos estudos, o significado da mensagem piquiana" (*Giovanni Pico della Mirandola: Conclusioni Cabalistiche*, 2009, p. 16).

CAPÍTULO IV
A *Oratio* e seus elementos ascensionais

A *Oratio Ioannis Pici Mirandulani Concordiae Comitis*[1] foi considerada, por muitos, a obra mais importante da literatura filosófica do

---

1. "*Discurso de Giovanni Pico Mirandolano Conde de Concórdia*". Para o texto integral da *Oratio*, veja-se o *De Hominis Dignitate, Heptaplus, De ente et Uno e scritti vari*, Eugenio GARIN (trad.), Vallecchi, 1942, pp. 101-165. O texto encontra-se também disponível no *site* "Pico Project", convênio da Universidade de Bologna com a Brown University. Há duas principais redações da *Oratio*: a chamada *Palatina*, copiada pelo humanista contemporâneo de Pico, Giovanni Nesi, descoberta por Eugenio Garin e contida no *codex Palatino* 885 (ex 777), na Biblioteca Nazionale di Firenze (cf. Franco BACCHELLI, *Giovanni Pico e Pier Leone da Spoleto — Tra Filosofia dell'amore e tradizione cabalistica*, 2001, p. 56); e aquela entregue para edição quase dois anos após a morte de Pico pelo sobrinho Gianfrancesco. Há algumas (poucas) diferenças entre as duas redações, como o elogio de reconhecimento a Flavio Mitridate presente na primeira e que não aparece em outras edições (cf. Paolo Edoardo FORNACIARI, *Apologia-L'autodifesa di Pico di fronte al tribunale dell'Inquisizione*, 2010, p. LXXIX). NOTA: As traduções aqui apresentadas das citações foram feitas a partir do texto latino traduzido para o italiano na edição acima mencionada de Eugenio Garin, considerada pelos especialistas como bastante fiel ao pensamento de Pico. Garin utilizou-se, especialmente, da edição da *De Hominis Dignitate* editada em Basileia, em 1537. Foram também utilizadas, como parâmetros, as traduções para o português de Maria de Lurdes Sirgado Ganho e de Luiz

primeiro Renascimento[2]. Escrita para ser o discurso introdutório às *Conclusiones*, a *Oratio* nunca foi pronunciada e, tampouco, nominada: foram seus editores e leitores a intitulá-la "(*Oratio*) *De Hominis Dignitate*", (*Discurso*) *Sobre a Dignidade do Homem*, nome que aparecerá apenas em sua edição de 1557. Escrita em etapas que se alternaram com a redação das próprias *Conclusiones*, a *Oratio* foi definitivamente concluída somente após a finalização das novecentas teses e quando algumas entre elas já haviam sido submetidas a críticas.

Ultrapassando os limites do que seria uma simples introdução, a obra não apenas esclarece a intenção pretendida com as *Conclusiones* como apresenta o esboço sintético daquele que seria o inteiro projeto de vida de seu autor, razão que levou Burckhardt a chamá-la de "súmula" do pensamento piquiano[3]. Com efeito, o breve texto guarda os principais motivos do pensamento de Pico, a saber: a pluralidade das fontes; a insistência na conciliação entre elementos considerados usualmente díspares; a presença de elementos então considerados conservadores, tomados da tradição medieval, postos lado a lado com as frescas concepções humanistas da temática da dignidade; a inovadora apresentação da Cabala judaica. A *Oratio* não apenas se ergue acima da ocasião para a qual foi criada como se apresenta qual verdadeira declaração filosófica por si só, razão que a levou a ganhar fama própria e a se firmar de forma independente das *Teses* — a ponto de Eugenio Garin intitulá-la "Manifesto do Renascimento"[4], expressão muito bem aceita. A *Oratio* é, es-

---

Feracine — a autora portuguesa faz algumas omissões, pouco relevantes, em sua tradução. Para os dados completos das várias edições, veja-se "Premessa ai Testi" na tradução das *Conclusiones Nongentae* de Albano Biondi, 1995, pp. 3-5.
  2. Veja-se Paul Oskar KRISTELLER, *Ocho filósofos del Renacimiento italiano*, México, 1970, p. 91. Também Eugenio Garin e Ernst Cassirer consideram o *Discurso* como a obra mais famosa do Quattrocento. Em outra obra, *Concetti Rinascimentali dell'uomo ed altri saggi* (1978, p. 132), reflete KRISTELLER que o *Discurso* contém os fermentos mais patentes que caracterizam a época do Renascimento. Pier Cesare BORI considera que essas são as páginas "mais célebres do Humanismo italiano" (*I tre Giardini nella scena paradisiaca del* De hominis dignitate *di Pico della Mirandola*, 1996, pp. 551-564). Para Mariateresa BROCCHIERI, trata-se do "coroamento do trabalho de Pico", em razão de sua singular qualidade (*Pico della Mirandola*, 2011, p. 78).
  3. Jacob BURCKHARDT, *La civiltà del Rinascimento in Italia*, 1927, v. II, p. 95.
  4. GARIN, "Introduzione" a *De Hominis Dignitate, Heptaplus etc.*, 1942, p. 23.

sencialmente, uma reflexão sobre o homem, construída a partir de uma enredada estrutura que se apoia sobre um conjunto de doutrinas pertencentes a diferentes períodos da história do pensamento.

As duas principais linhas interpretativas concernentes ao todo da obra piquiana podem ser tomadas como modelos de interpretação de sua parte menor, a *Oratio*, visto que nesta se encontram presentes vários elementos que se repetirão nas obras posteriores. Uma tendência dominante seguiu o influxo iniciado por Ernst Cassirer e Giovanni Gentile, confirmado anos depois por Eugenio Garin e Paul Oskar Kristeller, que sustenta as conexões entre Pico e a cultura mágica, astrológica, hermética e cabalística. Outra tendência, protagonizada por Henri de Lubac em seu *Pic de la Mirandole*[5], afirmou sua continuidade com a tradição teológica, fundamentada em uma herança bíblica-judaica que perpassa os primeiros Padres e alcança a teologia escolástica. No entanto, quaisquer diferenças de perspectiva que sigam tais orientações podem ser prontamente dirimidas quando unificadas sob a abóbada da Concórdia: as linhas da obra mostram, de forma bastante clara, a intenção de harmonizar entre si não apenas doutrinas teológicas e filosóficas ocidentais, como também de harmonizá-las com o pensamento de outras culturas, nos moldes que o autor gostaria que houvesse em sua almejada *pax* filosófica[6].

Entre os campos filosóficos e teológicos associados a legados ocidentais e orientais, dois significativos temas podem ser observados no "manifesto" e têm sido ressaltados pelos comentadores, de forma quase unânime: (a) a questão da Dignidade — que contempla o subtema da liberdade — e (b) a questão da Concórdia, ambos verificados a seguir

---

5. Em nossa bibliografia utilizou-se a tradução italiana de Henri de Lubac, realizada por G. Colombo: *Pico della Mirandola, l'alba incompiuta del Rinascimento*, 2016.
6. Pier Cesare Bori apresenta uma análise pormenorizada das duas formas interpretativas citadas, segmentando, de um lado, as passagens bíblicas-teológicas da De Hominis Dignitate e, de outro, as mágicas etc. (*I tre Giardini nella scena paradisiaca del De hominis dignitate di Pico della Mirandola*, 1996). Observa o autor que, entre as tendências interpretativas dominantes, destaca-se a originalidade de H. Reinhardt em seu *Freiheit zu Gott. Der Grundgedanke des Systematikers Giovanni Pico della Mirandola*, que aponta para o caráter pré-moderno do pensamento sistemático de Pico.

com a finalidade de não ocultar do leitor as interpretações mais consensuais. Será proposto um terceiro tema, parte precípua deste capítulo, presente em vários momentos da obra e que não tem recebido o devido destaque dos comentadores: (c) o percurso ascensional. A aproximação direta ao texto piquiano mostra-se a melhor forma para constatar a presença do elemento ascético qual fio condutor a unir as diferentes doutrinas trazidas no percurso histórico percorrido por Pico.

1. O tema da dignidade do homem

Embora a *Oratio* tenha passado à História da Filosofia como o manifesto acerca da dignidade do homem, muito em razão do nome dado à sua publicação realizada no século XVI, o tema da dignidade não foi originalidade de Pico e algumas variações de seu significado pedem uma reflexão.

Durante o Humanismo renascentista, o tema da dignidade tornouse bastante precioso e levou alguns pensadores a buscarem fundamentos, a partir dos primeiros Padres, para rebater a supressão da questão ocorrida em certos períodos da Idade Média. Pode-se dizer que a ideia da Queda de Adão encerra, como consequência, a perda de posição hierárquica do homem, que, em alguns momentos literários, foram registrados como uma perda de valoração da qualidade do próprio homem[7]. Sobretudo no baixo Medievo, não poucos teólogos foram tomados de certo pessimismo metafísico perante tal condição. Um exemplo emblemático da questão foi postulado por Lotharii Cardinalis, o influente papa Inocêncio III, que, no século XIII, em *De miseria humane conditionis*, afirmava que o homem é "indigno produtor de lêndeas, piolhos, vermes, urina e fezes". Tal afirmação apenas confirmava a de

---

7. A ideia de miserabilidade humana remonta, até onde se sabe, a Moisés: o homem, embora criado à imagem de Deus, traz em si "o jumento, o réptil e a besta" (Henri de LUBAC, *Pico della Mirandola. L'Alba incompiuta del Rinascimento*, 2016). O tema relacionado à concepção da Queda e as consequentes formas de "ler" o homem em uma estrutura hierárquica teológica permite a elaboração de uma tese por si só. O caráter "genérico" de nossa abordagem visa salientar algumas interpretações mais significativas e pontuais da questão.

Pedro Damião que, no século XI, proclamava ser o homem "uma criatura vil, massa de podridão, pó e cinza"[8]. Diante de tal desencanto, poucos séculos mais tarde, alguns humanistas sentiram-se levados a responder a Inocêncio III, buscando fundamentação especialmente em Lactâncio e Agostinho, que haviam promovido o reconhecimento do valor do homem apoiados no princípio de sua criação à imagem de Deus[9].

O tratado inaugural acerca da dignidade humana, primeira resposta textual a Inocêncio III, surge com Bartolomeo Fazio, que o escreve em contexto religioso e sob inspiração monástica[10]. Seu contemporâneo Lorenzo Valla, em *De Libero Arbitrio*, de 1436, acresce elementos à reflexão ao promover a valorização do livre-arbítrio voltado, sobretudo, para o domínio que o homem pode ter das forças da natureza, introduzindo, assim, a discussão teórica renascentista acerca da liberdade e necessidade — e dando o passo inicial para um longo processo de ruptura entre Fé e Filosofia[11]. Quase duas décadas mais tarde, Giannozzo Manetti amplia a questão com seu tratado *De Dignitate et Excellentia Hominis*, escrito em 1452, no qual refuta ponto a ponto o profundo pessimismo expresso por Inocêncio III sobre a mi-

---

8. *Petrus Damianus*, ou, mais tarde, San Pier Damiani, foi uma autoridade bastante considerada no pré-Humanismo: Dante situou o cardeal reformador, que seria alçado a Doutor da Igreja em 1823, num dos mais altos círculos do Paraíso como precursor de São Francisco de Assis. A citação encontra-se em NUNES, 1978, p. 64, apud Antonio VALVERDE, "Aportes a *Oratio de Hominis Dignitate* de Pico della Mirandola", in: *Revista de Filosofia Aurora*, v. 21, n. 29, 2009, p. 464.

9. Em relação à valoração do homem, o influxo de Lactâncio e Agostinho se manteve até boa parte da Primeira Idade Média. Algumas obras de Agostinho que abordam o tema são *De Doctrina Christiana* e as *Confissões*. Com relação a tal influxo, há que se observar que o valor do homem estava relacionado com sua criação à imagem de Deus, sendo sua salvação advinda da redenção em Cristo. O movimento humanista começa, de forma embrionária, a vislumbrar — e postular — a valoração do homem em razão de sua liberdade ligada à própria responsabilidade — o que levaria a uma concepção de salvação relacionada às suas escolhas.

10. O historiador Bartolomeo Fazio foi levado a escrever por certo monge beneditino que precisava de uma complementação para o *De miseria humane conditionis*, de Inocêncio III. Para maiores detalhes acerca de Fazio, consultar Jacob BURCKHARDT, *La civiltà del Rinascimento in Italia*, 1902.

11. Ernst CASSIRER, *Individuo e Cosmo nella Filosofia del Rinascimento*, 1977, pp. 131-132.

séria humana, estabelecendo o mundo intelectual do vir a ser, oposto ao mundo natural do que meramente é[12]. Manetti retoma, ainda, na mesma obra, a questão da soberania do homem que havia sido lançada por Valla, ideia de cunho bíblico expressa no *Gênesis 2* (representada pela faculdade dada ao homem de atribuir nomes) que será, mais tarde, reafirmada por Marsilio Ficino e Pietro Pomponazzi[13].

Embora o *Discurso* de Pico tenha sido quase unanimemente celebrado em função de certo entendimento ao redor da questão da dignidade humana, fato é que o tema foi amplamente explorado bem antes do advento do mirandolano, tendo continuado em discussão nos séculos XVI e XVII[14]. Contudo, e apesar de preservar pouca conexão orgânica com o humanismo de sua época, o tema da dignidade apresenta relevância na obra de Pico, não obstante se façam úteis uma ressalva e algumas distinções entre seu desenvolvimento e o de seus antecessores.

A ressalva situa-se no emprego e entendimento do termo "dignidade", que, em razão das variações sofridas ao longo da história, pode ter suscitado interpretações tantas vezes equivocadas. O título *De Hominis Dignitate*, como foi visto, não foi obra de Pico, mas escolha póstuma. O autor, ademais, utiliza a palavra "dignidade" apenas uma vez

---

12. Sobre o historiador Giannozzo Manetti, veja-se BURCKHARDT, 1991, pp. 170-179; LUBAC, *Pico della Mirandola-L'Alba incompiuta del Rinascimento*, 2016, pp. 247-259. Acerca do conteúdo de Manetti, comenta CASSIRER que "somente no interior do vir a ser o espírito do homem encontraria sua morada e daria provas de sua dignidade e liberdade" (*Individuo e Cosmo nella Filosofia del Rinascimento*, 1977, p. 135). Para maiores detalhes sobre a questão, veja-se, ainda, Giovanni GENTILE, *Giordano Bruno e il pensiero del Rinascimento*, 1991, p. 66.

13. Na ideia de soberania expressa por Ficino, GENTILE aponta para a origem do "*regnum hominis*" (op. cit., p. 66). Pomponazzi trata do tema em sua obra *De incantationibus*, de 1520. Para outros detalhes, veja-se GARIN, *Lo Zodiaco della Vita*, 2007, p. 116.

14. Para toda a questão, veja-se em Antônio VALVERDE o tópico "Concepções distintas de dignidade humana da Antiguidade ao Renascimento" (*Aportes a Oratio de Hominis Dignitate...*, 2009); ainda, GARIN, *L'umanesimo Italiano*, 2008. Note-se que outros importantes autores, além dos citados, escreveram sobre o tema da dignidade, como Petrarca (*Scipio Africanus*), Coluccio Salutati (*De Herculè eiusque laboribus*), Poggio Bracciolini (*De Nobilitate*) e Landino (*De nobilitate animae*), entre outros. No século XVI, o tema da dignidade humana passa por forte crítica nas obras dos reformadores Lutero e Calvino e, já no XVII, é retomado pelos platônicos de Cambridge.

em todo o seu *Discurso* — e não para qualificar o homem[15]. No decorrer dos séculos, o termo tem sido utilizado, em grande parte das vezes, como sinônimo de virtude ou hombridade, tendo sido essa sua principal acepção desde alguns escritos da antiguidade. Entretanto, no século VI, Boécio deu novo rumo ao conceito de *dignitas*, ajudando a dirimir a ideia tradicional romana que dava à palavra a envergadura de honradez e respeitabilidade que pressupunha a virtude, modificando a concepção, trazida pelas leituras de Cícero, de considerar a honra como manifestação da dignidade[16]. Em seu *De consolatione Philosophiae*, o termo *dignitas* assume uma característica neutra, perdendo a valência positiva que lhe era atribuída até então (*honor et dignitates non sunt summum bonum*)[17]. Mais tarde, já durante a Idade Média e a partir dos rastros de Boécio, a *dignitas* passa a ser utilizada na terminologia teológico-filosófica sob o significado de princípio filosófico geral ou axioma, postulado[18]. Por fim, aquela que seria uma quarta acepção situa a *dignitas* na específica categoria das hierarquias, marcando, assim, uma posição dentro de um sistema hierárquico. Esse é o sentido que parece ser melhor extraído do texto piquiano, dentro de um contexto cosmológico que contempla uma série ordenada de graus e dignidades — portanto, de valoração neutra —, em que o homem é colocado graças a suas intrínsecas características[19].

---

15. Pico, *Oratio*, p. 123: "[...] não só os mistérios mosaicos ou os cristãos, mas também a teologia dos antigos, nos mostra o valor e a *dignidade* das artes liberais, que estou a discutir".
16. A fundamentação da afirmação está desenvolvida na obra de Mette Lebech, *On the Problem of Human Dignity: A Hermeneutical and Phenomenological Investigation*, Wurzburg, 2009, sobretudo p. 62.
17. Boécio, *A Consolação da Filosofia*, III.
18. Veja-se Tomás de Aquino, in: *Met.*, III, 5, 390; Vico, em *Scienza Nuova*, man têm o uso de *dignitas* em seu significado de "axioma" na parte em que trata "dos Elementos". Essa utilização continuou, ainda, na Idade Moderna: veja-se Galilei na passagem "a terra não pode separar-se de sua natureza de três movimentos diversos, ou seria necessário rejeitar muitas das dignidades manifestas" (cf. *Lettera a Francesco Ingoli*, in: *Edizione nazionale delle opere di Galileo Galilei*, Favaro [org.], 1933, pp. 509-561).
19. Enquanto na *Oratio* Pico utiliza apenas uma vez o termo "dignidade" (e não no contexto de qualificação do homem), no *Heptaplus* Pico falará diretamente de dignidade do homem como posição especial central dentro de uma escala: "Nós procuramos no homem uma nota que lhe seja peculiar, com a qual se explique a *dignidade* que

Quanto às principais dessemelhanças observadas na reflexão sobre o homem realizada na *Oratio* em comparação aos conteúdos verificados em obras de humanistas anteriores, chamam a atenção alguns pontos: (a) As contribuições que os filósofos humanistas deram à questão da dignidade — em se assumindo o entendimento que dá ao termo a valência positiva de virtude —, embora, sem dúvida, dotadas de características que as distinguem entre si, estiveram voltadas, em linhas gerais, para a capacidade de utilização da razão em âmbito da esfera civil ou do uso de uma potencial soberania sobre os reinos inferiores. Sob tal foco, o homem era dignificado por meio de valores como o respeito ao próximo, o princípio do dever e a busca pela felicidade. Esse foi o caso da consistente reflexão de Giannozzo Manetti, voltada, sobretudo, à questão da atividade humana em termos morais[20]. Também para Coluccio Salutati e seu discípulo Leonardo Bruni, a perfeição moral do homem se traduzia de forma perfeita no ideal da vida cívica; Lorenzo Valla, por sua vez, não apenas se empenhou para afirmar a noção de soberania do homem sobre a natureza, anteriormente mencionada, como valorizou a vida mundana em todos os seus aspectos, contra qualquer negação ascética. Em uma famosa polêmica antiestoica, defendia que mesmo na natureza e na carne pode ser reconhecida a obra de Deus[21]. A análise de Pico, embora atuando no cenário antropológico que ocupava espaço cada vez maior dentro dos *studia humanitatis*, acrescenta ao problema da filosofia moral uma dimensão quase que estritamente metafísica[22].

---

lhe é própria" (*Heptaplus*, V, 6; ed. 1942, p. 303); e, ainda: "Devemos nos guardar em não apreciar o *grau de dignidade* em que fomos colocados" (V, 7, p. 307).

20. Cf. *De Dignitate et Excellentia Hominis*. Ver o tópico concernente a Manetti em GARIN, *L'Umanesimo Italiano*.

21. GARIN, *L'Umanesimo italiano*, 2008, respectivamente pp. 69 e 62.

22. A filosofia moral não é irrelevante para Pico; ao contrário, é um estágio importante de evolução da posição humana, como será visto. Mas não desfruta da mesma importância que para seus colegas. Coluccio Salutati, por exemplo, em discurso contra a filosofia teórica-metafísica e a favor da moral, escreveria em seu *De nobilitate legum et medicinae*: "Muito me admira afirmares que a sabedoria consiste na contemplação, cuja serva seria a prudência, havendo entre elas a mesma relação que há entre o administrador e o senhor, e dizeres que a sapiência é a maior das virtudes, pertencente à melhor parte da alma, que é do intelecto, e que a felicidade consiste em agir conforme a sapiência. E acrescentas que, sendo a metafísica a única ciência livre, o filósofo quer que a especula-

Essa distinção é evidenciada logo na primeira página da *Oratio*, em que o autor demonstra insatisfação com os enaltecimentos até então proferidos aos atributos da natureza humana, certamente referindo-se às não poucas obras anteriores escritas em seu século. Entre os argumentos, "utilizados por muitos", acerca da grandeza humana, Pico destaca o quase unânime elogio feito ao papel do homem qual "vínculo das criaturas superiores e inferiores" ou "intérprete da natureza em virtude da agudeza de seus sentidos, do poder indagador da razão e da luz de seu intelecto". Essas qualidades, no entanto, não o satisfazem e levam-no a um questionamento que não apenas sinaliza a crítica a seus antecessores, como lhe permite ingressar em seu argumento metafísico:

> Grandes coisas estas, sem dúvida, mas não as mais importantes, isto é, não tais que consintam a reivindicação do privilégio de uma admiração ilimitada. Porque, de fato, não deveremos nós admirar mais os anjos e os beatíssimos coros celestes?[23]

(b) A pergunta introduz a reflexão de Pico acerca da natureza indefinida do homem, nosso segundo ponto distintivo. Em elaborado discurso, o autor postula, através de sua resposta, a natureza ontologicamente indeterminada do homem que o distingue, tanto do mundo natural quanto do mundo angélico, abrindo-lhe a possibilidade de se automodelar pelo uso que faz de sua faculdade de escolha. Tal natureza indeterminada não é uma imperfeição no homem, mas, ao contrário, um privilégio que lhe permite não ser constrangido por nenhuma limitação e que lhe dá o atributo de, em conformidade com sua vontade, degenerar ou se regenerar. A concepção se erige por meio das palavras proferidas ao primeiro homem pelo "deus-artífice" — personagem do Mito da Criação piquiano:

ção preceda em tudo a ação... Mas a verdadeira sapiência não consiste, como crês, na especulação pura. Se tirares a prudência, não acharás nem sapiente nem sapiência... Chamarias porventura de sapiente a quem houvesse conhecido coisas celestes e divinas, sem que houvesse provido a si mesmo, sem que houvesse sido útil aos amigos, à família, aos parentes e à pátria?" No mesmo espírito, Leonardo Bruni, em *Isagogicon moralis disciplinae* (1424), afirmava a superioridade da filosofia moral sobre a filosofia teórica. Esse mostrou-se um viés característico de muitos humanistas, o de que só a filosofia moral seria ativa. Veja-se ampla discussão em GARIN, *L'Umanesimo italiano*, 2008.

23. PICO, *Oratio*, p. 102.

Não te fizemos nem celeste nem terreno, nem mortal nem imortal, a fim de que tu, árbitro e soberano artífice de ti mesmo, te plasmasses e te moldasses, na forma que tivesses seguramente escolhido. Poderás degenerar nas coisas inferiores que são os brutos; poderás regenerar-te até as realidades superiores que são divinas, por decisão da tua vontade[24].

A passagem, que se estabelece como a mais celebrada da inteira obra piquiana — e sobre a qual recai a parte majoritária das leituras que afirmaram a dignificação do homem — apresenta um problema de ordem protológica que concerne à origem teológica do homem. Pico não reafirma a dignidade do homem com base em sua semelhança em Deus; sem prejuízo de sua fé, a originalidade[25] de seu homem consiste, conforme suas palavras, em não ter uma natureza predefinida, mas em ser "*opus indiscretae imaginis*"[26]. A não determinação do homem, mais do que uma ausência, se dá em razão de uma demasia, já que nele encontram-se *todas* as sementes; situação que não ocorre com as bestas (que "trazem consigo tudo [e apenas] aquilo que depois terão") e, tampouco, com os espíritos superiores (que "desde o princípio, ou pouco depois, foram o que serão eternamente")[27].

(c) O terceiro ponto, de sutil diferença em relação ao anterior, apresenta uma distinção na posição hierárquica do homem dentro do universo que ocupa — um problema que chamaríamos de ordem cos-

---

24. *Oratio*, p. 106.
25. A concepção da natureza indeterminada do homem foi considerada e aceita como originalidade de Pico della Mirandola. Fato certo é que tal originalidade, se houver, deve ser admitida no que concerne à tradição teológica ocidental — entenda-se, na Era Cristã. Antes desse período, há registros de concepções similares em outras tradições, que não apenas eram conhecidas por Pico, como foram utilizadas de forma aberta na *De Hominis Dignitate*. Veja-se mais no tópico "O tema da Concórdia".
26. "Obra de imagem indeterminada." Conforme a *Oratio*: "*Igitur hominem accepit indiscretae opus imaginis atque in mundi positum meditullio*". Provavelmente, ao escrever que o homem é "obra de imagem indeterminada", Pico não pretendia contradizer qualquer noção teológica referente à complexa problemática da "imagem-semelhança" de Deus, fazendo apenas um uso retórico das palavras. Essa talvez tenha sido a razão de Garin ter optado por traduzir o trecho "*indiscretae imaginis*" por "natureza indeterminada" ao invés de "imagem indeterminada": "*Perciò [l'ottimo artefice] accolse l'uomo come opera di natura indefinita*" (ed. 1942, pp. 104-105).
27. *Oratio*, p. 106.

mológica. Embora sem negar a posição central do homem aceita na teologia medieval ("o artífice tomou o homem de natureza indefinida e colocou-o no meio do mundo")[28], Pico distancia-se conscientemente da concepção hierárquica mais usual, conferindo ao homem um *novo status* no universo. Ele havia aprendido com seus principais mestres escolásticos que o lugar do homem estava determinado dentro da ordenação universal, encontrando-se entre os reinos elementar, celestial e angélico. Em sua cosmovisão, o homem é retirado da fixidez escalar dos mundos ao ser-lhe apresentada a possibilidade de ser e participar em todos os reinos. No ponto (b) acima, trata-se de uma questão de "substância", já que o homem carrega sementes que os seres dos demais graus não possuem. Agora se trata de uma questão de mobilidade em razão de seu próprio arbítrio. Partindo de sua posição central, o homem pode descer aos níveis subumanos ou se elevar a níveis supra-humanos, condições que os elementos dos demais níveis, inclusos os anjos, não podem experimentar.

O tema da dignidade contempla, ainda, imbuído entre suas linhas, um importante desdobramento que concerne ao problema da liberdade do homem[29]. A liberdade postulada por Pico não se encontra pronta e só poderá ser adquirida através de constante *exercício* para sua efetivação, já que a natureza humana abriga várias formas de resistência a tal efetivação. Uma mudança de tônica, que passa do teor elogioso inicial para uma chamada de atenção em direção às fraquezas da constituição humana — com a subsequente prescrição do uso da liberdade como solução — pode ser observada, nesse sentido, quando se seguem as páginas do *Discurso*. Ora, pouco após afirmar que o homem pode ser tudo, inclusive partícipe da vida angélica, Pico reflete que não podemos atingir o

---

28. Idem: "*Medium te mundi posui*".
29. A temática da liberdade presente no *Discurso* tem sido celebrada por comentadores ao longo dos últimos séculos. Entre os contemporâneos, por todos aqueles que seguiram os passos de Cassirer e Garin, embora se verifiquem algumas poucas discordâncias: William Craven não concorda com essa celebração e Brian Copenhaver afirma que não há na *Oratio* nada das noções de liberdade, criatividade e individualidade que lhe foram atribuídas (acerca de Craven e Copenhaver, veja-se Jonathan MOLINARI, *Libertà e Discordia. Pletone, Bessarione, Pico della Mirandola*, 2015, p. 78).

modelo de vida dos querubins, "nós que somos carne e que temos o gosto das coisas terrenas". Será antes necessário "dominar com a ciência moral o ímpeto das paixões, dissipar a treva da razão com a dialética, limpar a alma da ignorância e do vício para que as afecções não se desencadeiem cegamente e tampouco a razão imprudente algumas vezes delire"[30].

Assim, embora as primeiras páginas do *Discurso* possam levar a qualificá-lo como um tratado de otimismo em relação ao homem, o tom inicial de exaltação ("ó suma e admirável felicidade do homem... ao qual é concedido obter o que deseja, ser aquilo que quer")[31] é prontamente substituído pela constatação das dificuldades ocasionadas por sua experiência na matéria, seguida pela exortação a assumir uma responsabilidade ética em relação ao seu papel. A argumentação do tema se conclui com a indicação da utilização do livre-arbítrio como meio de encetar sua necessária *transformação*. Há, pois, nessa trajetória um pronunciado aspecto dialético[32], na medida em que Pico expõe a necessidade do contínuo exercício da razão e de seu poder indagador que o capacita a fazer escolhas. Sob esse enfoque, o problema ontológico da natureza humana é colocado *a posteriori*, nunca *a priori*: diversamente dos animais e anjos, cuja natureza fixa não pode ser modificada, o homem pode, de acordo com suas escolhas, transformar a própria natureza.

Finalmente, há que se observar que tal possibilidade implica dois preceitos: por um lado, essa ideia carrega uma exigência aparentemente contraditória, porquanto o livre-arbítrio deverá ser ativado para que ocorra a autotransformação, condição que, instaurando uma conjuntura cíclica, aumentará o grau de sua liberdade e, consequente-

---

30. Pico, *Oratio*, p. 113. A reflexão acerca da condição instável do homem se manterá em obras posteriores. Em sua última obra, *Disputationes adversus Astrologiam Divinatricem*, Pico fala de "nós, homúnculos" (ed. Vallecchi, 1952, p. 444). No *Heptaplus*, aquilo que rendia o homem um "divino camaleão" era também aquilo que o caracterizava como uma "toupeira cega": o seu ser perenemente colocado no vértice da incerteza, suspenso entre a "suma miséria" e a "suma felicidade", capaz mais de amar a verdade do que de possuí-la (*De Hominis Dignitate etc.*, 1942, p. 339).

31. *Oratio*, p. 106.

32. Veja-se, a propósito, a reflexão de Sirgado Ganho ("Comentários à *Oratio de Hominis Dignitate*", 2001, pp. 26-28) acerca da dimensão dialética, ética e metafísica que podem ser reconhecidas na obra de Pico.

mente, o poder de se transformar. Por outro lado, percebe-se nessa situação uma condenação do homem à liberdade, já que ele terá de escolher por si a própria condição — tese notável para a época. Como explica o deus-artífice,

> A natureza bem definida dos outros seres é refreada por leis por nós prescritas. Tu, pelo contrário, não constrangido por nenhuma limitação, determiná-la-ás para ti, segundo o teu arbítrio[33].

2. O tema da concórdia

As palavras iniciais que abrem o *Discurso* evidenciam a intenção de propor uma filosofia conciliatória. Dirigindo-se aos *"padri venerandi"* (teólogos e cardeais para os quais são apresentadas as justificativas), Pico dispõe, logo nas primeiras linhas, um autor da tradição islâmica acostado a outro da tradição egípcia. O elogio ao homem feito por Abdallah Sarraceno ("nada há de mais admirável do que o homem") é comparado com a famosa sentença de Hermes Trismegisto, dirigida a Asclépio ("grande milagre é o homem")[34]. Através dessa escolha, é dada autoridade a um personagem proveniente do mundo islâmico, o maior dos antagonistas, colocado ao lado da então celebrada autoridade egípcia, dentro daquela *Disputa* que teria por objetivo a paz filosófica[35]:

---

33. *Oratio*, p. 106.
34. Eis a sentença de Hermes, na qual Pico se baseia: "*Propter haec, o Asclepi, magnum miraculum est homo, animal adorandum et honorandum. Hoc enim in naturam dei transit, quasi ipse sit deus* [...]" (cf. *Corpus Hermeticum*, NOCK-FESTUGIÈRE, Milano, 2005, II).
35. Sobre Abdallah Sarraceno, alguns comentadores acreditam tratar-se de Abd-Allah Ibn Al-Muquaffâ, escritor persa do século VIII (cf. FERACINE, notas à *Oratio*, 1999). Entretanto, Pier Cesare Bori, através de uma pesquisa bastante aprofundada, leva-nos a crer que se trate de Abdallah al-Tarjumân ou Anselmo Turmeda, frade franciscano nascido em Palma de Maiorca no século XIV, estabelecido em Bolonha por razões de estudo. Segundo sua autobiografia, a *Tuhfa*, ele teria recebido de um pio religioso a sugestão de aproximar-se do Islam e acabaria por converter-se na cidade de Tunis. Em outra obra, *Disputa dell'Asino*, de 1417, pode ser encontrada uma das fontes acerca da dignidade do homem, na qual Turmeda apresenta um fundamento teológico muito similar à metáfora utilizada por Pico em seu Mito adâmico. Embora a *Disputa dell'Asino* não faça parte dos livros de Pico, certamente a notícia da disputa de Abdallah-Turmeda não lhe era desconhecida. Para maiores detalhes acerca de toda a

Li nos escritos dos Árabes, venerandos Padres, que, interrogado Abdallah Sarraceno sobre qual fosse a seus olhos o espetáculo mais maravilhoso neste cenário do mundo, tinha respondido que nada via de mais admirável que o homem. Com esta sentença concorda aquela famosa de Hermes: "Grande milagre, ó Asclépio, é o homem"[36].

A passagem inaugura o elogio feito à filosofia de heterogêneas escolas e épocas, que perpassa todas as páginas da *Oratio*, como pode ser verificado através de variegadas tentativas de estabelecimento de acordo entre sistemas filosóficos considerados distintos[37]. Na passagem em que justifica a escolha dos temas das *Conclusiones*, Pico ressalta algumas entre essas concordâncias que, não se limitando à Filosofia, alcançam a Teologia:

> [...] insatisfeito por ter trazido, além das doutrinas comuns, muitos assuntos da antiga teologia de Mercúrio Trismegisto, muitas das teorias dos caldeus e de Pitágoras, muitos dos escondidos mistérios dos hebreus, também propus à discussão muitíssimos assuntos concernentes ao mundo natural e divino, encontrados e meditados por mim. [...] Propus o acordo entre Platão e Aristóteles [...e] as sentenças consideradas contrastantes de Escoto e de Tomás, de Averróis e de Avicena, que, pelo contrário, são concordantes[38].

Outras várias correspondências são efetuadas de forma fluida, integrando registros extraídos do campo filosófico, teológico e misteriológico em um estilo literário próprio. Em meio à narrativa que trata da distribuição de talentos feita por Deus (*"summus pater architectus Deus"*) em seu Mito adâmico, Pico busca concordar a tradição bíblica com a pagã-filosófica, através da menção à passagem inicial do *Gênesis* (2,1), sobre a origem do mundo, harmonizada com a passagem platônica descrita no *Timeu* 41 (b-d): "uma vez tudo realizado, como Moisés

---

questão, veja-se BORI, *I tre Giardini nella scena paradisíaca del De hominis dignitate di Pico della Mirandola*, 1996, pp. 551-564; Do mesmo autor, *Pluralità delle vie*, Milano, 2000, pp. 43 ss. Ainda, ZAMBELLI, *L'apprendista stregone. Astrologia, cabala e arte lullina in Pico della Mirandola e seguaci*, 1995, p. 29.

36. *Oratio*, p. 102.
37. Para a questão da Concórdia filosófica como a principal intenção de Pico ao redigir a *Oratio*, veja-se Cesare VASOLI, *Imagini Umanistiche*, 1983, p. 5.
38. *Oratio*, pp. 144-146.

e Timeu atestam[39], pensou por último criar o homem"[40]. A concepção de distribuição de arquétipos, na mesma narrativa, é emprestada de outro diálogo platônico, o *Protágoras*, em que é narrado o "Mito da Criação do Homem"[41]. A analogia é clara: "dos arquétipos, não restava nenhum sobre o qual moldar a nova criatura [o homem], e nem dos lugares em todo o mundo restava algum em que pudesse sentar-se o contemplador do universo"[42]. Algumas páginas adiante recorrem, mais uma vez, à concordância entre a tradição bíblica-cristã (agora representada por Moisés e os Padres da Igreja) e a platônica, quando, ao discorrer acerca do caminho ético de aperfeiçoamento, aponta para o amor como possibilidade regeneradora:

> Moisés amou o Deus que viu, e promulgou ao povo, como juiz, aquilo que antes tinha visto na montanha como contemplador. Eis porque, no meio, o Querubim com a sua luz nos prepara para a chama seráfica [...]. Esse é o nó das primeiras mentes, a ordem sapiencial que preside à filosofia contemplativa: isso devemos, antes de tudo, emular, investigar e compreender[43].

A menção à ordem angélica é utilizada para acostar um teólogo cristão de tradição neoplatônica, Dionísio, ao principal emissário da tradição hebraica: a sublimidade dos serafins será alcançada através da luz querubínica, da mesma forma que Moisés, através do amor despertado pela visão de Deus, pôde transmitir ao povo o que havia visto quando se encontrava em estado de contemplação. A qualidade da luz — atri-

---

39. Na passagem em questão, Pico refere-se a Moisés como autor do *Gênesis*. Ademais, refere-se diretamente a Timeo di Locri, filósofo pitagórico vivido no IV século a.C., contemporâneo de Platão e autor da obra *De Anima Mundi*, muito provavelmente o personagem que interage com Sócrates no diálogo *Timeu* (cf. Enrico PEGONE, tradutor de *Timeu* em *Platone, Tutte le Opere*, Roma, Newton Compton Editori, 2010) O trecho de Platão que trata do assunto está em *Timeu* 41-b ss.
40. *Oratio*, p. 104.
41. PLATÃO, *Protágoras*, 320d-321e. Conta o mito que, após terem os deuses modelado dentro da terra os gêneros mortais, Epimeteu torna-se o responsável pela distribuição de suas capacidades. Ao terminar a tarefa, seu irmão Prometeu descobre que todos os animais receberam qualidades harmoniosamente, enquanto o homem está nu, descalço, sem cobertas e sem armas.
42. *Oratio*, p. 104.
43. *Oratio*, p. 112.

buída aos querubins, conforme se lê em Dionísio[44] — é diretamente relacionada ao conhecimento advindo da contemplação, como será verificado no próximo item. Essa é uma função intermediária entre as ordens angélicas anterior e posterior, que busca alcançar a dimensão do amor absoluto, tornando-a análoga à função intermédia da alma humana. Na continuidade da sentença, Pico efetua uma analogia com o domínio platônico, ao prescrever que, após se entregar à filosofia contemplativa, o homem poderá ser alçado "aos fastígios do amor", retornando, em seguida, devidamente preparado para as tarefas da ação[45].

Uma concordância de outra categoria é apontada na obra quando, ao tratar do problema da natureza do homem e de sua possibilidade de tudo ser, Pico encontra conformidades em tradições ímpares como a hebraica, a islâmica, a caldaica e a grega, esta última representada pela filosofia pitagórica e empedocliana e pela religiosidade dos mistérios helênicos. Vejamos. Pico se remete a alguns tipos de transformações promovidas durante os cultos místicos de antigas tradições. É o caso da transformação narrada por certo Asclépio ateniense[46], que, durante os ritos, "em razão do aspecto mutável e de uma natureza capaz de se transformar", dizia-se simbolizado por Proteu[47]. Ou, ainda, das metamorfoses que ocorrem em cerimônias secretas da misteriologia aramaica, que "transformam ora Enoch santo no anjo da divindade, e o chama *malakh há-chekli-nāh*, ora em outros espíritos divinos"[48]. Em-

---

44. Ps. Dionisio Areopagita, *De Coelesti Hierarchia*, VI-VII.
45. O tema será visto de forma aproximada no próximo tópico.
46. O Asclépio ateniense, citado por Pico, não é identificável, conforme informa Luiz Feracine em sua tradução da obra (1999). Certo é que Pico quer distingui-lo do conhecido Asclépio de Trales, na Lídia, filósofo neoplatônico e discípulo de Amônio, vivido no século VI d.C. e que deixou um comentário sobre os primeiros sete livros da *Metafísica*, de Aristóteles. Pela referência aos Mistérios que envolvem Proteu — no Hino órfico 25 é feita menção a Proteu —, é provável tratar-se de personagem de período anterior à era cristã.
47. *Oratio*, p. 106.
48. *Oratio*, p. 108. Acerca da expressão *Malakh há-chekli-nāh* — escrita por Pico em ideogramas hebraicos e suprimida de várias traduções, inclusive da tradicional de Garin, de 1942 —, seu significado é "o anjo de *sheklināh*". De acordo com a Bíblia, o patriarca Enoque não teve a morte comum dos mortais (Gn 5,21-24), o que o torna, segundo a crença, um "anjo da divindade". Por isso, a misteriologia aramaica, conservada nos livros

bora não se tenha maiores esclarecimentos acerca dessas duas passagens, é possível afirmar que ambas corroboram, como fundamentos acessórios, a concepção piquiana da capacidade seja degenerativa, seja regenerativa do homem. Tal ideia é ilustrada, na continuidade do texto, pela referência a Maomé ("quem se afasta da lei divina torna-se uma besta") e, em âmbito grego, pela referência ao Pitagorismo e a Empédocles ("e os pitagóricos transformam os celerados em bestas e, a acreditar em Empédocles, até mesmo em plantas")[49]. O trecho introduz um novo elemento entre os temas lançados na obra, através da alusão à *metempsicosis*[50]. Em relação ao Pitagorismo, Pico certamente se refere, de forma direta ou indireta, ao fragmento 21 de Xenófanes quando alude à transformação "dos celerados em bestas", único fragmento a trazer um conteúdo similar à passagem em questão[51]. Já Empédocles trata do tema em seu *Purificações*, em que afirma que, à semelhança dos outros *dáimones*, fora também ele condenado à mortalidade (mas que após um correto ciclo de encarnações a divindade poderia ser novamente atingível)[52]. Embora Pico não aborde o tema da transmigração direta-

---

apócrifos, atribui a Enoque o nome de Metatron, e assim é designado no *Talmud* e no *Midrash*. De acordo com tal tradição, Metatron equivale a "anjo em que subsiste o nome de Deus". Por extensão semântica, chegou-se a identificar o nome Metatron com os atributos da divindade e com o próprio ser divino, resultando daí a figura do Mithra de Zaratustra. Pico, mais ortodoxo no assunto, usa o termo *sheklīnāh* no sentido figurado de esplendor ou manifestação de Deus (cf. nota à tradução de Luiz FERACINE, 1999).
49. *Oratio*, p. 108.
50. A *metempsicose*, doutrina de transmigração da alma em corpos sucessivos, manifesta-se no mundo grego por volta do final do século VI a.C., de acordo com o mais antigo testemunho, o de Píndaro, em sua segunda *Ode Olímpica*, de 476 a.C. (cf. Walter BURKERT, *Antigos Cultos de Mistério*, 1987, p. 97, e *Religião Grega na Época Clássica e Arcaica*, 1993, p. 568). Conferir, para maiores detalhes, a obra de Gabriele CORNELLI (*O Pitagorismo como Categoria Historiográfica*, 2011, pp. 145 ss.).
51. No famoso fragmento (21B7 D. K., Diógenes Laercio VIII, 36), um dos mais antigos testemunhos sobre o assunto, Xenófanes estaria zombando de Pitágoras ao insinuar que ele teria visto em um cão a alma de um amigo. A crença pitagórica na metempsicose é ainda mencionada por Íon de Chios, Heródoto, Filolau, Aristóteles (que a descreve como fábula pitagórica) e Platão.
52. O mote transmigracionista está ainda presente no *Poema lustral* de Empédocles, que narra a aventura da alma-*dáimon*, banida do Olimpo dos bem-aventurados, jogada num corpo e ligada ao ciclo dos nascimentos; durante tal jornada, passa pela condição de "menino e menina, arbusto, passarinho e mudo peixe do mar". Vejam-se

mente em nenhuma de suas obras — nas *Conclusiones*, por exemplo, a menção é feita por via oblíqua[53] —, é bastante relevante o aceno à possibilidade de que o processo de regeneração e degeneração do homem pode se dar não apenas no decurso de uma vida, mas na decorrência de várias — um conteúdo que encontra correspondências em algumas das principais doutrinas de cunho esotérico recepcionadas por Pico. A passagem se conclui com uma fonte extraída dos caldeus, através da qual o autor aproxima-se de sua principal concepção, a de que o homem carrega todas as sementes:

> O persa Evantes, onde expõe a teoria caldaica, escreve que o homem não possui uma sua específica e nativa imagem, mas muitas estranhas e adventícias. Daí o dito caldaico de que o homem é animal de natureza vária, multiforme e mutável[54].

Quase ao encerramento de seu *Discurso*, e assim como o fez nas *Conclusiones*, Pico aborda a questão da Cabala, procurando mostrar, através de alguns de seus maiores representantes, a concórdia com o Cristianismo ("li as mesmas coisas que todos os dias lemos em Paulo e Dionísio, em Jerônimo e em Agostinho") e com a Filosofia ("parece-nos ouvir Pitágoras e Platão")[55]. A busca da paz final é, segundo Pico, o ponto em que todas as filosofias se unem em concórdia para regozijar-se na "santíssima paz" apregoada pelos cristãos, "desfrutar da amizade concorde" pitagórica e alcançar a "indissolúvel união" apregoada por Averróis. Essa é a maneira, escrita em formas diferentes, por meio da qual "todas as almas não só se acordam numa única Mente que está acima de cada mente, mas também, de maneira inefável, se fundem em uma só"[56].

O tema da Concórdia ocupa espaço proeminente no pensamento de Giovanni Pico, cuja proposta é reclamar a verdade através do cons-

---

os fragmentos em Kirk; Raven; Schofield, *Os Filósofos Pré-Socráticos*, Lisboa, 2007, pp. 296, 329-330.
53. Vejam-se as *Conclusiones* ns. (I) IV, II, 8 (Adelando Árabe); (I) VIII, 4 (Zoroastro).
54. *Oratio*, p. 108. No texto original, Pico apresenta em ideogramas aparentemente hebraicos a passagem referente ao dito caldaico. Acerca de Evantes, e de acordo com nota do tradutor Feracine (1999), sua identidade é desconhecida.
55. *Oratio*, p. 160.
56. *Oratio*, p. 118.

tante exercício dialético dos pontos de vista. Tendo sido alcançado o objetivo referente a cada saber individual, cujas específicas concepções foram escritas para a discussão no debate romano, o próximo passo do autor seria o de comprovar o acordo entre as várias tradições abordadas, prerrogativa para estabelecer a unidade da verdade. O tema aqui iniciado, necessário para a síntese final, será retomado no capítulo VII, pois que cada forma de filosofar apresentada pelo autor mostra-se como um caminho de aproximação à verdade que, uma vez alcançada, prescinde das particularidades de cada forma. Veremos, a seguir, que, para estabelecer o caráter universal da verdade, Pico percorre doutrinas que confluem em relação a um paradigma que se estabelece pela consecução de estágios relacionados a uma evolução ascética.

3. O tema da ascese

A liberdade preconizada sob o tema da dignidade encontra-se sujeita à efetivação e suplantação de certos estágios. Métodos para percorrer caminhos ascéticos fazem parte das práticas esotéricas apregoadas e utilizadas em não poucas tradições, em sua maioria com o objetivo de alcançar um estado de união com o Absoluto. Pico utiliza-se de alguns exemplos ascensionais dentro do procedimento escolhido para demonstrar a unidade da verdade, exemplos cuja convergência doutrinária é esperada em esferas mais elevadas. Na metade inicial da *Oratio*, evidenciam-se treze passagens distintas referentes a condutas ascéticas de competência teológica ou filosófica, as quais, eliminando-se aquelas pertencentes a uma mesma tradição, perfazem um total de sete tradições específicas. Como fundamentação para o seu modelo de itinerário ascético, Pico percorre as seguintes doutrinas, crenças ou sistemas:

1) A dialética segundo a filosofia platônica;
2) O modelo angélico postulado por Dionísio Areopagita;
3) As iniciações mistéricas da tradição grega;
4) Os mitos de Dioniso e de Osíris;
5) A simbologia do tabernáculo de Moisés, pertencente à tradição hebraica;
6) As práticas ascéticas pitagóricas;
7) A misteriologia caldaica.

Antes da verificação de cada um desses itens, cabe observar que, ainda em meio à narrativa de seu Mito adâmico, Pico introduz a primeira problemática de percurso ascético, perfeitamente presente no coração de sua reflexão acerca da dignidade humana. Partindo da premissa de existência de quatro níveis hierárquicos existentes no homem, entendidos como corpos efetivos ou como possibilidades, é efetuada uma analogia com os reinos que representam graus da hierarquia cósmica postulada pelo autor — que seria, mais tarde, tratada no *Heptaplus*[57]. O mito chama a atenção para a presença de tais naturezas ou potencialidades que integram o homem, bem como de sua possibilidade de superação ou regressão, através da passagem entre um e outro nível. Assim, ao se comportar como vegetal, utilizando sua natureza entorpecida e insensível, "o homem será como planta"; se for sensível, "se tornará besta", em razão de sua alma bruta e sensual; se racional, "elevar-se-á a animal celeste", pois "não é a forma circular que faz o céu, mas a reta razão"; se intelectual, puro contemplante, será anjo e filho de Deus, "pois não é a separação do corpo que faz o anjo, mas sua inteligência espiritual"[58].

Entre as referências percorridas, Pico insere, ademais, um símbolo de ascensão iniciática representado pela imagem bíblica da escada de Jacó: "o sapientíssimo patriarca ensinar-nos-á mediante um símbolo [...] que existem escadas que sobem do fundo da terra até o cume dos céus, distintas numa longa série de degraus"[59]. A passagem é narrada no

---

57. Cf. Pico, *Heptaplus*, Quinta Exposição, p. 305.
58. *Oratio*, pp. 106, 108. Alguns anos mais tarde, em 1516, talvez sob a influência da obra de Pico, Pietro Pomponazzi apresentará sua própria concepção da ordem natural no *De immortalitate animae*: "A natureza procede por graus. Os vegetais têm um pouco de alma, seguem os animais dotados apenas de tato, gosto e imaginação indefinida; depois, os animais tão perfeitos que parecem dotados de inteligência, que constroem asas e se organizam em sociedades civis, como as abelhas (tanto que muitos homens parecem inferiores aos brutos por inteligência)". Em continuidade, o autor apresenta seu conceito de "medianidade", ou planos "sintetizantes", entre os reinos: "Há animais médios entre as plantas e os animais, como as esponjas marinhas, fixas como as plantas, mas sensíveis como os animais; há o macaco, que não se sabe se é animal ou homem; e há a alma intelectiva, mediana entre o temporal e o eterno". Para maiores detalhes, veja-se Garin, *L'Umanesimo italiano*, 2008, pp. 156-160.
59. *Oratio*, p. 114.

Gênesis, referindo-se à revelação recebida em sonho por Jacó, através da visão de uma escada ligando céu e terra[60]. Essa representação permite que se efetuem analogias com diversas tradições, como a tradição angélica referida por Pseudo Dionísio, os Mistérios gregos e a Cabala[61]. Ao ser retirada do campo da fé, traz a exigência de que todos os degraus sejam percorridos, passando pelos graus irredutíveis da filosofia natural, da filosofia moral e dos procedimentos dialéticos. Os traços de tal percurso estão bem definidos na dialética platônica, primeiro dos sete modelos ascéticos verificados a seguir.

(1) A primeira referência à dialética filosófica no *Discurso* é colhida de fontes platônicas e disposta, em linguagem mítica, através do convite para que o homem abandone o que é terreno e "voe" para as regiões supramundanas em direção à divindade. A menção ao voo, reafirmada na passagem em que alude ao "célere voo para a Jerusalém Celeste através de um bater de asas", embora não mencionada diretamente, remete às asas da alma que proporcionam a sua libertação, como fora exaltado por Platão no *Fedro*[62].

> Desdenhemos das coisas da terra, desprezemos as astrais e, abandonando tudo o que é terreno, voemos para a sede supramundana, próximo da sumidade da divindade[63].

Observe-se que, conforme as palavras acima, a Esfera Astral é um reino inserido em território ligado ao mundano[64], acima do sublunar,

---

60. Cf. *Gênesis* 28,12-13: "E sonhou: e eis uma escada posta na terra, cujo topo tocava nos céus; e eis que os anjos de Deus subiam e desciam por ela".

61. Algumas distintas interpretações dessa passagem foram realizadas. Para Luiz FERACINE (1999), a escada de Jacó significa a necessidade de ascender do múltiplo ao uno, simbolizado pelo desmembramento titânico do deus Dioniso. Giulio BUSI identifica a escada com a décima *sefirá* da tradição cabalística, correspondente a *malkut*, vista em seu duplo aspecto de oração e presença divina, conforme o autor depreende do *Sefer ha-Zohar* (*La Qabbalah*, 2011, p. 11). Para Albano BIONDI (1995, "Introdução"), a escada apresenta um significado estritamente dialético, relacionado a Filosofia e a seus graus de conhecimento.

62. Cf. PLATÃO, *Fedro*, 246 ss. A passagem da *Oratio* que cita o *Fedro* encontra-se na p. 122.

63. *Oratio*, p. 110.

64. A matéria referente à Esfera Astral é desenvolvida por Pico em suas *Disputationes Adversus Astrologiam*.

que remete à imagem de um eixo vertical cujas etapas devem ser superadas. A passagem encerra a ideia de um movimento dinâmico que pode ser realizado pela alma humana, graças à sua posição intermédia dentro do desenho universal. À medida que se avança no texto, torna-se patente que tal posição consiste em uma tensão vertical dialética permanente, que reporta ao *Banquete*. Em seu *Commento*, de 1486, Pico já havia explorado o diálogo platônico e o tema da natureza carente de Eros, intermediária entre a ignorância e a sabedoria, sempre à procura desta última[65]. O influxo daquela obra pode ser agora percebido a partir da retomada do mesmo dinamismo, que se repete e percorre todo o *Discurso*. Orígenes havia feito menção ao mito contido no *Banquete* e à sua analogia com a busca do homem por sabedoria, e sabe-se que Pico teve acesso à sua obra[66]. O Eros platônico, assim como a alma piquiana, ocupa uma posição intermédia[67], pois não é divino nem terreno[68]. A potência para atingir as realidades supremas, através do amor pela sabedoria, encontra-se nas representações das duas obras. Além da dinâmica de atração pelo saber, o *Discurso* é perpassado pela teoria platônica que distingue graus de conhecimento entre o sensível e o inteligível e que postula, a partir de tais pontos, o método dialético que permite a passagem do grau inicial, da pluralidade das opiniões, ao grau final, da unidade da Ideia:

> A filosofia natural acalmará os conflitos da opinião e os dissídios que atormentam, dividem e dilaceram, de modos diversos, a alma inquieta [...]. A dialética acalmará a razão tumultuosamente mortificada entre os contrastes das palavras e dos silogismos capciosos[69].

---

65. PLATÃO, *Banquete* 203d-204c.
66. A obra *Contra Celsum*, do teólogo Orígenes, havia sido publicada em latim em 1481, poucos anos antes da *De Hominis Dignitate*. A passagem em questão encontra-se em IV, 39. Ademais, é conhecida a admiração que Pico tinha por Orígenes. Para uma aprofundada reflexão sobre a analogia entre o *Banquete* e a visão dialética de Pico, veja-se BORI, *I tre Giardini nella scena paradisiaca del* De hominis dignitate *di Pico della Mirandola*, in: *Annali di storia dell'esegesi*, 1996, pp. 551-564.
67. PLATÃO, *Banquete* 202d.
68. PLATÃO, ibid., 203e.
69. *Oratio*, p. 119. A inversão dos períodos na citação, em relação ao original, foi feita por uma questão de ordenamento necessário ao que está sendo tratado.

Pico atribui ora à filosofia "natural", ora à "moral", a competência para tratar das questões relacionadas à conduta humana[70]. Na primeira parte da passagem acima, ao tratar dos "conflitos e opiniões", estabelece-se uma relação com o segundo grau de conhecimento apresentado na *República*[71], dimensão da *pístis* e *doxa*, cuja superação virá através da filosofia moral. Na segunda parte, Pico coloca-se em grau acima ao abordar a forma como a razão poderá ser acalmada, através da dialética. Embora o método dialético possa ser entendido como o sistema integral que abarca todos os graus, no sentido de movimento da consciência que se move entre os graus mais baixos e os mais altos — graças à descoberta das contradições encontradas em cada grau inferior de conhecimento —, o mesmo pode, também, ser dividido em duas etapas: a primeira, dialética inferior, opera com as contradições das opiniões e crenças, isto é, com a multiplicidade sensível móvel e dispersa; a segunda, superior ou verdadeira dialética, opera ultrapassando demonstrações baseadas em hipóteses, na medida em que a multiplicidade vai sendo ordenada e sistematizada até alcançar o incondicionado, a unidade inteligível. Essa, a dialética superior, capaz de elevar-se de hipótese em hipótese até alcançar o não hipotético[72], é aquela à qual Pico se refere como o alívio para "acalmar a razão":

> Seremos arrebatados, se primeiro tivermos realizado tudo quanto está em nós: se, de fato, com a moral forem refreados, dentro dos justos limites, os ímpetos das paixões, de tal modo que se harmonizem reciprocamente com estável acordo, e se a razão proceder ordenadamente mediante a dialética[73].

Finalmente, no pináculo da ascensão, ocorre o "arrebatamento", momento em que, como ainda mencionado no *Banquete* (210a), a alma filosófica encontra-se com a Ideia Suprema. O contato direto e

---

70. De fato, na p. 122 da *Oratio*, que contém a passagem citada, encontra-se tanto o uso de "*moralis*" quanto "*naturalis philosophia*".
71. Veja-se PLATÃO (*Rep.* 509d-511e) e seu "Símile das duas linhas".
72. PLATÃO, na *Carta VII* (343e), descreve que a passagem contínua entre os vários níveis hipotéticos, com o deslocamento para o alto e para baixo em cada nível, mesmo sob dificuldades, leva ao conhecimento da coisa buscada.
73. *Oratio*, p. 122.

imediato da inteligência com o inteligível se dá no plano noético, em que ocorre a visão intelectual de uma ideia, em decorrência do conhecimento adquirido por meio dos atos de intuição intelectual, a *epistéme*. Segue-se, assim, o quinto grau de conhecimento, postulado na *Carta Sétima* e proclamado por Pico como final de uma trajetória de conhecimento[74]:

> Rejeitadas as impurezas com a moral e a dialética, se adorne da mais vasta Filosofia como se fosse um ornamento real[75].

(2) A ideia de desenvolvimento vertical humano é encontrada, outrossim, na narrativa feita por Pseudo-Dionísio acerca do mundo angélico. Pico se fundamenta em seu modelo de ascese mística em três estágios (*purgatio*, *illuminatio* e *perfectio*) — conforme a visão recebida em revelação por Paulo, relatada em *Coríntios*, acerca do tríplice coro angélico[76]. Iniciando sua argumentação, é lançada a questão de como proceder para chegar aos Serafins, Querubins e Tronos, seres pertencentes ao primeiro círculo dentro da hierarquia cosmológica descrita por Dionísio[77]: a melhor forma para alcançá-los será através da obser-

---

74. PLATÃO, *Carta VII* 342b-343c. Na *Carta Sétima*, Platão amplia o que havia estabelecido na *República* sobre os quatro modos de conhecimento, ensinando que o quinto modo de conhecimento é a coisa-em-si mesma, ou a percepção intelectual direta da coisa cognoscível. A função do quarto modo, que é o conhecimento (342b), é preparar-nos para alcançar o objeto real, e só através de uma fricção chegamos a ele. Essa fricção produz uma faísca, como uma luz que surge na alma (341d) e nos faz ver a pura ideia da coisa. Pico coloca no término de sua explanação dialética o alcance da Filosofia (nesse sentido, indicando o momento supremo do conhecimento) qual "ornamento real".
75. *Oratio*, p. 120.
76. Cf. *Oratio*, p. 113. A passagem de Paulo que trata de seu "arrebatamento" ao terceiro céu está em 2 *Coríntios* 12,2-4: "Conheço um homem em Cristo que há catorze anos [...] foi arrebatado ao terceiro céu. E sei que o tal homem [...] foi arrebatado ao paraíso; e ouviu palavras inefáveis, que ao homem não é lícito falar".
77. Pico passa diretamente para o escalão mais alto na hierarquia dos seres angélicos, a chamada Primeira Ordem. Abaixo destes, há a Segunda e Terceira Ordem, composta, cada qual, por três gêneros de seres. Dionísio Areopagita esclarece em sua obra que as alegorias das formas angélicas utilizadas pelos teólogos são apenas pontos de partida para permitir a contemplação dos seres inteligíveis. É também uma forma de ocultar, através de enigmas, a misteriosa unidade dessas Inteligências. Os nomes atribuídos às Inteligências designam suas capacidades (*De Coelesti Hierarchia*, II-VII). Pico possuía várias cópias, em grego e latim, das obras principais de Ps. Dionísio (cf. GARIN, 2011, p. 110).

vação de seu protótipo de vida, pois, "se também nós a vivermos, já estaremos partilhando de igual ventura; e, de fato, podemos"[78]. Assim, a destinação humana consiste precisamente em imitar aquelas vidas. Primeiramente, os Tronos, mais próximos de nós, representantes da vida ativa disciplinada; em seguida, os Querubins, modelo de vida contemplativa; finalmente, os Serafins, mais próximos de Deus, representantes da união mística no amor. Os Querubins, encontrando-se no ponto intermédio entre os dois outros graus da ordem à qual pertencem, representam, por analogia, a função intermédia do homem, e sua capacidade contemplativa torna-se exemplo do ponto mais alto que pode ser alcançado através da capacidade intelectiva humana:

> Se a nossa vida deve ser modelada sobre a vida dos Querubins, devemos ter claro, frente aos nossos olhos, em que consiste tal vida, quais as ações e obras que devemos imitar[79].

Cada Ordem apreende da que lhe está imediatamente superior tudo o que concerne às suas operações, retransmitindo à inferior aquilo que lhe é possível transmitir ("a ordem mediana é, para a inferior, intérprete dos preceitos da ordem superior")[80]. Os Tronos têm seu nome originado a partir do conceito de sustentáculo. Esse gênero de anjo é identificado pela total ausência de qualquer concessão aos planos inferiores e a capacidade de se manter constante e firmemente tendendo para os cumes. Analogamente, esse seria o estágio da *purgatio*. Os Querubins, "aqueles que difundem sabedoria", são tidos como a inteligência mediadora entre o amor divino e a reta razão, já que sua inteligência prepara o homem para o ardor seráfico e ao mesmo tempo o ilumina pelo modelo da justiça dos Tronos ("eis por que no meio o Querubim, com a sua luz, nos prepara para a chama seráfica e nos ilumina juntamente com o juízo dos Tronos")[81]. Os Querubins designam

---

78. *Oratio*, p. 111. O trecho em questão encontra-se na tradução de Feracine, tendo sido omitido na tradução de Sirgado Ganho. "*Sed qua ratione, aut quid tandem agentes? Videamus quid illi agant, quam vivant vitam. Eam si et nos vixerimus (possumus enim), illorum sortem iam aequaverimus.*"
79. *Oratio*, p. 112.
80. *Oratio*, p. 116.
81. Cf. *Oratio*, p. 113.

aptidões ao conhecimento e à contemplação do Absoluto e acolhem em si a plenitude dos dons que transmitem sabedoria, comunicando-os às essências inferiores graças à capacidade de emanação da própria sabedoria que lhes foi transmitida. Sua posição é análoga ao grau ascético da *illuminatio*. O Serafim é o que ocupa a mais alta posição, aquele que "queima" na luz divina. Os Serafins têm por qualidades o movimento perpétuo em torno dos segredos divinos, o calor, a profundidade e a qualidade de comunicar aos níveis que lhe sucedem a luz e o calor. Detêm o poder de autopurificação e a aptidão para conservarem a sua própria luz; daí sua relação com o último grau ascético, a *perfectio*[82].

Pico pretende indicar a analogia existente entre as funções angélicas e o caminho triádico relacionado aos campos moral, dialético e teológico, que pode ser verificado nas atribuições de cada Ordem: os Tronos se definem pelo reto discernimento e a firmeza de juízo, qualidade que pode ser atingida através do uso da razão e que, em seu primeiro estágio, é capaz de encetar a filosofia moral. No Querubim, estágio intermediário, apresenta-se a capacidade intelectual da contemplação ou o momento de "esplendor da inteligência". Finalmente, no Serafim tem-se o amor ao artífice, ao qual Pico, em outras passagens ou obras, refere-se através do termo "fé", que o autor considera o último estágio da ascese mística teológica[83]:

> Ainda que dedicados à vida ativa, se assumirmos tratar as coisas inferiores com reto discernimento, afirmar-nos-emos com a firmeza dos

---

82. Ps. Dionisio, *De Coelesti Hierarchia*, VII. Para detalhes adicionais, veja-se nota da passagem em questão na tradução da *Oratio* de Luiz Feracine. Informa o tradutor que Trono vem da raiz *dar*, que passou para o sânscrito na palavra *dhârana*, sustentáculo. O termo Querubim, do hebraico *kerub*, é considerado originário de *Karibu*, que significa bendizente. Em geral, os Querubins são associados aos gênios alados das mitologias egípcias, babilônicas e sirofenícias. O termo Serafim vem do hebraico *sharaf*, serpente [ligado ao verbo *sárof*, queimar], símbolo relacionado aos gênios e à divindade pelos cananeus. Em geral, nas representações, lhes são dadas as formas de serpente. No livro *Números* (21,6-9), os Serafins indicam as serpentes venenosas, enquanto em Isaías (6) representam seres antropomorfos providos de seis asas. Assim, tanto os Serafins como os Querubins são idealizações de seres superiores em que se fundem formas humanas com asas. Essa herança cultural influenciou a percepção dos autores bíblicos (Feracine, *A Dignidade do Homem*, 1999).

83. *Oratio*, pp. 111-113.

Tronos. Se nos liberarmos das ações, meditando na criação o artífice e no artífice a criação, estaremos imersos na paz da contemplação e resplandeceremos rodeados de querubínica luz. Se ardermos apenas por amor do artífice, daquele fogo que consome todas as coisas, inflamar-nos-emos repentinamente com aspecto seráfico[84].

Ao ponto intermédio, querubínico, eleva-se a possibilidade humana alcançável pela dialética: "Isso devemos emular, investigar e compreender, de modo a sermos arrebatados até os fastígios do amor, descendo em seguida instruídos e preparados para as tarefas da ação"[85]. Assim, para a pergunta "como se tornavam iluminados os querubins, como se elevavam ao estágio seráfico?", o autor indica o caminho da contemplação: "este é o centro das primeiras mentes, a ordem sapiencial que preside à filosofia contemplativa"[86]. Finalmente, colocando palavras na boca do apóstolo Paulo — se tivesse sido perguntado sobre o que faziam os exércitos dos Querubins enquanto esteve ele arrebatado no terceiro céu —, responde Pico: "purificavam-se, eram iluminados e tornavam-se, por fim, perfeitos"[87]. Repete-se o processo triádico intuído no modelo de ascetismo piquiano.

(3) A pureza dos graus angélicos pede uma correta preparação, que Pico vislumbra nos graus de iniciação previstos nos mistérios gregos — "*in Graecorum arcanis observati initiatorum gradus*":

> Se é nosso dever [...] imitar a vida dos anjos, pergunto, quem ousará tocar as escadas do Senhor ou com pé impuro ou com mãos por lavar? Ao impuro, segundo os mistérios, é-lhe vedado tocar aquilo que é puro[88].

As mãos e os pés, conforme o próprio Pico explica, representam "toda a parte sensível onde estão sediadas as seduções corpóreas" que

---

84. *Oratio*, p. 110.
85. *Oratio*, p. 112.
86. *Oratio*, p. 113. Pier Cesare Bori relaciona a vida contemplativa dos Querubins com a vida intelectual que se difunde nas várias disciplinas filosóficas que serão, depois, unificadas dialeticamente (*I tre Giardini nella scena paradisíaca del* De hominis dignitate *di Pico della Mirandola*, 1996, pp. 551-564).
87. *Oratio*, p. 113.
88. *Oratio*, p. 114.

subjugam a alma. "Para não sermos expulsos daquelas escadas" — as de Jacó — "como profanos e imundos"[89], faz-se necessária uma devida purificação, ideia que integra grande parte das religiões gregas mistéricas conhecidas — sobre as quais Pico, certamente, tinha conhecimento[90]:

> Que outra coisa, de fato, querem significar nos mistérios gregos os graus habituais dos iniciados, admitidos no mistério através de uma purificação obtida com a moral e com a dialética, artes que já dissemos serem quase purificatórias? [...] Quando estavam preparados, sobrevinha aquela *epopteia*, isto é, a visão das coisas divinas através da luz da teologia[91].

A *epopteia* corresponde a um estado de arrebatamento atribuído ao núcleo dos Mistérios de Elêusis. Após cerca de um ano ultrapassando os devidos estágios, o adepto estaria pronto para atingir o *estado supremo*, no qual ocorria a visão transcendente e transformadora correspondente ao rito final da iniciação[92]. Embora apenas se tenha conhecimento das manifestações exteriores dos mistérios eleusinos e, mesmo assim, de forma imprecisa[93], uma descrição aproximada da visão eleusina pode ser extraída das palavras de Platão. No *Fedro*, é narrada a experiência iniciática de contemplação que ilustra um estado bastante próximo ao que provavelmente ocorria na *epopteia*:

> Éramos iniciados naquela que justamente é chamada a mais feliz das iniciações, aquele rito secreto que celebrávamos [...]. Inteiramente perfeitas, simples, sem tremor e felizes eram as aparições — em um esplendor puro — em que éramos iniciados e atingíamos o cume da

---

89. *Oratio*, p. 115.
90. O tema da purificação é central nos mistérios de Elêusis, de Dioniso e nos órficos, para citar os mais conhecidos. A lâmina de Turi, por exemplo, achado arqueológico pertencente ao século IV ou III a.C., traz as inscrições "Eu venho puro dentre os puros", indicando a terminação de um processo purificatório, condição obrigatória para a recepção do iniciado em dimensões superiores (cf. KERN, *Orphicorum Fragmenta*, fr. 32d).
91. *Oratio*, p. 122.
92. Giorgio COLLI, *A Sabedoria Grega*, 2012, p. 33.
93. De acordo com Erwin RHODE (*Psyche*, 2006, p. 239), apenas o lado exterior das cerimônias eleusinas possuem registros. Nas festividades conhecidas como "Pequenos Mistérios" de Elêusis, o adepto também poderia vivenciar uma breve visão reveladora. Contudo, era no interno dos "Grandes Mistérios" — apreendidos pelos *epoptas* e mantidos em segredo — que se dava a visão transformadora (COLLI, op. cit., p. 31).

contemplação. Nós mesmos puros, não encerrados na tumba que agora levamos conosco e chamamos corpo, ligados estreitamente a ele, como a ostra à sua concha[94].

Como forma complementar ou para dar relevo à questão, logo após a menção às visões eleusinas, Pico se remete ao conceito platônico da "inspiração" socrática, aproximando aqueles rituais do domínio filosófico ("aquela iniciação, que outra coisa pode ser senão a interpretação da mais oculta natureza mediante a Filosofia?")[95]:

> Quem não quererá ser inspirado pelo furor socrático, exaltado por Platão no *Fedro*, arrebatado em célere voo para a Jerusalém celeste, fugindo rapidamente com um bater de asas daqui, isto é, do mundo, reino do demônio? Arrebatar-nos-ão, ó Padres, arrebatar-nos-ão os furores socráticos, trazendo-nos para fora da mente a tal ponto que nos coloquemos a nós e à nossa mente em Deus[96].

A mencionada passagem do *Fedro* narra que, através de purificações e iniciações, seria possível encontrar uma libertação dos males, mas apenas para quem estivesse "sob mania" ou "possuído" pelos deuses "na forma certa"[97]. O "trazer para fora da mente" é outra forma de aludir ao vértice da experiência mística, quando ocorre o estado de "êxtase", sem a mediação da razão. O *extasis*, literalmente "sair-de-si", era o instrumento para a liberação cognoscitiva: rompida a individualidade do iniciado, esse passava a ver aquilo que os não iniciados não viam[98]. "Libertar-se da existência corporal, conhecer o êxtase e elevar-se aos céus" são temas recorrentes nos discursos socráticos[99]: dizia Sócrates

---

94. PLATÃO, *Fedro* 250b-c.
95. Cf. *Oratio*, p. 123.
96. *Oratio*, idem.
97. PLATÃO, *Fedro* 244c-245a.
98. A questão da saída-de-si promovida pelo êxtase encontra unanimidade entre vários intérpretes. Para maiores detalhes, veja se recolhimento de Giorgio COLLI (2012, p. 18): tanto fontes antigas quanto mais recentes reconhecem a relação entre êxtase e saída-de-si. Nietzsche foi um deles, bem como Rodhe, com seu *Psiche*.
99. As palavras citadas estão em Nicolas GRIMALDI, *Sócrates, o Feiticeiro*, 2006, p. 10. O autor complementa que a preparação por meio de vários tipos de exercícios ascéticos, utilizados para "desatar os nós" que prendem a alma ao corpo estão na base do ensinamento socrático. Veja-se, nesse sentido, *Fédon* 64c-68b e *República* VI, 509b-c; VII, 517b-c.

que "os bacantes das iniciações não são senão aqueles que se entregam à filosofia no sentido exato"[100], tecendo uma correspondência entre o campo filosófico e os mistérios que não seria ignorada na *Oratio* piquiana. Os bacantes, adeptos partícipes dos mistérios dionisíacos, podiam atingir um estado de *mania* no qual se dava uma visão do tipo relatado nas *epopteias* de Elêusis. Tratar-se-ia, assim como naqueles cultos, de uma visão de caráter mântico, podendo assumir um aspecto de conhecimento da verdade[101]. Através das etapas iniciáticas, e então "tornados filósofos", conclui Pico que os iniciados seriam "inebriados na harmonia celeste" e, por fim, Baco, senhor das musas, revelaria "os seus mistérios" ou "os invisíveis segredos de Deus"[102].

(4) Os mitos de Osíris e de Dioniso, respectivamente egípcio e grego, representam partes das concepções cosmogônicas presentes em algumas teogonias que contemplam o conflito entre a Ordem e o Caos. Pico certamente tinha em mente elaborar uma síntese entre os dois mitos para ilustrar suas concepções filosóficas. A queda descrita no chamado "Mito dos Titãs", que narra o nascimento, morte e ressurreição do deus Dioniso, é parte da *Teogonia das Rapsódias*, que integra o *corpus* da doutrina órfica[103]. As *Conclusiones* órficas mostram que Pico teve acesso aos *Hinos de Orfeu*, uma de suas prováveis fontes de acesso ao mito. Ambos os mitos abordam a questão da fragmentação da unidade universal e a criação da multiplicidade, levando à necessidade, assim como nas primeiras cosmogonias filosóficas, de se suplantar a dualidade e retornar à unidade perdida. Repetem, nesse sentido, a ideia de usurpação do trono, que representa a unidade, e a fragmentação daquele que o ocupava. No caso de Osíris, seu irmão Set o assassina após lhe tirar o trono e, posteriormente, o esquarteja, espalhando seus pedaços por todo o Egito[104]. Já Dioniso, por encontrar-se no final da li-

---

100. PLATÃO, *Fédon* 69c-d.
101. COLLI, op. cit., pp. 17-19.
102. Cf. *Oratio*, p. 123.
103. Alberto BERNABÉ, *Hieros Logos — Poesia órfica sobre os deuses, a alma e o além*, São Paulo, 2012, p. 24.
104. O mito de Osíris tem seu principal relato em Plutarco, *De Iside e Osiride*. Set é identificado com o Tifeu dos gregos e seu parentesco com os Titãs — que eliminam

nhagem genealógica dos deuses, recebera de seu pai, Zeus, o comando do mundo, deixando enciumados os Titãs — divindades dos primeiros tempos — que terminam por atacá-lo e despedaçá-lo. Dos resíduos finais de Dioniso e dos Titãs — já que estes também acabam exterminados —, nascem não apenas os homens, como o novo Dioniso[105].

Na passagem "desceremos dilacerando com força titânica o um nos muitos"[106], Pico deixa evidente que está a relatar a partição e a redistribuição do Uno em seu movimento de descese, conteúdo que se encontra na raiz da ideia de "queda" da unidade — embora não se trate da Queda original[107]. A concepção do distanciamento da unidade encontra-se na origem do vetor que impulsiona os vários modelos de movimento ascético, especialmente aqueles do paganismo. Há que se observar que grande parte dos mitos cosmogônicos lida com a reconstituição da multiplicidade e o necessário esforço para que se refaça a unidade e para sua preservação. Assim, em paralelo ao nascimento de um novo Dioniso em âmbito grego, tem-se, no mito egípcio, a reconstituição do corpo de Osíris por sua esposa Ísis, permitindo, desse modo, a concepção póstuma de seu filho, Horus, que representa a continuidade[108]. Nascimento, Morte (desmembramento) e Ressurreição (re-

---

Dioniso — é revelado no livro LXIX. Para o tema, veja-se J. Gwyn GRIFFITHS (org.), *Plutarch's De Iside et Osiride*, University of Wales Press, 1970.

105. Em passagem de Olympiodoro, lê-se: "Irritado contra eles [os Titãs], Zeus os fulminou com um raio, e do resíduo dos vapores emitidos por eles produziu-se a matéria da qual nasceram os homens" (KERN, *Orphicorum Fragmenta*, fr. 140, Alberto Bernabé [trad.]). Para maiores detalhes, veja-se BERNABÉ, op. cit., pp. 80 ss.

106. PICO, op. cit., p. 116.

107. Alberto BERNABÉ, provavelmente não de forma isolada, denomina a transgressão cometida pelos Titãs de *"pecado antecedente"* pelo fato de não ter sido cometido pelo primeiro homem — caso em que seria "original" (*Textos Órficos y Filosofía Presocrática*, Madrid, Trotta, 2004).

108. Osíris passa a ser considerado deus dos mortos e, revivendo a partir de seu filho Horus — associado ao Sol e identificado por Heródoto com Apolo (2, 144) —, também o deus da renovação. Cabe ressaltar que a presença de duas naturezas no homem, que o fazem viver sob constante escolha, é um tema ético abordado por Pico em outras passagens e obras, cuja derivação é colhida de suas fontes platônicas. Parte da natureza do homem é trazida dos restos de Dioniso ingeridos pelos Titãs — o que lhe proporciona um componente positivo e celeste, ansioso por reintegrar-se à sua natureza originária; a outra parte é proveniente dos Titãs, o que inflige ao homem um elemento negativo e imbuído da marca da infração por aqueles cometida.

constituição) constituem, em âmbito mítico, o tríplice movimento filosófico que parte da Unidade, fragmenta-se na Multiplicidade e completa-se com o retorno à Unidade.

(5) A passagem bíblica do "Tabernáculo de Moisés" narra a construção de um santuário móvel, ordenada por Deus, que deveria ser realizada pelo povo hebreu durante sua permanência de quarenta anos no deserto[109]. A partir da estrutura tríplice que se forma no templo da tradição hebraica, Pico concebe um percurso ascético que encontra correspondência em seu modelo triádico de dialética filosófica. Assim como o *Heptaplus* apresenta a analogia do tabernáculo com os três mundos do cosmo piquiano[110], a *Oratio* faz corresponder, em escala reduzida, as três partes do santuário a três elementos do corpo humano, reafirmando a analogia mosaica entre o homem-microcosmo e o universo-macrocosmo[111]. Nesse sentido, a parte do tabernáculo que se encontra sob céu aberto, sem proteção alguma, corresponde aos órgãos genitais, representando o corpo material ligado aos sentidos; a área intermédia do santuário, já protegida dos fenômenos da natureza, encontra correspondência no coração, consonante às emoções, mas, também, ao uso instrumental da razão; finalmente, a parte sagrada do tabernáculo, chamada "Santo dos Santos", representa a cabeça, sede do conhecimento superior[112].

> Os que, ainda impuros, têm necessidade moral, fiquem com o vulgo fora do tabernáculo, sob o céu descoberto, como os sacerdotes da Tessália, até estarem purificados[113].

Na parte externa do tabernáculo, exposta a toda sorte de intempéries, encontra-se o vulgo, a "corte inferior"[114], povoada por espécies

---

109. Cf. *Êxodo* 25–27.
110. Os detalhes acerca da relação do tabernáculo com os três mundos — sublunar, celeste e angélico — serão abordados no capítulo VI. Para um entendimento do tabernáculo conforme a visão mística hebraica, veja-se Moshe IDEL, *As Interpretações Mágica e Neoplatônica da Cabala no período renascentista*, 2008b, pp. 481-484.
111. "O mundo é chamado por Moisés de homem grande; de fato, se o homem é um pequeno mundo, necessariamente o mundo é um homem grande", escreverá Pico no *Heptaplus* (p. 381).
112. BUSI-EBGI, *Giovanni Pico della Mirandola: Mito, Magia, Qabbalah*, 2014, pp. 348-349.
113. *Oratio*, p. 120.
114. Expressão utilizada por BUSI-EBGI, op. cit., p. 348.

animais e, também, por homens bons e maus. Esse primeiro estágio é correspondente ao grau de conhecimento daqueles que precisam despertar através da filosofia moral. Já no interior do tabernáculo, nível equivalente ao saber intermédio, inicia-se a utilização do corpo racional, embora ainda não filosófico:

> Os que já atingiram uma vida reta, acolhidos no santuário, não se aproximem ainda das coisas sacras, mas prestem-lhes primeiro serviço com um noviciado dialético, como zelosos levitas da filosofia[115].

Ao último grau, de eminente caráter teológico, Pico outorga características filosóficas, confirmando sua visão de perfeita concórdia entre a Teologia e a Filosofia em seu grau superior. As palavras — atribuídas a Moisés — que finalizam sua reflexão exortam para uma preparação que permita o ingresso "na via para a futura glória dos céus, por meio da filosofia"[116]. Estágio alcançado após o ingresso no último grau do tabernáculo, o Santo dos Santos:

> Por fim, admitidos também eles, contemplem agora, no sacerdócio da filosofia, ora o multicolor, quer dizer, o sidéreo ornamento do palácio de Deus, ora o candelabro das sete chamas, ora os elementos de pele, até que, acolhidos finalmente no tabernáculo do templo, por mérito da sublimidade teológica, usufruam, retirado totalmente o véu da imagem, da glória de Deus[117].

(6) A escola pitagórica se caracterizava por um longo processo percorrido através da passagem por graus, parte integrante da *bios theoretikós* (vida contemplativa), à qual os membros se dedicavam para alcançar a purificação da alma[118]. Embora tenha tido acesso às informações

---

115. *Oratio*, p. 120.
116. Cf. *Oratio*, p. 120. No texto bíblico, Moisés não faz referência à filosofia; trata-se de interpretação de Pico.
117. Idem.
118. Como relata Jâmblico (*Vita Pythagorica* 71-72), os estágios se dividiam em: período probatório, *dokimasía*, período preparatório, *paraskeiê*, e período purificatório, *cathartisis*; no último grau, o *teleiôtes*, correspondente ao fim, *telos*, eram reveladas as primeiras e últimas causas das coisas. Esse testemunho é também confirmado em Diógenes Laércio (VIII 10), que o atribui a Timeu.

acerca das práticas pitagóricas[119], tendo conhecimento, portanto, dos estágios de iniciação pertinentes ao aprendizado da doutrina, Pico se limita, na *Oratio*, a abordar algumas normas contidas nos *akoúsmata* pitagóricos. Os *akoúsmata* eram preceitos ouvidos e retransmitidos, através dos quais a organização pitagórica se perpetuava, juntamente com os sinais de reconhecimento entre os membros, os *symbola*[120]. Várias das doutrinas relatadas por autores tardios foram transmitidas verbalmente, geração após geração, graças à manutenção de tal oralidade[121]. Como as doutrinas da escola eram consideradas um segredo, e sua propagação estritamente reservada aos adeptos, os iniciados pitagóricos aprendiam seus conteúdos e os memorizavam. A transmissão dos *akoúsmata* se dava através de enunciados enigmáticos, de indecifrável entendimento, e Pico parece ter extraído suas interpretações de fontes neoplatônicas[122]:

> Exortar-nos-á [Pitágoras], em primeiro lugar, a não nos sentarmos em cima do alqueire, isto é, não deixarmos inativa a parte racional com a qual a alma tudo mede, julga e examina, mas antes dirigi-la e mantê-la desperta com o exercício e as regras da dialética[123].

Na passagem acima, Pico, leitor de Jâmblico, alude, de forma indireta, aos específicos exercícios (*áskesis*) para o desenvolvimento da parte racional da alma, integrantes da *bíos* pitagórica. Entre eles, embora não mencionados, havia a preocupação com a dietética, a utilização da música para fins terapêuticos, os exercícios voltados à contem-

---

119. Pico teve acesso às "vidas" pitagóricas através da leitura de Porfírio e Diógenes Laércio, nas traduções de Ficino e através da leitura direta de Jâmblico, do qual possuía a *Vida de Pitágoras* (cf. "*Biblioteca di Pico*", in: GARIN, 2011, p. 109).
120. Aristóteles, em sua obra *Sobre os Pitagóricos* (fr. 195), relatada por Diógenes Laércio (VIII, 34-5), expõe e analisa vários *akoúsmata*, como a abstenção de favas e o impedimento de se tocar em galo branco ou em peixes sagrados. O estagirita, contudo, não pôde decifrar o que havia por baixo de seu simbolismo. Alguns *akoúsmata* foram recolhidos em uma lista conservada por Porfírio em seu *Vida de Pitágoras*, com comentários de Aristóteles referentes ao assunto. Veja-se, também, JÂMBLICO, *Vita Pythagorica* 82.
121. Após o esfacelamento das comunidades pitagóricas, os membros dispersos mais antigos continuavam a fazer dos *akoúsmata* seu guia (cf. JÂMBLICO, *Comm. Mat.*).
122. Cf. notas de Eugenio Garin à edição do *De Hominis Dignitate, Heptaplus, De ente et Uno e scritti vari*, 1942.
123. *Oratio*, p. 126.

plação[124] e os exercícios para a memória[125]. Além desses, uma prática necessária consistia, após os graus iniciais do discipulado, em permanecer em silêncio por cinco anos, através do qual as experiências iniciáticas se mantinham como prerrogativas exclusivas de seus iniciados[126]. Voltando aos preceitos da transmissão oral, Pico prossegue com a interpretação de outro *akoúsmata* que se coaduna com sua própria filosofia:

> Indicar-nos-á então duas coisas que acima de tudo devemos evitar: urinarmos voltados para o sol e cortarmos as unhas durante o sacrifício. Só quando tivermos expulso de nós, mediante a moral, os turvos apetites da voluptuosidade e tivermos cortado as garras aduncas da ira, removidos os aguilhões da alma, só então começaremos a tomar parte nos sacros mistérios de Baco[127].

Apesar de o início do trecho acima não poder ser elucidado, a analogia com os mistérios báquicos, colocada como final do processo, enfatiza o formato triádico, repetido por Pico mais uma vez: o adepto, após ter passado pelos graus de purificação moral e intelectual-dialética, é tomado por uma visão final transformadora (os sagrados mistérios de Baco) ou, em termos filosóficos, consegue a unidade com o Inteligível. Após atingido tal estágio, será necessário conservá-lo com a devida alimentação da alma:

> Aconselhar-nos-á, por fim, a alimentar o galo, isto é, a saciar com sólida alimentação e com a celeste ambrosia das coisas divinas a parte

---

124. O vegetarianismo era praticado pelos pitagóricos numa época em que o sacrifício animal era um dos pilares da cultura grega. Os exercícios de contemplação estavam diretamente relacionados às especulações filosóficas e teológicas pitagóricas, em clara sintonia com a concepção grega do vocábulo θεωρία (*theoría*), que carrega o significado de "especulação ou vida contemplativa". Nesse sentido, a tradição reconhece as *especulações* engendradas na escola pitagórica, tendo aí se originado o ideal grego de *philosophia* e *theoría* (cf. JÂMBLICO, *Vita Pythagorica*, respectivamente 85; 163-164).
125. O membro da *koinonía* pitagórica era instruído a dedicar um período específico do dia para a prática da *anamnésis*: "Acreditavam que se deveria reter e conservar na memória tudo aquilo que era ensinado e escutado [...], de forma que o pitagórico não se levantava da cama antes de ter chamado à memória aquilo que havia acontecido no dia anterior" (Aristóxeno, 58D1 D. K.; Jâmblico, VP 164-166).
126. A propósito dessa passagem, lê-se em Jâmblico que "de todas as provas de autocontrole, aquela de frear a língua é certamente a mais dura, como bem demonstram aqueles que instituíram os Mistérios" (VP 71-72).
127. *Oratio*, p. 126.

divina da nossa alma[128]. [...] É este o galo que Sócrates, na hora da morte, no momento em que esperava reunir o divino da sua alma à divindade de tudo e já afastado do perigo de qualquer doença corpórea, considerava que devia a Esculápio, isto é, ao médico da alma[129].

(7) Em seus registros extraídos dos *Oráculos Caldeus*[130], Pico encontra outro modelo para comprovar sua concepção da tríplice via para a verdade, em que se repete o processo iniciado com a filosofia moral, continuado com a dialética e concluído, nesse caso, com a teologia. Observe-se a semelhança do mito da alma alada, cuja narração é atribuída a Zoroastro, com o Mito do Cocheiro, narrado no *Fedro*[131]:

> Escrevem os intérpretes caldaicos que Zoroastro havia dito ser a alma alada e que, quando lhe caem as asas, se precipita no corpo e volta a voar para o céu quando lhe tornam a crescer. Tendo-lhe os discípulos perguntado de que modo poderiam tornar a alma apta para o voo com asas bem plumadas, disse "regai as asas com a água da vida"[132].

---

128. PORFÍRIO, *Vita Pythagorica* 42; JÂMBLICO, *Protrepticus*, 21. Vejam-se, ainda, os comentários de FICINO acerca do simbolismo pitagórico (*Commentariolus in symbola Pyth.*, in: *Supplementum Ficinianum*, II). Referências conforme notas de GARIN à edição de *De Hominis Dignitate, Heptaplus, De ente et Uno e scritti vari*, 1942.

129. Cf. *Oratio*, p. 126. A passagem referida a Sócrates encontra-se em PLATÃO, *Fédon*, 118a.

130. A atribuição feita a Zoroastro das sentenças presentes nos *Oráculos Caldeus* é uma provável inferência de George Plethon, no que foi seguido por Marsílio Ficino, em sua *Theologia platônica* (cf. BIDEZ-CUMONT, *Les Mages hellénisés*, Paris, 1938). Pico cita, na *Oratio*, os oráculos dos Magos Ezra, Zoroastro e Melchiar; menciona, também, "Evantes, o persa, que explica a teologia caldeia"; e, entre essas fontes, indica certos textos que "entre os gregos, circularam de forma incompleta". Os textos que circularam entre os gregos, de forma incompleta, provavelmente são os recolhidos, inicialmente, por Miguel Psello (que os denomina "ditos caldeus") e, depois, por George Plethon (que os atribuía aos magos descendentes de Zoroastro). Cf. Giacomo CORAZZOL, *Le Fonti "Caldaiche" dell'Oratio: indagine sui presupposti cabbalistici della concezione pichiana dell'uomo*, in: *Accademia, Revue de la Societé Marsile Ficin*, 2013, pp. 9-61. Em carta a Ficino, de 1486, Pico menciona, ainda, "um livreto sobre os dogmas da teologia caldaica com uma divina e rica elucidação dos persas, gregos e caldeus a propósito de tais dogmas" (apud KRISTELLER, *Supplementum Ficinianum*, 1937, pp. 272-273). Uma nota na edição do *De Hominis Dignitate etc.* (1942, p. 128) confirma Plethon juntamente com Miguel Psello como fontes de acesso de Pico aos *Oráculos*.

131. Cf. PLATÃO, *Fedro*, pp. 246 ss.

132. *Oratio*, p. 128.

Na sequência da narrativa piquiana, os discípulos de Zoroastro teriam lhe perguntado como poderiam obter tais águas. A resposta introduz, por meio de uma parábola (*parabolam*) extraída da boca do profeta, um núcleo epistemológico que Pico fará corresponder ao sistema que está a defender:

O paraíso de Deus é banhado e irrigado por quatro rios; a partir daí podereis atingir as águas salutares. O nome daquele que corre de setentrião é *Pischon*, que significa justiça; o que vem do ocaso chama-se *Dichon*, isto é, expiação; o que vem do oriente é *Chiddekel*, e significa luz; por fim, aquele que corre do sul chama-se *Perath*, que podemos interpretar como fé[133].

O modelo de quatro rios encontra-se no *Gênesis*[134], e não se sabe de quais fontes Pico colheu a passagem considerada caldaica[135]. Aos quatro paradigmas relacionados à justiça, expiação, luz e fé, o autor faz corresponder um processo relacionável à *tripartita philosophia*:

Devemos purificar a viscosidade dos olhos com a ciência moral, como com ondas ocidentais; devemos dirigir atentamente o olhar com a dialética, como com um nível boreal; devemos nos habituar a suportar na contemplação da natureza a ainda fraca luz da verdade, primeiro indício do sol nascente; até que, finalmente, com a meditação teológica e o santíssimo culto de Deus, possamos aguentar vigorosamente, como águias do céu, o fulgurante esplendor do sol do meio-dia[136].

---

133. Conforme palavras atribuídas a Zoroastro (*Oratio*, p. 128).

134. *Gênesis* 2,10-14: "No Éden nascia um rio que irrigava o jardim e depois se dividia em quatro. O nome do primeiro é Pisom. Ele percorre toda a terra de Havilá, onde existe ouro. […] O segundo, que percorre toda a terra de Cuxe, é o Giom. O terceiro, que corre pelo lado leste da Assíria, é o Tigre. E o quarto rio é o Eufrates".

135. No período de redação da *Oratio*, Pico encontrava-se sob orientação de Flavio Mitridate e cita, em carta endereçada a Ficino, no outono de 1486, seus estudos caldaicos (*Supplementum Ficinianum*, pp. 272-273): "*Chaldaici hi libri sunt, si libri sunt et non thesauri*". Pico tinha à disposição alguns textos escritos em uma mescla de aramaico e hebraico, conforme se extrai de alguns fragmentos. Por exemplo, os nomes dos rios paradisíacos, conforme constam no manuscrito Palatino, parecem estar em caracteres etiópicos ou em língua aramaico-hebraica, conforme notou Chaim WIRSZUBSKI (*Pico della Mirandola's Encounter with Jewish Mysticism*, 1987); veja-se, para toda a questão, Stephen FARMER, *Syncretism in the West: Pico's 900 Theses* (1486), 1998, pp. 13, 486-487.

136. *Oratio*, p. 128.

Nesta última passagem, para conseguir estabelecer uma simetria entre seu pressuposto processo triádico e as quatro qualidades postuladas pelos caldeus, Pico insere um intervalo no lugar de um dos quatro elementos do modelo caldaico, como se fosse um nível preparatório colocado antes da etapa final, teológica: "devemos nos habituar a suportar na contemplação da natureza a ainda fraca luz da verdade"[137]. Tal inserção, que representa o primeiro contato com as "faíscas" iniciais da verdade, permite que seja mantida a analogia entre os três "momentos" do processo filosófico e a misteriologia caldaica. A despeito da impossibilidade de elucidação do significado dos rios no mito anteriormente descrito, torna-se relevante o esforço realizado pelo escritor para alcançar uma simetria conceitual entre os conteúdos. Sob tal prisma, a resposta para a questão de como renovar as asas e torná-las aptas para novos voos encontra-se no caminho que se inicia com a filosofia moral, se desenvolve por meio dos exercícios dialéticos e se conclui na meditação teológica. O trecho faz menção, ainda, a ciclos relacionados à luz solar, o que leva Pico, ao término de sua argumentação, a declarar ter encontrado semelhança com a concepção triádica dos períodos do dia "matutinos, vespertinos e meridianos" cantados primeiramente por Davi e, em seguida, explicados por Agostinho[138]. Os três períodos se referem a fases

---

[137]. Observe-se que nessa sentença não é feita correspondência alguma com os níveis da filosofia postulados pelo autor, enquanto às outras três sentenças Pico faz corresponder os graus da filosofia moral, relacionada ao ocaso-ocidente-expiação da passagem caldaica, da dialética, relacionada ao norte-boreal-justiça, e, por último, da teologia, que Pico relaciona ao sol do meio-dia e à fé.

[138]. Cf. *Oratio*, p. 128. As passagens mencionadas se encontram em *Salmos* 55,17 (*Vulgata*, 54); Agostinho, *De Genesi ad Litteram*, IV, 47. Conforme Agostinho, em seu *Comentário ao Gênesis*, "o universo pode apresentar ao mesmo tempo o dia onde está o sol, a noite, onde não está, a tarde de onde o sol se afasta, a manhã de onde se aproxima. [...] E nós não podemos contemplar tudo isso ao mesmo tempo; e não devemos equiparar esta situação terrena e o circuito temporal e local da luz corpórea àquela pátria celestial, onde é sempre dia na contemplação da Verdade incomutável, sempre tarde, no conhecimento da criatura em si mesma, sempre manhã a partir deste conhecimento ao louvor do Criador. Pois ali não se fez tarde pela ausência da luz superior, mas pela diversidade de conhecimento inferior; nem se faz manhã como o conhecimento matutino sucede à noite da ignorância; mas porque eleva para a glória do Criador o conhecimento vespertino. Finalmente, também o salmista [Davi], não mencionando a noite, diz: 'de tarde, pela manhã e ao meio-dia cantarei e anunciarei e ouvirás a minha voz'".

do conhecimento do homem, e o último, referente à ofuscante luz do meio-dia, encontra eco na região alcançada através da contemplação, conforme se conclui no final da exposição:

Esta é a luz meridional que inflama os serafins e do mesmo modo ilumina os querubins[139].

* * *

Os sete modelos acima expostos, cada qual pertencente a uma distinta tradição, seja filosófica, teológica ou misteriológica, embora não sistematizados pelo autor na forma aqui apresentada e, aparentemente, lançados no texto qual uma profusão de referências sem qualquer vínculo conceitual, representam paradigmas empregados para sustentar a ideia, postulada na obra, da existência de formatos triádicos ascéticos que se repetem sob registros díspares. A partir de tal enfoque, a concepção de domínio da natureza, sugerida por alguns dos autores humanistas que trataram da dignidade do homem antes de Pico, é suplantada pela ideia de transcendência de cada um de seus princípios (vegetal, animal, racional, intelectual), que encontra eco em um percurso de dignificação (ou posicionamento espacial) em âmbito cosmológico. Essa experiência é entendida pelo escritor como um caminho a ser percorrido com o auxílio das corretas ferramentas — a teurgia dos mistérios, os exercícios dialéticos filosóficos, a contemplação do "sol do meio-dia" agostiniano.

Os sete paradigmas confirmam que a última etapa, em qualquer dos caminhos percorridos, é preenchida pela experiência de encontro com um centro de unidade, final da trajetória em que o movimento ascético atinge o Absoluto. Para Pico, esse é um momento de cunho teológico — descartado de qualquer dogma, como visto na discussão do capítulo III. Esse é o significado de, após a "filosofia ter acalmado os conflitos da opinião", após "a dialética ter acalmado a razão", então, sim, "a teologia mostrará o caminho"[140]. Destarte, ao termo de qualquer dos modelos encetados, conhece-se uma dissolução — mesmo no percurso

---

139. *Oratio*, p. 128.
140. *Oratio*, p. 119 ("A dialética acalmará a razão; a filosofia natural acalmará os conflitos da opinião; a teologia mostrará o caminho").

filosófico, caso da "faísca" platônica — em prol daquela união. A esse gênero de ocorrência, Pico remete a experiência de Moisés no monte Sinai, ao tratar da questão filosófica do amor-Eros: "Moisés amou o Deus que viu e promulgou ao povo aquilo que, antes, tinha visto na montanha como contemplador"[141].

A *epopteia* de Elêusis, a *illuminatio* angélica, a pertença ao *Santo dos Santos* do tabernáculo — Giovanni Pico não estava a lançar dados de forma aleatória em seu texto. Cada referência é um tijolo colocado para erigir seu projeto e afirmar sua mensagem dentro de um planejamento. No caso dos paradigmas citados, sua intenção é mostrar que o percurso de etapas ascensionais se faz necessário para a descoberta de ensinamentos que levam à Unidade, e que, em razão de sua preciosidade, encontram-se custodiados pelo segredo. De forma mais patente, esse tema será estabelecido no *Heptaplus*, como será visto a partir do próximo capítulo.

---

141. *Oratio*, p. 112. Para esse modelo de experiência de religação com o Espírito de Deus, Pico se fundamenta em teólogos como Fílon, Gregório de Nissa (*La vita di Mosè*, II, 182) e, sobretudo, Dionísio Areopagita (cf. Pier Cesare BORI, "I tre Giardini nella scena paradisíaca del *De hominis dignitate* di Pico della Mirandola", in: *Annali di storia dell'esegesi*, 1996).

CAPÍTULO V
Ressonâncias cabalísticas e seu influxo sobre Pico

Em torno de 1480, o papa Sisto IV promove a tradução para o latim de alguns textos de conteúdo cabalístico, com o objetivo de apresentá-los ao mundo cristão[1]. Giovanni Pico, à época muito jovem, narraria em seu *Discurso*, anos depois, como teria encontrado e adquirido tais livros, "com não pequeno dispêndio de dinheiro", lendo-os "com suma diligência e incansável estudo"[2]. Embora essas traduções não tenham sido utilizadas diretamente nas obras piquianas, o intento do papa é sugestivo de um tipo de interesse que tomava forma naquele século,

---

1. Cf. PICO, *Oratio*, p. 159. Quais fossem esses textos e quem teria sido o tradutor não é informado na obra piquiana. Entretanto, sobre o mesmo argumento, voltou-se o teólogo alemão Konrad Summenhart, em 1494, em sua obra *Liber bipartitus*, informando que os textos cabalísticos que interessaram ao papa teriam sido o *Seder 'olam* e o *Neophastis*. A data de tais traduções não é informada, mas deve ser estabelecida entre 1471 e 1484, período do papado de Sisto IV. Acerca da obra e comentários de Summenhart, leia-se Guido BARTOLUCCI, *Marsilio Ficino e le Origini della Cabala Cristiana*, in: *Giovanni Pico e la Cabbalà* (org. F. Lelli), 2014, p. 54.
2. Cf. PICO, ibid., p. 161.

mesmo que de forma muito tímida³. Cerca de duzentos anos antes de Pico, Ramon Llull, na Espanha, havia tentado apresentar a Cabala judaica ao mundo latino, mas sua tentativa fora em breve esquecida⁴; no Quattrocento, os estudos cabalísticos ganharam certa repercussão entre alguns autores italianos, especialmente em Florença⁵; contudo, e de forma bastante consensual, Pico foi o primeiro a introduzir com eficácia a Cabala no pensamento cristão⁶, razão suficiente para que o estudioso do autor aproxime seu olhar aos principais conceitos da doutrina.

O Mirandolano define, na *Oratio*, o significado de "cabala", "verdadeira interpretação da lei dada a Moisés por Deus, que para os Hebreus tem o mesmo significado de *receptio*", uma doutrina recebida

---

3. Eram poucos os que haviam ouvido falar das doutrinas cabalísticas. Tanto na corte pontifícia quanto nas universidades da Itália e da Europa nenhum cristão fazia ideia do que fosse a Cabala — e nem estava interessado em saber (cf. BUSI-EBGI, *Giovanni Pico della Mirandola: Mito, Magia, Qabbalah*, 2014, p. 296). O próprio Pico conta, na *Apologia* (ed. Fornaciari, 2010, pp. 176-177) que um dos Padres — durante o interrogatório que se seguiu à publicação das *Conclusiones* — perguntara quem era esse tal sujeito chamado "Cabala". Por outro lado, nos casos em que a Cabala não era completamente desconhecida, seu estudo era visto como uma "bizarrice anedótica" e não como uma discussão séria, conforme observou Cesare VASOLI em seu "Prefácio" (p. XXV) a *Giovanni Pico della Mirandola* (GARIN, 2011).
4. O teólogo e filósofo catalão Ramon Llull, florescido no século XIII e conhecido em espanhol como Raimundo Lulio, escreveu em árabe, latim e em occitano (*langue d'oc*), tendo recebido a alcunha de *Arabicus Christianus* (árabe cristão).
5. Interessaram-se pelo estudo da Cabala, de forma a deixar registros, Pier Leone da Spoleto, Egidio da Viterbo e Domenico Grimani (cf. Franco BACCHELLI, *Giovanni Pico e Pier Leone da Spoleto. Tra Filosofia dell'amore e tradizione cabalistica*, 2001, p. 56).
6. Efetivamente, Pico mostra ter descoberto confirmações para a revelação cristã no coração da mística hebraica, como antecipado nas *Conclusiones* e confirmado no *Heptaplus*. A teologia cabalístico-cristã de Pico interessaria, no Quinhentos, a filósofos e místicos, sobretudo do ambiente franciscano, tendo sido aperfeiçoada por Johann Reuchlin e Cornelius Agrippa e reutilizada, mais tarde, pelos "platônicos de Cambridge". Esses autores se serviram de muitas traduções latinas realizadas por judeus convertidos ao Cristianismo. Na Cabala cristã foram mantidos elementos hermenêuticos, mágicos e de natureza teosófica, sendo retirados os elementos ritualísticos da religião judaica. Sua originalidade em apresentar a Cabala ao mundo cristão é confirmada por FORNACIARI (*Giovanni Pico della Mirandola: Conclusioni Cabalistiche*, 2009, pp. 14, 23), BACCHELLI (*Giovanni Pico e Pier Leone da Spoleto. Tra Filosofia dell'amore e tradizione cabalística*, 2001, p. 56), CASSUTO (*Gli ebrei a Firenze nell'età del Rinascimento*, 1918, p. 319), GARIN (*Giovanni Pico della Mirandola, Vita e Dottrina*, 2011, p. 101), SECRET (*Les Kabbalistes Chrétiens de la Rénaissance*, 1985, 1° cap.), entre outros.

"por meio de sucessivas revelações que um recebia do outro, como por direito hereditário"[7]. De fato, a palavra hebraica *qabbalah* significa "recepção", "tradição" ou "aceitação", indicando a transmissão de doutrinas secretas do misticismo judaico e, particularmente, caracterizando um movimento de pensamento de conotação esotérica[8]. Em seu valor de "recepção", enuncia o conceito de continuidade com o passado e também o sentido de responsabilidade que essa herança espiritual comporta. Cada geração é chamada a receber da precedente o conjunto de valores e ensinamentos secretos sobre os quais se funda o Judaísmo, devendo transmiti-la à sucessiva[9]. O termo, que pode ser encontrado com diferentes grafias — entre as quais, "cabala", forma latina empregada por Giovanni Pico e aqui utilizada[10] —, teria aparecido na literatura apenas no século XI, em um escrito do poeta e filósofo Salomon Ibn Gabirol[11], enquanto sua plena conotação de conhecimento secreto ganharia corpo por volta do tardio século XIII, partindo do círculo de Isaac, o Cego, no sul da França[12].

A Cabala italiana, que desde sua origem até o início do século XVI exerceu influxos mais efetivos sobre os pensadores cristãos renascentistas que se interessaram pelo assunto, tem sua "espinha dorsal" formada por três cabalistas, como informa Moshe Idel: Abraham Abulafia, que

---

7. Cf. Pico, *Oratio*, pp. 157, 159. Veja-se, também, *Apologia* (ed. Fornaciari, 2010), p. 29.
8. De acordo com Idel (2008a, p. 17), desde o século X há testemunhos da existência de uma forma específica de tradição judaica esotérica, mas somente a partir do século XII começam a se organizar registros a esse respeito.
9. Giulio Busi, *La Qabbalah*, 2011, p. 3.
10. As grafias mais utilizadas para o termo, proveniente do verbo hebraico *LeCaBeL* ("receber"), são *qabbalah, kabbalah* ou *CaBaLá*. É de se notar que esta palavra é oxítona em hebraico, mas frequentemente falada em outros idiomas tanto como paroxítona (inglês) como, às vezes, proparoxítona (espanhol).
11. Salomon Ibn Gabirol, ou Schlomo ben Judah, tornou-se conhecido no mundo cristão como Avicebron. A atribuição de ter sido o primeiro a mencionar o termo "cabala" consta na "Introdução" da edição em espanhol do *Zohar*, do comentarista León Dujovne (*El Zohar, Versión Castellana*, Buenos Aires, 1992, p. XVII).
12. Idel, 2008a, pp. 17-18. Para compor o quadro histórico de desenvolvimento do misticismo hebraico, são relevantes tanto a obra de Gershom Scholem, *As Grandes correntes da Mística Judaica* (op. cit.) quanto a de Giulio Busi, *Introduzione a Mistica ebraica. Testi della tradizione segreta del giudaismo dal III al XVIII secolo*, 1995.

compôs a maior parte de suas obras na Itália; Menahem Recanati; e o autor do livro *Maarekhet haElohut* (*A Ordem da Divindade*)[13]. De acordo com o comentarista, os três tinham em comum a característica conceitual da incompatibilidade com a tradicional visão mítica da divindade, apresentando concepções mais filosóficas. Tal forma diferenciada fez com que, por um lado, os cabalistas espanhóis que chegavam à Itália estranhassem as interpretações da escola italiana; por outro, que os círculos neoplatônicos de Florença tivessem um encontro sem atritos com a teologia "quase" filosófica dos rabinos Abulafia e Recanati[14]. A forma de Cabala protagonizada na Itália, de qualquer forma, manteve os temas fundamentais do movimento, relacionados com a emanação do princípio divino e com a concepção de que cada parte da criação responde a uma secreta harmonia de desenho transcendente. Para melhor entender o emprego da Cabala nos estudos realizados por Pico e as fontes por ele utilizadas, se faz necessário, inicialmente, entender como se deu sua transmissão através da história e, na sequência, quais as principais concepções e terminologias utilizadas pelos cabalistas.

1. As fontes hebraicas da tradição esotérica

A *transmissão oral*

A primazia da transmissão de concepções cabalistas não deve ser creditada aos escritos que lhe foram dedicados; ao contrário, foi a tradição oral a ajudar a perpetuar tais concepções, e a ocorrência de manuscritos deve ser entendida como uma série de episódios excepcionais ocorridos dentro de uma longa história de transmissões orais. Pressões externas, como perseguições religiosas, sociais e políticas, determina-

---

13. IDEL, *As Interpretações Mágica e Neoplatônica da Cabala no período renascentista*, in: *Cabala, Cabalismo e Cabalistas*, 2008b, p. 460. O autor do *Sefer Maarekhet haElohut*, do qual Idel menciona a edição de Mantova de 1558, não é conhecido. Sabe-se da existência de uma tradução da obra realizada por Abulafia (ibid., p. 461).
14. IDEL, ibid., p. 460. Efetivamente, a Cabala italiana era mais "extática" (especificação que será vista adiante). Para Abulafia, por exemplo, a crença nas dez *Sefirot* (a ser verificada adiante) era pior do que a crença cristã na Trindade. Esse último tópico é tratado por IDEL em sua tese de doutoramento (*As obras e a Doutrina de Abraão Abuláfia*, Universidade Hebraica de Jerusalém, 1976, pp. 436 ss.).

vam as variações entre as diferentes fases do misticismo judaico e as consequentes disposições entre o que seria resguardado como esotérico e o que se tornaria público[15]. A diáspora europeia, responsável por fragmentar o judaísmo em pequenas comunidades, criou circunstâncias que exigiram que a experiência mística fosse confiada à página escrita, uma forma mais concreta de ampliar sua difusão, não sem que se mantivesse o cuidado em preservar uma linguagem simbólica que protegesse os verdadeiros significados. Eis a razão, como observa Giulio Busi, de serem frequentes nos textos cabalísticos passagens como "quem é dotado de intelecto entenderá", indicando a existência de uma área conceitual reservada apenas à transmissão oral e deixando claro que o texto escrito não apresenta todas as respostas[16]. A necessidade histórica de se registrar de forma escrita a tradição oral remete ao período de exílio babilônico e está bem narrada por Giovanni Pico na *Oratio*:

> Esdras[17], ao ver claramente que não se podia manter a tradição fixada pelos antepassados de transmitir oralmente a doutrina nos exílios, nos massacres, nas fugas, nos cativeiros do povo de Israel, dado que deste modo pereceriam os mistérios da celeste doutrina concedidos por Deus, e não podendo se manter por muito tempo a memória desta sem a interposição de textos escritos, estabeleceu que, reunidos os sábios então sobreviventes, cada um manifestasse quanto conservava guardado na memória acerca dos mistérios da Lei. Estes em seguida, chamados os escribas, foram escritos em setenta volumes[18].

Os primeiros sinais de uma reflexão efetivamente mística, colocada em forma escrita, remetem ao início do segundo século de nossa Era, período em que se insere a redação da *Mishná* — essencialmente, um *corpus* jurídico. Trata-se da edição escrita de grande parte da tradição oral, com o conteúdo das leis e dos costumes que foram se enri-

---

15. Tova SENDER, *Iniciação à Cabala*, 1992, p. 9.
16. BUSI, *La Qabbalah*, 2011, pp. 5-6.
17. Pico refere-se aos livros bíblicos de Esdras. Os dois primeiros, o de *Esdras* e o de *Neemias*, pertencem ao elenco dos livros autênticos assumidos pela Igreja; o terceiro é o *Esdras* grego; o quarto é outro apócrifo do gênero apocalíptico. Pico trabalha com o *Esdras IV* (cf. Luiz FERACINE, 1999, notas).
18. PICO, *Oratio*, p. 159.

quecendo através de anos de convivência[19]. Esse conjunto de tratados é amplamente comentado por outro importante texto intitulado *Guemará*. Ao conjunto *Mishná* e *Guemará* deu-se o nome de *Talmud*, em suas duas versões, uma de Jerusalém e outra da Babilônia[20]. Esses dois *Talmudim* (plural de *Talmud*) constituem uma espécie de enciclopédia não apenas das tradições legais, como das práticas religiosas, da exegese e das lendas difundidas em idade tardo-antiga, contendo consistentes elementos de reflexão acerca de temas místicos[21]. Ademais, era comum efetuar-se, no *Talmud*, referências a partes da literatura que se encontravam fora do *Pentateuco*, ou seja, aos conteúdos transmitidos oralmente. Por essa razão, as fontes talmúdicas, embora escritas, compõem o que seria a *Torá* oral, dentro da tradicional distinção entre "*Torá* escrita" e "*Torá* oral". Conforme explica Scholem[22], a *Torá* escrita é o próprio texto do *Pentateuco*[23]; já a *Torá* oral é a soma de tudo o que foi comentado por eruditos ou sábios acerca daquele *corpus* escrito, não apenas pelos comentadores talmúdicos da Lei, mas por todos os demais que interpretaram o texto. Retrocedendo aos tempos mosaicos, e de acordo com a tradição rabínica, Moisés teria recebido, ao mesmo tempo, ambas as *Torás* no Monte Sinai, e a parte referente aos ensinamentos não escritos deveria ser transmitida oralmente, de geração em geração — de acordo com a antiga proibição "o que é transmitido oral-

---

19. A *Mishná* é composta de 63 tratados compilados pelo Rabino Yehudáh Hanassí, no século II d.C.
20. A edição do *Talmud* da Babilônia é considerada a mais completa, pois sua composição iniciou durante o exílio babilônico, em 586 a.C., e chegou até por volta do século V d.C. (cf. Marcelo MAGHIDMAN, *Sêfer Yetsirá — A natureza da linguagem na criação do mundo e sua manutenção através do alfabeto Hebraico*, 2014, p. 71).
21. Maiores detalhes acerca da discussão histórica em torno da *Mishná* podem ser colhidos na obra *La Qabbalah*, de Giulio BUSI (op. cit., pp. 38-40), além de o autor apresentar uma específica bibliografia para o tema. Acerca do *Talmud*, veja-se, ainda, SCHOLEM, *A Cabala e seu simbolismo*, 1978.
22. SCHOLEM, *A Cabala e seu simbolismo*, 1978, p. 61.
23. A *Torá* é composta dos 5 Livros de Moisés (entre 1100 e 1300 a.C.): *Bereshit, Shemot, Vaikrá, Bamidbar* e *Devarim*, conhecidos, respectivamente, como *Gênesis, Êxodo, Levítico, Números* e *Deuteronômio*, chamados anos depois de *Antigo Testamento* juntamente com os *Livros de Profetas* (Josué, Juízes, Isaías, Jeremias, Ezequiel etc.) e *Escritos* (Salmos, Provérbios, Jó... Daniel, Esdras etc.). Todo esse conjunto de livros é chamado TaNaKh.

mente não pode ser escrito"²⁴. Para o Judaísmo rabínico, tudo quanto um erudito de qualquer época viesse a deduzir da *Torá* estaria incluso naquela tradição oral fornecida a Moisés, validando-se, assim, a concepção de que as duas *Torás* são uma só: tradição oral e palavra escrita completam-se mutuamente.

Entre os pensadores cristãos, Pico foi dos poucos a evidenciar o esoterismo presente nas *Escrituras*, como se infere a partir do destaque dado ao tema das duas Leis recebidas por Moisés. A questão da separação entre a literalidade e oralidade recebeu foco na *Apologia*, depois de o tema ter se repetido em algumas passagens da *Oratio*, como a que narra o pedido do "Altíssimo" de tornar público o primeiro daqueles livros, para ser lido pelos "dignos e indignos", e de confiar os demais [secretos e correspondentes à lei oral] "apenas aos sábios". Em outra passagem, Pico afirma que aquele livro poderia se tornar público — mantendo sua dimensão secreta preservada — desde que fossem observadas certas condições: "a Moisés Deus ordenou que divulgasse a lei, mas que não escrevesse a *interpretação* da lei nem a divulgasse, mas a revelasse só a Jesus Nave [Josué] e este, por sua vez, aos sumos sacerdotes, sob o sagrado sigilo do absoluto silêncio"²⁵. Outros dois cristãos, vários séculos antes de Pico, haviam sido afetados pela temática da tradição oral bíblica, Hilário e Orígenes, ambos mencionados na *Oratio*²⁶.

Com o passar do tempo, os ensinamentos orais, em geral, passaram a ser considerados como pertencentes à Cabala, e o emprego do termo foi sendo cada vez mais relacionado à transmissão oral. Exemplo de tal uso é verificado no comentário feito por Judah Ben Barzilai, no século XII, ao *Sêfer Yetsirá* — importante obra cabalística, a ser abordada adiante —, ao narrar a criação do Espírito Santo: conta o talmudista que os sábios costumavam transmitir "reservadamente num sussurro, através da Cabala, declarações dessa espécie"²⁷. O esoterismo deveria, portanto, ser mantido por cada geração, em virtude da restrição em se confiar noções mais profundas aos textos escritos, evitando-se que os se-

---

24. MAGHIDMAN, op. cit., p. 71.
25. PICO, *Oratio*, respectivamente, pp. 159 e 155. (Grifo da autora.)
26. Ibid., p. 155.
27. SCHOLEM, *Cabala-Enciclopédia judaica*, op. cit., p. 6. (Grifo da autora.)

gredos da Revelação fossem deturpados por leitores despreparados. Por essa razão, a presença de um mestre se fazia necessária na transmissão oral, pois através da relação direta entre mestre e discípulo seria possível avaliar as intenções e garantir as atitudes intelectuais e éticas do aprendiz; preservava-se, assim, a verdade intacta.

Em relação aos graus que levam ao conhecimento místico, há informações de que, em épocas mais remotas, seguiam-se exigências muito rígidas a respeito de certos atributos morais e mesmo de traços fisiognomônicos dos seus participantes[28]. Em tempos mais recentes, ainda foram mantidas algumas limitações ao aprendizado da Cabala, como o limite mínimo de idade que, dependendo da escola, pode variar dos trinta aos cinquenta anos. Pico conhecia a restrição da idade, mencionando-a na *Apologia*: "Esses livros são venerados com tanta devoção que ninguém pode tocá-los antes de ter completado quarenta anos"[29].

Quanto à trajetória iniciática, não há evidências da existência de etapas predefinidas que o adepto devesse ou deva cumprir para ingressar em níveis distintos de conhecimento[30]. O que se depreende dos comentários acerca do misticismo judaico, em paralelismo com a forma de outros percursos místicos, é que os segredos da transmissão oral conduzem o prosélito a atingir certo estado extático que lhe permite receber, solitariamente, uma Revelação. Há, portanto, uma relação estreita entre a transmissão oral, o segredo mantido através de tal oralidade e o estado de êxtase que antecede a recepção da Revelação.

O misticismo judaico e parte relevante dos exercícios ascéticos organizam-se, de forma precípua, em torno à interpretação das *Escrituras*. Nelas se encerram os segredos protegidos pela tradição oral. Em claro consenso, todos os místicos judeus, desde os Terapeutas descritos por Filon até ao mais recente *hassid*, concordam que a *Torá* seja um organismo vivente, animado por uma vida secreta que aguarda uma interpretação

---

28. SENDER, op. cit., p. 9. A menção à fisiognomia remete ao discipulado pitagórico, que talvez tenha exercido alguma influência em algum núcleo cabalístico posterior. Não encontramos em outras fontes quaisquer esclarecimentos nesse sentido.
29. *Apologia*, p. 31. Paolo FORNACIARI informa que, de acordo com a tradição, o estudo só pode ser enfrentado por indivíduos do sexo masculino que tenham acima de quarenta anos (*Giovanni Pico della Mirandola: Conclusioni Cabalistiche*, 2009, p. 18).
30. BUSI, op. cit., pp. 5-6.

mística[31]. Como explica Scholem, a hermenêutica dos textos sagrados é uma das formas de alcançar seu conteúdo "vivo", possibilitando a ocorrência de dado momento em que a substância de tal conteúdo é remodelada ao passar pela "corrente de fogo do sentimento místico". Não se contentando com um único ato isolado de êxtase, o místico continuará a buscar a revelação de algo oculto que o aproxime cada vez mais do divino[32]. A relação entre as palavras sagradas e o segredo que guardam está também descrita na obra cabalística *Zohar*: "cada palavra da *Escritura* encerra um mistério supremo"; o sentido literal é "apenas um invólucro" e tomá-lo por verdade pode "trazer adversidades" àquele que o recebe por essa forma exterior[33]. Outra passagem do *Zohar* anuncia que, nas mesmas palavras das *Escrituras* com as quais se enxerga apenas o sentido literal, em outro momento pode ser enxergado um novo sentido místico, sendo cada palavra insubstituível para os dois sentidos:

> [...] assim como para o sentido literal cada palavra é indispensável, sem que se possa acrescer ou eliminar qualquer uma delas, assim também para o sentido místico cada palavra é indispensável, sem que se possa acrescer ou eliminar qualquer palavra[34].

O místico, portanto, não rejeita a autoridade do texto escrito; ele apenas invalida uma aparente verdade que possa se mostrar no significado literal, substituindo-a por uma interpretação que decorre de intuição a ser alcançada durante a reflexão mística[35]. Conforme complementa Scholem, as exegeses místicas sempre partem de palavras exatas para, em seguida, "de forma genial", transformar as *Escrituras* em um

---

31. SCHOLEM, *As grandes correntes da mística judaica*, op. cit., pp. 15-16. Em *De Vita Contemplativa*, obra em que Fílon aborda as seitas judaicas dos Terapeutas, a *Torá* é relatada como algo afim a um ser vivo, o sentido literal é o corpo, enquanto a alma é o significado secreto debaixo da palavra escrita.
32. SCHOLEM, ibid., p. 11. Na concepção da "corrente de fogo", que une o adepto ao divino, não há como deixar de estabelecer uma analogia com a questão filosófica do "lampejo" descrito por Platão na *Carta VII*. O processo filosófico de conhecimento produz, em dado momento, uma faísca e, subitamente, como num lampejo, a alma tem uma visão intelectual, que pode ser comparada a uma *intuição*.
33. *Zohar*, III, 152a, in: VULLIAUD, I, p. 135.
34. *Zohar*, II, 99a, in: VULLIAUD, I, pp. 137-138.
35. SCHOLEM, *A Cabala e seu simbolismo*, op. cit., pp. 21-22.

corpus simbólico, permitindo que se abra um portão através do qual o místico passa, "um portão que se lhe abre sempre de novo". Assim, "a exegese mística, esta nova revelação concedida ao místico, tem o caráter de uma chave"[36]. Como havia escrito Orígenes, em contexto concernente ao esoterismo, "achar as chaves certas que abrirão as portas é a grande e árdua tarefa"[37]. As formas para se encontrar "a chave certa" fazem parte dos segredos protegidos pela tradição oral.

A *literatura mística*

O conjunto da tradição escrita cabalística é sustentado por dois importantes pilares — o *Zohar* e o *Sêfer Yetsirá* — aos quais se acrescentam, como terceiro pilar, vários textos de épocas diferenciadas. O *Sêfer Yetsirá* (*Livro da Formação*) é um pequeno e antigo livro metafísico, com apenas seis capítulos. Escrito, provavelmente, em Terra de Israel, estima-se que sua data de composição se situe entre os séculos II e III (podendo chegar até o VI d.C.)[38], estabelecendo-se, assim, como o texto judaico mais antigo de caráter propriamente místico, mesmo se levando em conta a possibilidade de ter sofrido alterações ao longo dos séculos[39]. Sua primeira versão impressa, realizada em Mantova e datada de 1562, tem sido a mais aceita, embora muitas cópias circulassem antes no universo judaico e, principalmente, nos círculos fechados dos cabalistas, sob formas não impressas[40].

---

36. SCHOLEM, ibid., pp. 20-23.
37. A passagem referida a Orígenes encontra-se em *Selecta in Psalmos*, ref. *Salmo I*, in: MIGNE, *Patrologia Graeca*, XII, 1.080, apud SCHOLEM, 1978, p. 20.
38. SCHOLEM, *As grandes correntes da mística judaica*, op. cit., p. 83; *Nome de Deus e Teoria da linguagem*, op. cit., p. 21. Para BUSI, a data de compilação do *Sêfer Yetsirá* situa-se entre os séculos VI e VII (2011, pp. 9 e 46 ss.)
39. O *Sêfer Yetsirá* pode ser classificado naquilo que os hebreus chamam de *Maassê Bereshit* (Atos de Criação), conjunto representado por textos cosmológicos ou cosmogônicos relacionados à Criação do Universo — o todo ou os seres, em particular —, em distinção aos escritos de *Maassê Mercavá*, relacionados à natureza divina, ao trono celestial e à hierarquia dos anjos. O nome *"mercavá"* relaciona-se à visão da carruagem de fogo subindo aos céus descrita em *Ezequiel* 10,1 e *Isaías* 6,1-2 (cf. MAGHIDMAN, op. cit., p. 107).
40. A edição de Mantova apresenta tanto uma versão curta do *Sêfer Yetsirá*, acrescida de comentários, quanto uma versão longa, inclusa em seu apêndice, embora exis-

Os comentários ao *Sêfer Yetsirá* fazem parte integrante da literatura mística hebraica e foram amplamente utilizados por seus estudiosos. Entre esses, sabe-se da existência de um relevante comentário perdido realizado por Abulafia, que se fundamentou em sua admiração por Maimônides — autor que, mesmo não tendo produzido literatura mística, chegou a escrever um comentário ao primeiro capítulo do *Sêfer Yetsirá*[41]. Malgrado a significativa quantidade de comentários que ensejou, o autor do *Sêfer Yetsirá* permanece desconhecido. Por muito tempo, considerou-se que tivesse sido Abraão a concebê-lo — a obra de Pico mostra a aceitação dessa autoria ainda no Quattrocento —, muito provavelmente em razão da menção feita ao patriarca no último parágrafo do livro, onde se lê "e quando Abraham nosso pai olhou, viu, entendeu, perscrutou, gravou e entalhou... teve êxito"[42]. Por esse motivo, o *Livro da Formação* é também conhecido pelo nome *Otiot Deavraham Avinu* (*O alfabeto do patriarca Abraão*)[43]. De toda forma, e embora sua autoria mantenha-se desconhecida ainda hoje, o *Sêfer Yetsirá* é considerado o primeiro texto especulativo escrito no idioma hebraico[44]. Sua pecu-

---

tam bem mais do que duas versões do *Sêfer Yetsirá*, como pode ser verificado em estudo comparativo efetuado por Hayman, no qual são apresentadas dezenove versões: seis variações do texto longo, dez da versão curta e outras três frutos do comentário de Saadia Gaon (892-943). A última versão comentada por Gaon tem a data precisa do ano 931, e é interessante observar que o próprio Gaon aponta para algumas alterações que realizou no texto original (mudando, por exemplo, o número de Portões da Sabedoria Divina de 221 para 231, no parágrafo 19), assim alimentando dúvidas se teria feito outras alterações. Os manuscritos tomados como base para cada uma das versões são o existente na Biblioteca do Vaticano (versão longa), o de Parma (versão curta) e a versão comentada de Saadia Gaon, proveniente da Guenizá do Cairo e atualmente na Biblioteca de Cambridge (Peter Hayman, *Sefer Yetsira: Texts and Studies in Ancient Judaism*, 2004, pp. 2, 12-14, 31). Sobre as versões do *Sêfer Yetsirá*, veja-se, ainda, Scholem (1989, pp. 21, 27). O Apêndice II da obra de Maghidman (op. cit.) apresenta, em português, a versão curta do *Sêfer Yetsira*.

41. Para Abulafia, no *Guia dos Perplexos*, de Maimônides, encontra-se a verdadeira teoria do Cabalismo (Scholem, 1995, pp. 141-142). Para a averiguação de outros comentários acerca do *Sêfer Yetsirá*, veja-se Hayman, op. cit., p. 31; Busi, op. cit., p. 48; Scholem, 1989, pp. 26, 46.

42. *Sêfer Yetsirá*, Maghidman (trad.), Apêndice II, 2014, p. 174.

43. Sender, 1992, p. 27. Entre as hipóteses de autoria do *Sêfer Yetsirá*, Sender aponta para Rabi Akiva, que teria vivido em Israel no século II de nossa Era (ibid., pp. 27-28).

44. Maghidman, op. cit., p. 19.

liaridade encontra-se em estar voltado para a alma individual humana — e não para os judeus de modo particular —, razão de o número doze ser indicativo dos signos do zodíaco, por exemplo, e não das tradicionais doze tribos de Israel. Também não menciona Moisés, a *Torá* ou o Messias. Assim, de forma incomum na literatura hebraica, a obra traça o "desenho das forças ocultas do cosmo" sem fazer quase nenhuma referência direta ao texto das *Escrituras* ou à tradição pós-bíblica, como complementa Giulio Busi[45].

Em termos de conteúdo, o *Sêfer Yetsirá* pode ser descrito, em linhas bastante sucintas[46], como um apanhado de conhecimentos de cunho místico com notas filosóficas, astrológicas e cosmológicas da antiguidade, em que predominam princípios de simetria, reciprocidade e correspondência. Em linguagem enigmática, encontra-se delineado o paralelismo entre as letras do alfabeto hebraico com categorias da criação dos mundos (angélico, celeste e material) e com funções de natureza física, biológica e psíquica, de forma a estabelecer uma relação entre a infinitude de Deus e a finitude de sua obra, ou, em outras palavras, uma relação entre a dimensão material e a espiritual. O *Sêfer Yetsirá* introduz, ainda, a noção de *Sefirot* — a ser verificada adiante —, um dos núcleos fundamentais do pensamento cabalístico, capaz de presentear os místicos com uma doutrina orgânica do aspecto secreto da Criação[47].

O *Sêfer ha-Zohar* (*Livro do Esplendor*) — ou, apenas, *Zohar* —, embora redigido vários séculos após o *Sêfer Yetsirá*, é considerado por muitos como o trabalho mais importante acerca da Cabala[48]. A despeito de ter tido sua autoria estabelecida no segundo século e, durante

---

45. BUSI, op. cit., p. 9.
46. Não cabe nestas páginas a análise do *Sêfer Yetsirá*, ao qual literatura especializada tem se dedicado. Na sequência, serão verificadas as principais concepções do *Sêfer Yetsirá* que exerceram influência sobre Pico della Mirandola. Para comentários referentes ao *Sêfer Yetsirá* em português, veja-se a obra de MAGHIDMAN (2014).
47. BUSI, op. cit., pp. 9 e 46 ss.; SCHOLEM, 1995, p. 83.
48. SCHOLEM, 1989, p. 52. A importância do *Zohar* pode ser medida pela relevância que lhe foi dada por um dos maiores cabalistas do século XVI, Isaac Luria (1534-1572), que o utilizou como principal base de seus estudos. Luria foi o responsável por uma das mais importantes escolas de Cabala, revolucionando o misticismo hebraico (inclusive com suas doutrinas de transmigração) e todo o cabalismo posterior.

muito tempo, atribuída ao rabino Shimon Bar Yohai — fato que, tradicionalmente, ainda prevalece, mesmo em edições mais recentes —, alguns estudos acadêmicos do século passado, especialmente de Gershom Scholem, apontam para o judeu espanhol Moshe de León como seu mais provável autor, além de responsável por sua publicação e distribuição no século XIII[49].

Escrito em aramaico e hebraico medieval, o *Zohar* não é exatamente um livro com um texto sistemático, mas um conjunto de livros que reúne vários contos em que os personagens, utilizando-se da Bíblia como pretexto, discutem e efetuam inserções narrativas. O conjunto de textos aborda vários temas da vida judaica, desde preceitos e orações até situações do cotidiano, passando por anotações alquímicas, astronômicas e astrológicas. As discussões progridem em direção a comentários místicos sobre a *Torá* revelando concepções teosóficas abrangentes acerca da natureza de Deus, da origem e da estrutura do universo, da hierarquia dos mundos e da transmigração e destino das almas, entre outros temas de natureza filosófico-metafísica. Seu fundo conceitual apoia-se na relação entre as *Sefirot* e a regência do mundo, desenvolvido a partir da ideia de que cada universo inferior reflete o seu superior. Cabe referir que, em sua completude, o *Zohar* não trata apenas do bem; acolhe, ainda, uma intrincada representação do domínio das forças negativas, designadas com a locução *sitra ahara*, que significa "a outra parte"[50].

Além do *Zohar* e do *Sêfer Yetsirá*, outras obras são emblemáticas e obrigatórias ao estudo do misticismo hebraico, por apresentarem estreita relação com o *Sêfer Yetsirá*. Quase todas se encontram entre as fontes de Giovanni Pico, razão de nosso interesse. Uma delas é o *Sêfer ha-Bahir* (*Livro da Iluminação*), também conhecido como "*O Midrash do Rabino Nehuniah Ben Hakanah*", atribuído ao rabino midráshico que lhe

---

49. Moshe de León alegava ter descoberto (e não escrito) o *Zohar* em Guadalajara, cidade espanhola onde vivia. SCHOLEM afirma que De León ocultou-se atrás do nome de Shimon Bar Yohai para escrever aquela que seria sua obra maior (1989, p. 52). Também Pico atribuía a autoria do *Zohar* a "*Simeon Antiquus*".

50. BUSI, op. cit., pp. 72-74; SENDER, op. cit., p. 34; FORNACIARI, *Aspetti dell'itinerario cabalistico di Giovanni Pico della Mirandola*, 2001, p. 630.

dá o nome⁵¹. O *Bahir* integra uma corrente estritamente metafísica da Cabala, diretamente relacionada ao núcleo de pensadores espanhóis de onde se originou Azriel de Gerona — que realizou um relevante escrito sobre as *Sefirot* —, mestre do notabilizado filósofo e cabalista Nachmânides, também pertencente ao mesmo grupo⁵². Além de tratar de questões acerca das emanações divinas, o texto aborda questões relacionadas à alma, à transmigração, aos anjos e ao alfabeto hebraico⁵³.

Compõe, ainda, a construção do pensamento cabalista um rico repertório de visões celestes, guardado na chamada literatura dos "átrios celestiais" ou dos *Heikhalot* (literalmente "palácios"), constituído por escritos enigmáticos datados do primeiro século da era cristã — embora redigidos, provavelmente, em época mais tardia. O material contém relatos de experiências pessoais de ascensão aos planos superiores, representados por uma estrutura arquitetônica de luzes. A partir do misticismo dos *Heikhlot*, os cabalistas herdaram um complexo sistema angeológico e a representação de uma ascese da alma articulada em etapas cognitivas, sempre mais elevadas. Efetivamente, a ampla tratativa aborda as várias etapas de um percurso ascético sob um gradual processo de conhecimento⁵⁴. Os tratados apresentam algumas narrativas obscuras em que, tantas vezes, soberbos anjos estão colocados como guardiões dos palácios das regiões celestes. Por exemplo, no *Heikhalot rabbati*, o mais célebre, o místico pode alcançar os pés do trono superno

---

51. Sheila Rabin, *Pico on Magic and Astrology*, in: *Pico della Mirandola New Essays*, M. V. Dougherty (org.), 2008, p. 156. Scholem considera o texto como pertencente, provavelmente, ao século XI (1989, p. 39).
52. Garin, 2011, p. 115. Azriel ben Menahem de Gerona foi mestre de Mosheh ben Nahman de Gerona, conhecido por Nachmânides. Este último notabilizou-se por seus comentários místicos do *Pentateuco* e por seus comentários ao *Talmud*.
53. O conceito de transmigração das almas penetrou na Cabala dos séculos sucessivos graças ao *Bahir*. Veja-se maiores detalhes em Busi, op. cit., pp. 55, 63; Maghidman, op. cit., p. 91. Existe uma tradução em português do *Bahir*, originalmente traduzido e comentado por Arieh Kaplan (*Bahir, o Livro da Iluminação — atribuído ao Rabino Nehuniá ben haKana*), realizada por Maria Regina Nogueira, contendo o texto original hebraico (Imago, Rio de Janeiro, 1992).
54. A imagem da carruagem celeste é bastante presente, simbolizando, como em outras tradições — inclusive a platônica —, o deslocamento do adepto através do espaço supramundano, graças ao qual ele alcança a contemplação de uma complexa arquitetura cósmica, Busi, op. cit., pp. 9-10, 43; Sender, op. cit., p. 34.

somente se ultrapassar uma sucessão de sete edifícios, cujos portões representam tantas outras etapas de seu percurso iniciático: "penetrar nos palácios divinos significa, portanto, apoderar-se de uma geografia transcendente, que retrata o invisível com a precisão de um mapa"[55]. Dado que os guardiões angélicos — obstáculos na "viagem em direção à glória excelsa" — podem ser dominados à medida que se conheçam seus nomes e atributos, os tratados dos *Heikhalot* servem como um guia que ensina seus nomes e as respostas necessárias para superar as provas colocadas por esses seres, "feitos de granizo e fogo"[56]. Pico mostrava ter familiaridade com os *Heikhalot*, pois na *De Hominis Dignitate* faz menção às transformações de Enoch, conforme episódio narrado em outro desses tratados[57]. Assim como o *Zohar*, que aborda as forças negativas, uma não irrelevante integração é apresentada dentro da arquitetura supramundana dos *Heikhalot*: o *Midrash Konen* informa a existência, sempre nas moradas superiores, de uma série simétrica de palácios infernais, guardados por anjos do mal[58].

Finalmente, não poderia deixar de ser citada a literatura midráshica. O termo *midrash* significa, em hebraico, "interpretação" e indica um amplo número de histórias e comentários bíblicos, que se mesclam entre documentos e lendas redigidos entre o início do século V e a metade da Idade Média. Nos vários *Midrashim*, o texto das *Escrituras* é submetido a uma análise minuciosa, mostrando as implicações escondidas sob suas linhas. Assim, em contraste com a interpretação literal, o *Midrash* designa uma exegese profunda que tenta revelar o espírito velado das *Escrituras*, examinando possibilidades que não se mostram em uma leitura literal do texto. Seu principal objetivo, nesse sentido, é o de pro-

---

55. BUSI, op. cit., p. 43.
56. BUSI, Idem.
57. Cf. *Oratio*, p. 107. O tratado *Alfabeta derabbi'Aqiva* descreve o episódio de Enoch, patriarca bíblico antediluviano alçado aos céus pelo Senhor e transformado no anjo Metatron, dominante sobre as hierarquias angélicas e ao qual são atribuídos setenta e dois nomes.
58. BUSI, op. cit., p. 45; p. 145. Comentários e textos acerca dos *Heikhalot* podem ser encontrados nas seguintes obras, indicadas na bibliografia de Giulio Busi: G. SCHOLEM, *Jewish Gnosticism, Merkabah Mysticism and Talmudic Tradition*, New York, 1960; P. SCHAFER, *Hekhalot Studien*, Tubingen, 1988. Para traduções italianas, veja-se RAVENNA-PIATELLI (org.), *Cabbala hebraica, I sete santuari*, Milano, 1990.

por o maior número de significados possíveis, de acordo com o ensinamento rabínico que prescreve "girar e regirar a *Torá*, pois que nessa está absolutamente tudo"[59]. Assim como nos demais manuscritos de caráter místico utilizados pelos *mekubalim*[60], os *Midrashim* incluem não poucas passagens de argumentações cosmogônicas, que permitem especulações acerca das origens da Criação e da estrutura das moradas celestes. A exposição midráshica é comparada, no *Talmud*, a um "martelo que desperta as faíscas adormecidas na rocha"[61].

As fontes cabalísticas de Pico

Em carta endereçada ao sobrinho Gianfrancesco, Giovanni Pico informa sobre alguns livros hebraicos que teria tomado emprestado de certo judeu siciliano, por um período de vinte dias, quando já exercitava com relativa facilidade o idioma[62]. O testemunho desse empréstimo junta-se a uma vasta documentação que comprova o fato de que o jovem aprendiz da Cabala teria lido todos os textos hebraicos, talmúdicos e midráshicos que podia comprar, encontrar ou pedir[63]. Parte considerável desse material se lhe tornou disponível ou inteligível através do auxílio de três de seus principais mestres, Elia del Medigo, Yohanan Alemanno e Flavio Mitridate, que desempenharam importante papel nas traduções de muitos textos, seja do árabe para o hebraico ou do hebraico para o latim[64]. A aquisição da vasta doutrina referente ao hebraísmo deve ser creditada, ademais, às conversações tidas com tantos outros judeus eruditos e às leituras diretas de manuscritos hebraicos, dos quais, comprovadamente, possuía um número considerável[65]. Os ma-

---

59. Busi, op. cit., pp. 41-42.
60. *Mekubalim* ou, ainda, *Maskilim* (iniciados) são denominações que muitos autores cabalistas recebem (cf. Idel, 2008a, p. 17).
61. Busi, op. cit., pp. 41-42.
62. Garin, 2011, p. 99.
63. Giovanni Semprini, *Giovanni Pico della Mirandola — La Fenice degli Ingegni*, 1921, p. 143.
64. Crofton Black, *Pico's Heptaplus and Biblical hermeneutics*, 2006, p. 12; Busi, op. cit., p. 84.
65. Tão ampla era a coleção de livros hebraicos de Pico que ensejou a criação de obras específicas voltadas ao seu estudo. Veja-se, por exemplo, Pearl Kibre, *The Library*

nuscritos foram, sem dúvida, o meio de acesso mais importante através do qual o pensamento judaico — especificamente, o cabalístico — se tornou disponível para Pico[66].

Nas duas últimas décadas do século XV, seria possível encontrar, em Florença, um número considerável de manuscritos de conteúdo especulativo judaico. Havia os volumosos escritos de Alemanno, com abundantes citações de fontes medievais hebraicas[67]; os textos de Abraham Farisol, que passou um tempo em Florença, com menções a um grande número de livros judaicos; as epístolas do cabalista espanhol Isaac Mar Hayyim; os escritos de Moshe ben Yoav[68]. E, de suma relevância, o vasto volume de material cabalístico traduzido por Flavio Mitridate para o latim[69]. A maioria dos manuscritos que chegou

---

of Pico della Mirandola, New York, 1936; Giuliano TAMANI, *I libri ebraici di Pico della Mirandola*, in: *Giovanni Pico della Mirandola, Convegno Internazionale di studi del cinquecentesimo anniversario della morte (1494-1994)*, G. C. Garfagnini (org.), Firenze, 1997, pp. 491-530; Giulio BUSI, *Chi non ammirerà il nostro camaleonte?, La biblioteca cabbalistica di Giovanni Pico della Mirandola*, in: *L'enigma dell'ebraico nel Rinascimento*, Nino Aragno Editore, Torino, 2007, pp. 25-45; Moshe IDEL, *The Throne and the Seven-Branched Candlestick: Pico della Mirandola's Hebrew Source*, in: *Journal of the Warburg and Courtauld Institutes*, XL, 1977, pp. 290-292; R. SIMON, *Bibliotheca selecta*, I. Um bom recolhimento do conteúdo da biblioteca de Pico pode ser encontrado, ainda, no *"Appendice: La Biblioteca di Pico"* na obra *Giovanni Pico della Mirandola*, de GARIN (2011, pp. 106 ss.). Acerca dos hebreus com os quais Pico teve contato, veja-se Umberto CASSUTO (op. cit., pp. 316-318).

66. Chaim WIRSZUBSKI, com o auxílio de seus alunos Moshe Idel e Carmia Schneider, detém o mérito de ter seguido o percurso intelectual de Pico, identificando os textos e os autores através dos quais estudou a Cabala, daí resultando seu fundamental volume *Pico della Mirandola's Encounter with Jewish Mysticism*. Veja-se ali, em especial entre as pp. 60 a 64, toda a questão das fontes cabalísticas de Pico.

67. Para uma lista das fontes mais importantes do pensamento de Alemanno, veja-se IDEL, *The Study Program of R. Yohanan Alemanno*, in: *Tarbiz*, XLVIII, 1979, pp. 303-330.

68. IDEL, *Jewish mystical thought in the Florence of Lorenzo il Magnifico*, in: Bemporad-Zatelli (org.), *La Cultura Ebraica all'epoca di Lorenzo il Magnifico*, 1998, p. 21.

69. Entre tantos outros, Mitridate traduziu o livro do conhecido rabino Eleazar de Worms, o *Hokhmat ha-Nefesh*, sob o título *Liber De Anima*; em 1486, traduziu um grupo de comentários sobre o *Sêfer Yetsirá*, presentes no cod. Vat. hebr. 191; também, o *De Secretis Legis* (*Sitre Torah*) de Abulafia, presente no cod. Vat. hebr. 190 (cf. Franco BACCHELLI, op. cit., pp. 35, 57). Uma lista completa das traduções de Mitridate pode ser encontrada no livro de WIRSZUBSKI, *Pico della Mirandola's Encounter with Jewish Mysticism* (1987, pp. 10-65).

às mãos de Pico foi-lhe elucidada, justamente, por Mitridate. A principal missão do mestre convertido, exercida com paixão, era comprovar ao pupilo o argumento de que a Cabala provava a verdade do Cristianismo; para tanto, procurou realizar traduções que fossem literais, mas, ao mesmo tempo, capazes de lidar com as sutilezas do vocabulário cabalístico[70]. Os manuscritos apresentam várias anotações feitas pelo mestre às margens das traduções, para servir de guia ao pupilo em suas possíveis analogias. Um desses comentários, anotado às margens da tradução do *De Secretis Legis*, de Abulafia, relata que os dois, ele e o conde, se encontravam em "uma missão comum de profunda seriedade", sendo bastante significativo o grau de comprometimento que pretendiam dar àqueles estudos[71].

De maneira mais abrangente que Mitridate, como parece ser consensual, o mestre cabalista Alemanno estava bem familiarizado com a maioria dos escritos místicos judaicos, provenientes tanto de autores contemporâneos e medievais — da Itália, Espanha e Alemanha —, como de fontes anteriores, pertencentes à literatura dos *Heikhalot*. À exceção do livro do *Zohar*, do qual Alemanno não tinha estreito conhecimento, há registros de seu acesso a uma numerosa quantidade de textos relacionados à literatura bíblica, talmúdica e midráshica. Notadamente versado nas mais variadas correntes filosóficas, fossem hebraicas, gregas ou árabes, observa-se nas citações de seus trabalhos uma quantidade surpreendente de livros raros ou pouco difusos, o que constitui prova de uma erudição pouco comum[72].

---

70. Alguns desses textos não existem mais. Os que ainda restam encontram-se em cinco manuscritos mantidos na biblioteca do Vaticano, que juntos contabilizam mais de 3.500 páginas. Os manuscritos sobreviventes são: Vat. Ebr. 189, Vat. Ebr. 190, Vat. Ebr. 191, Chigi A VI 190 e Vat. Lat. 4.273 (BLACK, op. cit., p. 16). Em relevante desenvolvimento nos estudos de Pico, um trabalho tem sido realizado para editar esse *corpus*, em uma série intitulada *The Kabbalistic Library of Giovanni Pico della Mirandola*, sob direção de Giulio Busi. O primeiro volume da série foi publicado em 2004, intitulado *The Great Parchment: Flavius Mithridates's Latin Translation, the Hebrew Text and an English Version*, G. Busi, S. M. Bondoni e S. Campanini (orgs.), Torino, Nino Aragno, 2004.
71. WIRSZUBSKI, op. cit., p. 69; BACCHELLI, op. cit., 2001, p. 57.
72. CASSUTO, *Gli ebrei a Firenze nell'età del Rinascimento*, 1918, p. 315; IDEL, 1998, p. 34.

Entre os três professores mencionados, no entanto, o primeiro a abrir para Pico as portas, de fato, ao universo da Cabala, embora o tema não lhe despertasse maior interesse[73], foi Elia del Medigo. Em longa carta enviada a Giovanni, o rabino antecipava: "Vendo que V. S^a se empenha muitíssimo nessa bendita Cabala, quero vos indicar algo que até hoje não quis vos mostrar". A carta ajuda a lançar luz sobre as pesquisas literárias de seu aluno, uma vez que inclui três listas colunadas com sugestões de bibliografias, sendo uma essencialmente cabalística: a primeira coluna apresenta obras que serviriam aos estudos aristotélicos de Pico; a segunda, mostra uma série de autores árabes; na terceira, há uma lista intitulada *qabalah*. Nesta, leem-se os nomes (*sic*) "*Sefer Hazzôhar*; *Meirah'Enayim*; *Scha'arei Orah*; *Reqanati*; *Ma'arekheth ha Elohouth*; *Pèrousch Sefer Uetsirah*" e, ao final deles, a admissão "e muitos outros, cujos nomes não me ocorrem porque estou com muitas ocupações"[74].

Mantendo-se a ordem apresentada, Del Medigo refere-se, primeiramente, ao *Zohar*. Em seguida, ao texto *Meirah Einayim*, um provável comentário sobre Nachmânides feito por Isaac de Acre, que pode ser estabelecido entre o final do século XIII e a metade do século XIV. O *Scha'arei Orah* é um texto do comentador cabalista espanhol Joseph Gikatilla, aluno de Abulafia, compreendido em período aproximativo ao anterior. A indicação segue com a menção implícita a algum ou a alguns comentários atribuídos ao rabino Menahem Recanati, do sé-

---

73. Elia del Medigo presidia a escola talmúdica italiana, de viés decididamente aristotélico e hostil ao pensamento cabalístico, mais em razão da orientação filosófica de cunho neoplatônico que apresentava do que por um antagonismo aos seus procedimentos. Tal aspecto incomodava muitos outros intelectuais aristotélicos, como assinala BROCCHIERI (*Pico della Mirandola*, 2011, p. 12). Entretanto, e apesar de não mostrar especial interesse pelo tema, os escritos de Del Medigo, tanto em hebraico quanto em latim, constituem uma fonte muito confiável para uma descrição abrangente da Cabala, como pontua IDEL (1998, p. 20).

74. "|...| *et multa alia quorum nomina non occurunt mihi quia multas habeo ocupaciones*." O manuscrito está em Paris, Bibliothèque Nationale, Lat. 6.508, ff. 71r-77v. Fragmentos dessa carta foram transcritos e discutidos por Jules DUKAS, *Recherches sur l'histoire littéraire du quinzième siècle*, 1876, pp. 48-65. O trecho com a citação das bibliografias em questão encontra-se em f. 75r, e está transcrito nas pp. 56-57 de DUKAS (op. cit.) e em seu *Bulletin du Bibliophile*, v. XLII, 1875, p. 340. Sobre as relações entre Pico e Del Medigo e outros detalhes sobre a carta em questão, veja-se Bohdan KIESZKOWSKI, *Les Rapports entre Elie del Medigo e Pic de la Mirandola*, 1964, pp. 41-81.

culo XIII, e o tratado anônimo *Maarekhet ha-Elohut*, do final do século XIII e início do XIV, contendo algumas interpretações cabalísticas. A lista se encerra com a sugestão de um comentário referente ao *Sêfer Yetsirá*. As inúmeras recorrências de marcas em algumas seções desses manuscritos evidenciam que Pico leu tais textos, marcou as passagens de interesse e as reutilizou em seus próprios trabalhos, tanto como fontes para suas *Conclusiones Cabalisticae* quanto como bases para a elaboração do *Heptaplus*[75].

Quanto ao fundamental *Sêfer Yetsirá*, o próprio Pico conta tê-lo lido em 1486, juntamente ao comentário com o qual estava unido, embora este não conste da lista de Elia. Em relação ao *Zohar*, indicado na bibliografia de Elia, não se sabe exatamente se o conheceu de forma direta ou indireta, embora o tenha mencionado tanto nas *Conclusiones cabalisticae* quanto no *Heptaplus*[76]. Também a *Oratio* apresenta certa analogia com o *Zohar* no que diz respeito à celebração da liberdade e potência do espírito humano, o que poderia comprovar a leitura daquela obra[77]. Certeza é o fato que Pico possuía o *Sêfer ha-Bahir*, pertencente à

---

75. Efetivamente, é consensual que Pico tenha utilizado Recanati como fonte principal para as *Conclusiones Cabalisticae*: dois dos trabalhos do rabino foram traduzidos para Pico por Flavio Mitridate — os comentários "sobre o *Pentateuco*" e "sobre as orações". Especialmente as 47 teses cabalísticas do primeiro grupo são quase todas inspiradas pelo *Commento al Pentateuco* (cf. WIRSZUBSKI, *Pico's Encounter with Jewish Mysticism*, 1989, pp. 53-56; FORNACIARI, *Aspetti dell'itinerario cabbalistico di Giovanni Pico della Mirandola*, 2001, pp. 627-633; BLACK, *Pico's Heptaplus and Biblical hermeneutics*, 2006, p. 17).
76. Respectivamente, em *Conclusiones* II, 24, p. 131 e em *Heptaplus*, p. 180. No *Heptaplus*, Pico faz alusão ao presumível autor do *Zohar*, Shimon Bar Yohai: "*Simeon antiquus*". GARIN informa que "não se sabe ao certo se Pico conheceu o *Zohar*" ou se o conheceu através da leitura de Menahem Reca, atribuindo a VULLIAUD (v. II, p. 19) a certeza de Pico ter lido o *Zohar* diretamente (2011, p. 102).
77. A celebração da potência humana no *Zohar* concentra-se na figura do Adam Kadmon, o homem cuja natureza é determinada e está acima de todos os anjos. Em Pico, diferentemente, a natureza do homem não é determinada e tanto ele pode continuar na indeterminação quanto pode passar a ser tudo. Apesar de preconizar que Pico tenha sido o primeiro divulgador do *Zohar* na cultura corrente da época, Garin sugere que a ideia de liberdade do homem, defendida na *Oratio*, tenha sido formada por meio de leituras precedentes de obras até mais significativas, atribuídas tanto a pensadores hebraicos, como Maimônides e Avicebron, quanto a não hebraicos, como Fílon, Hermes e Honório de Autun. A reflexão está em GARIN (2011, pp. 90-91, 93-105).

corrente metafísica de cujo núcleo saíram os escritos de Nachmânides[78]. A obra consta do inventário de seus livros, integrado, ainda, por obras da corrente dos profetas místicos, como Abraham ibn Ezra, Moshe de Narbona, Eleazar de Worms e Gikatilla, este último certamente estudado com atenção, visto que fazia parte da lista de Del Medigo; todas essas obras já estavam em sua posse no período de redação das *Conclusiones*. Sua biblioteca dispunha, ainda, de escritos dos comentaristas medievais Abulafia, Azriel de Gerona e do acima mencionado Menahem Recanati, assim como de inúmeros trabalhos anônimos[79]. Outrossim, e antes de se dedicar aos estudos cabalistas, Pico havia meditado longamente sobre o pensamento de Maimônides e Avicebron, judeus célebres no mundo cristão, tendo encontrado neles algumas das raízes da gnose hebraica que reencontraria mais tarde. Também não lhe passaram despercebidas as ressonâncias que certos procedimentos cabalísticos exerceram sobre Ramon Llull, na Espanha, a ponto de interessar-se pelos aspectos práticos da Cabala, como será visto[80].

2. O cosmo cabalista

Na mencionada carta de Elia del Medigo, na qual constam as indicações bibliográficas transmitidas ao pupilo Giovanni, lê-se: "Trata-se de algo tão secreto que ninguém entre os contemporâneos tem se ocupado e poucos antigos conheceram. É coisa pequena em quantidade,

---

78. GARIN, 2011, p. 115; RABIN, op. cit., p. 156.
79. Cf. *Inventario delli libri... del Conte Joanne de la Mirandola* (pp. 30, 46, 60, 62, 73 etc.), elaborado por Antonio Pizamano, em 1498, em Florença e editado em *Memorie Storiche della città e dell'antico ducato della Mirandola*, Harvard University, v. XI, 1897, p. 46 (apud GARIN, 2011, p. 103). Chaim WIRSZUBSKI comprovou que Pico fizera uso, no início de sua carreira, das obras de Abulafia (*Um cabalista cristão lê a lei*, Jerusalém, 1977, pp. 11, 17 ss., apud IDEL, 2008b, p. 161).
80. Em sua *Apologia* (p. 192), Pico comenta sobre a *"ars Raymundi"*; segundo KIBRE (1936, p. 318), possuiria do filósofo catalão o *Ars Brevis*. Em relação aos estudos sobre Maimônides, Avicebron e o influxo de Llull, veja-se menção em GARIN, 2011, pp. 100-101. Para a relação percebida por Pico entre Avicebron e as doutrinas cabalistas, veja-se Salomon MUNK, *Mélanges de philosophie juive et árabe*, Paris, 1857, pp. 275 ss., que comporta *"Des Extraits Méthodiques de la Source de vie de Salomon Ibn-Gebirol (dit Avicebron), traduits de l'arabe en hébreu par Ibn-Falaquéra"*.

mas grandíssima em qualidade". Antecipando seu conteúdo, Elia complementaria: "Os devotos a estes textos obscuros sustentam que o nome de Deus é infinito e que a um grau abaixo de Deus estão as dez *Sefirot*, agentes da potência que emana de Deus: é através dessas que o mundo conserva a sua ordem"[81]. Por meio dessas palavras, o mestre descrevia, *in nuce*, os elementos centrais da doutrina cabalística, quais sejam, a concepção do Infinito (*Ein Sof*) e suas emanações, as *Sefirot*.

A *emanação sefirótica*

A estrutura metafísica das *Sefirot* é uma das características medulares da Cabala, surgida por volta do século III. O termo *sefirot* ("*sefirá*", no singular) ingressa, de fato, na mística hebraica através do *Sêfer Yetsirá*, onde é mencionado pela primeira vez[82]. Os cabalistas concordam em conceber as *Sefirot* como graus, ciclos ou níveis através dos quais o aspecto mais profundo do poder divino atua sobre o universo criado, ou, em outras palavras, como formas inteligíveis através das quais o "Imanifesto" passa a se manifestar[83]. Explica Paolo Fornaciari que a raiz de *Sefirot* provém do vocábulo *SFR*, que reconduz a uma área semântica que pode abranger três significados: "esferas", "cifras" ou "safiras". Cada um desses termos remete à ideia, respectivamente, de perfeição geométrica-espacial, de completude numérica e de beleza ou preciosidade — conceitos que se aplicam às qualificações atribuídas às *Sefirot* nas várias escolas[84]. Para Giulio Busi, o termo hebraico pode ser traduzido, sucinta e literalmente, por "numerações", enquanto Tova

---

81. DUKAS, op. cit., pp. 48-65 (Paris, Bibliothèque Nationale, Lat. 6.508, ff. 71r-77v).

82. O texto integral do *Sêfer Yetsirá* pode ser visto nas seguintes obras: Aryeh KAPLAN, *Sêfer Yetsirá — O Livro da Criação*, 2005; GRUENWALD, *A preliminary critical edition of the Sefer Yezirah*, in: *Israel oriental Studies* 1, 1971, pp. 132-177. A versão curta do texto original, em português, pode ser vista no apêndice da obra de MAGHIDMAN, *Sêfer Yetsirá: A natureza da linguagem na criação do mundo e sua manutenção através do alfabeto hebraico*, 2014.

83. SENDER, 1992, p. 45; BUSI, *La Qabbalah*, 2011, p. 14. Observa Crofton BLACK que tal concepção das *Sefirot* foi frequentemente considerada herética entre alguns meios rabínicos, por parecer contradizer o estrito monoteísmo do judaísmo (2006, p. 140).

84. FORNACIARI, *Giovanni Pico della Mirandola: Conclusioni Cabalistiche*, 2009, p. 35.

Sender o traduz por "contagem"; em qualquer caso, o número é uma conotação fundamental de seu dinamismo[85].

O conceito de numerações está diretamente relacionado ao número dez, de acordo com o simbolismo numérico que precede ao *Sêfer Yetsirá* e que, provavelmente, recebeu influxos das doutrinas pitagóricas, em razão de sua relação com a estrutura profunda do ser e do cosmo[86]. Conforme sintetiza Scholem, as *Sefirot* são os dez níveis com que a natureza atuante de Deus se revela; as dez forças elementares da Criação; os diversos aspectos da vida divina; os estágios pelos quais essa vida passa ao se revelar na Criação[87]. Na linguagem lacônica do *Livro da Formação*:

> Dez *Sefirot* sem determinação: dez e não nove; dez e não onze; [...] a sua medida é dez que não têm fim[88].

As dez *Sefirot* surgem ou são criadas (o verbo não está estabelecido) a partir do nada, concepção repetida várias vezes no capítulo 1 do *Sêfer Yetsirá*: "dez *Sefirot* do nada"[89]. O texto trata, outrossim — e conforme prometido em seu título, *"yetsirá"* —, da *formação* do universo (e, não, criação, pois que o material para formar era preexistente), por meio das vinte e duas letras do alfabeto hebraico que, associadas à década cabalística, totalizam trinta e dois caminhos[90]. A combinação das 22 con-

---

85. Busi, op. cit., p. 47; Sender, op. cit., p. 28. Kaplan, contudo, infere que não é certo traduzir *sefirot* por "números", termo para o qual o hebraico tem uma palavra própria (*mispár*); seu significado aproxima-se mais de "conta", que remete ao conceito de números, mas não apenas (2005, p. 54). Flavio Mitridate, em suas traduções para o latim, usava o termo *numerationes*.

86. Gershom Scholem menciona a relação com o pitagorismo sem elucidar, no entanto — ao menos, nessa obra —, se tal informação é uma inferência própria ou se procede de fontes hebraicas (Scholem, *Nome de Deus e Teoria da Linguagem*, 1999, p. 79). A pesquisa cabalística recolheu, através dos séculos, vasto material literário tanto para demonstrar o caráter sagrado do dez quanto para encontrar, nos antigos textos religiosos e na simbologia dos ritos, a confirmação de que esse número fosse, por si, uma chave para o conhecimento. Tudo aquilo que é numerável em dez representa, na Cabala, uma metáfora do mundo sefirótico — os dedos das mãos, as enunciações de Deus no início do Gênesis, as dez esferas celestes da filosofia antiga (Busi, op. cit., pp. 14-15).

87. Scholem, op. cit., p. 79.

88. *Sêfer Yetsirá*, I. 4, 5, Kaplan (trad.), 2005, p. 283.

89. *Sêfer Yetsirá*, I. 2, 3, 4, 5, 6, 7, 8, 9, ibid., pp. 283-284.

90. *Sêfer Yetsirá*, I. 1: "Com 32 maravilhosos caminhos de Sabedoria grava *Yah*, o Senhor dos Exércitos" (op. cit., p. 283). A menção ao termo "caminho" não é aleatória,

soantes hebraicas entre si, por sua vez, perfaz a totalidade de 231 resultados possíveis, que representam 231 portões de saída do poder criador, através dos quais "o inexistente foi transformado em existente"[91]. Às letras, como "fundação" do universo, são dedicados quatro dos seis capítulos da obra, nos quais, com linguagem enigmática, são tratados seus significados e suas relações com os três reinos da criação[92]:

> Vinte e duas letras: grava, entalha, pesa, permuta, transforma, e com elas descreve a alma de tudo o que foi formado e será formado no futuro[93].

Na maior parte das interpretações do *Sêfer Yetsirá*, como informa Moshe Idel, o surgimento do sistema das *Sefirot* é descrito em termos de emanação, *Atzilut*, ou de expansão, *Hitpaschetut*, ambos os processos cumprindo certa forma de cadeia, *Schalschelet*, que relaciona o reino mais alto, divino, aos mundos mais baixos, produzidos pelas *Sefirot*[94]. Observe-se que Idel usa a palavra "produzir" mundos, em concordância com a passagem "tudo o que foi formado e que será formado", do *Sêfer Yetsirá* (II. 1). É possível inferir que a ideia de emanação decorra da percepção do incessante dinamismo contido na conotação numérica; através desse movimento, o fluxo divino percorre o cosmo. Dentro desse sistema, cada *sefirá* corresponde a um grau provisório (porque o fluxo não é extático) de agregação da energia divina, inserido em um contínuo dinamismo de descese e ascese[95]. Sua mais importante designação é assu-

---

mas real indicação de 32 sendas místicas dentro de um processo iniciático. A décima esfera, a mais nobre e primeira em posição, é onde circulam as 22 letras (MAGHIDMAN, 2014, p. 124).
91. *Sêfer Yetsirá*, II. 1, KAPLAN (trad.), 2005, p. 283.
92. Cada uma das vinte e duas letras tem seu próprio significado coessencial, com atribuições que são transmitidas às coisas por meio delas formadas (SENDER, op. cit., p. 30).
93. *Sêfer Yetsirá*, II. 1 (op. cit., p. 285).
94. IDEL, 2008a, p. 21. No início do século XIV, na literatura de inspiração zohárica — em modo particular no *Tiqqune ha-zohar* (*Os Ornamentos do Esplendor*) e no *Masseket atzilut* (*Tratado sobre a Emanação*) —, o processo de emanação começa a ser distinguido em suas sucessivas fases, denotando a distância que separa o mundo superno da inferior realidade material (BUSI, 2011, p. 19).
95. BUSI, op. cit., pp. 14, 47. IDEL afirma que o caráter dinâmico das *Sefirot* constitui uma das principais características da Cabala (2008b, p. 515). SCHOLEM trata do ca-

mida no *Zohar*, no qual cada grau de emanação passa a ser relacionado a um atributo divino, recebendo nomes específicos, em parte retirados do primeiro livro das *Crônicas*[96]. Assim, embora haja variações semânticas e de tradução, os termos e significados mais utilizados para distinguir cada *sefirá* são: *Keter* (Coroa), *Hokhmá* (Sabedoria), *Biná* (Inteligência ou Compreensão), *Hesed* (Amor ou Grandeza), *Guevurá* (Bravura ou Potência), *Tiferet* (Beleza), *Netsah* (Eternidade ou Vitória), *Hod* (Magnificência), *Yesod* (Fundamento), *Malkut* (Reino)[97]. Assim, cada uma das esferas corresponde a uma forma específica de manifestação de Deus, uma *middah* ou atribuição divina, que pode ser ainda identificada com um de seus dez nomes sagrados. Sob tal luz, compreende-se a *conclusio* cabalística 36, "Deus endossou dez vestimentas quando criou o mundo"[98]. Apesar de diferenciadas em suas características, as dez *Sefirot* constituem uma unidade, como dez matizes da mesma luz.

Em termos de ordenação, a estrutura sefirótica tem sido contemplada com diversos tipos de representações, como, por exemplo, em forma de esferas dispostas sobre a circunferência de um círculo ou de letras hebraicas encerradas uma dentro da outra; mas a imagem que se tornou mais conhecida — divulgada na edição do *Pardes Rimmonim* (*O jardim das romãs*), de Cordovero, no Cinquecento — é a chamada ár-

---

ráter gnóstico das *Sefirot* em sua obra *Jewish Gnosticism, Merkabah Mysticism and Talmudic Tradition*, New York, 1960.

96. O trecho, no qual Davi bendiz Deus elencando seus atributos, diz: "A ti, Senhor, a *magnificência*, e o *poder*, e a *glória*, e o *esplendor*, e a *majestade*" (1Cr 29,11). Esses cinco atributos dão nomes a cinco das dez *Sefirot*. Cf. FORNACIARI, *Giovanni Pico della Mirandola: Conclusioni Cabalistiche*, 2009, p. 35; SENDER, op. cit., pp. 28, 45.

97. Veja-se BUSI, 2011, p. 16; FORNACIARI, 2009, p. 19, p. 35; CROFTON, pp. 140-141. A sequência das *Sefirot* mais aceita é aquela que foi estabelecida na escola de Isaac, o Cego, em Narbonne, no século XIII. Acresce FORNACIARI (*Aspetti dell'itinerario cabalistico di Giovanni Pico della Mirandola*, 2001, pp. 627-633) que cada *sefirá* é uma forma de manifestação ou uma inteligência angélica. Os cabalistas encontram uma série de correspondências entre as *Sefirot* e cada nível da realidade, como os astros, os órgãos vitais, os personagens bíblicos (Abraão seria *Hesed* ou *Guedulá*), as manifestações da natureza etc. Como explica BUSI (op. cit., p. 16), a referência ao sol, a Jacó ou à noção abstrata de beleza correspondentes a uma mesma *sefirá* não significa que esses elementos tenham equivalência, mas sim que estão ligados por uma harmonia que institui um nexo íntimo e um grau comum entre eles.

98. PICO, *Concl.* (II) XI, 36, p. 134.

vore sefirótica, na qual, ao longo de três eixos principais e paralelos, estão dispostos os círculos que simbolizam as *Sefirot*, ligados por canais transversais que sinalizam os recíprocos influxos[99]. Segundo a tradição cabalística, a descida das forças celestes advém ao longo do lado direito, através de *hokhmá*, *hesed* e *netsah*, enquanto a ascensão percorre o lado esquerdo, através de *biná*, *guevurá* e *hod*. O eixo central, sobre o qual se alinham *keter*, *tiferet*, *yesod* e *malkut*, é conotado pela ideia de presença e completude do divino[100]. Os traços de ligação entre as *Sefirot*, em número de vinte e dois — e em perfeita simetria geométrica com o total de letras do alfabeto hebraico —, constituem as vias através das quais a luz infinita e a força criadora se propagam. A metáfora da propagação da luz é tão utilizada quanto a do derramamento de águas: em uma de suas representações, tem-se a imagem de recipientes que recebem os fluidos e que, depois de cheios, derramam o excesso para os recipientes inferiores, sucessivamente. Outro ponto importante para a compreensão do conceito de emanações é que, em qualquer representação, cada *sefirá* é considerada passiva em relação àquela que a precede e ativa em relação àquela que a sucede[101]. Para melhor compreensão desta ideia, as *Sefirot* podem ser representadas por três triângulos, sendo um superior, ascendente, e dois inferiores, descendentes. O triângulo ascendente, também chamado espiritual, recebe luz e força do Alto e corresponde ao Mundo da Emanação. Os triângulos descendentes, respectivamente, o intelectual e o formativo, absorvem as influências superiores, as transfazem e conduzem em direção aos mundos físicos[102].

O Ein Sof

Acima da concepção das *Sefirot*, a doutrina cabalística concebe a enigmática existência de outros três níveis supraespaciotemporais. O

---

99. Veja-se representação da árvore sefirótica em IDEL, 2008a, p. 21; MAGHIDMAN, 2014, p. 175.
100. BUSI, op. cit., pp. 15-17.
101. SENDER, op. cit., pp. 46 ss.
102. SENDER, ibid., p. 50.

mais distante e incompreensível dentre os três encerra-se na ideia de *Ain*, que se traduz como "nada". O *Ain* não representa a negação da existência, mas a afirmação de que "nenhum termo do vocabulário humano poderá definir tal abstração", como define Tova Sender. Essa ideia exclui qualquer relação com os mundos pertencentes ao tempo e ao espaço. O *Ain* não existe e não está; é o "Imanifesto", ou a "Existência Negativa"[103]. Em seguida, há o *Ein Sof*, literalmente "sem fim" ou "infinito"; uma concepção levemente mais definida que o *Ain*. Difere do primeiro na medida em que pressupõe uma participação no tempo e espaço, em razão da inclusão do termo *"sof"* ("fim"). Permanece, como no princípio anterior, a ideia de existência negativa. O *Ein Sof Or* ("luz infinita"), terceiro conceito, aproxima-se da apreensão humana em razão da presença do termo *"or"* ("luz"). Contudo, o *Ein Sof Or* mantém-se incompreensível e constitui o terceiro véu de existência negativa[104]. Diferentemente das *Sefirot*, que podem ser conhecidas através do estudo e da contemplação, a teologia hebraica negativa postula que a verdadeira essência de Deus nunca será conhecida. Assim, na maior parte das obras cabalísticas, a manifestação de Deus no cosmo é concebida somente a partir da emanação que parte do *Ein Sof Or*, fazendo com que Aquele se revele: "no emanado está a força do Emanador, mas Este não sofre diminuição alguma"[105]. O sistema cabalístico contempla, ainda, uma quarta concepção que seria a unidade absoluta, sintetizada no Tetragrama YHWH — ou "nome sagrado de Deus de quatro letras"[106].

---

103. No sentido descendente, a Árvore da Vida constitui o trajeto através do qual o poder criador atuou no ato da Criação; é a transformação do AIN ("Nada") em ANI ("Eu"), quando o Imanifesto torna-se Manifesto. Note-se que AIN e ANI contêm as mesmas letras, e a permutação entre elas, segundo o método cabalístico *temurá*, ocorreu simultaneamente ao processo de involução do poder criador (SENDER, op. cit., p. 50).
104. SENDER, op. cit., p. 46. Há registros de que o recurso à teologia negativa, que opera com a impossibilidade de qualificar a íntima natureza do divino, estava presente no início do século XIII, nos círculos de Isaac, o Cego (BUSI, op. cit., p. 18).
105. A passagem é dos *Sifre ha-'iyyun* (*Livros da Contemplação*), redigidos na metade do século XIII; lê-se, ainda: "Ele é unido às suas forças como a chama é unida às suas cores" (cf. Verman, *The Books of Contemplation*, Medieval Jewish Mystical Sources, Albany, 1992, apud BUSI, op. cit., p. 18).
106. Paolo FORNACIARI (2009, p. 19), como outros autores pesquisados, trata de forma bastante restrita o conceito de tetragrama, que também é transliterado como

Na emanação, ocorre um processo de distinção através do qual os seres são formados por separação da unidade absoluta. De acordo com Giulio Busi, o problema da passagem do *Ein Sof* ao domínio da emanação representou um dos pontos mais tormentosos da especulação cabalista[107]. Especialmente na Cabala do Cinquecento, difundiu-se a reflexão sobre o aspecto secreto do desencadeamento da emanação, passando a ser bem aceita a concepção de que o impulso à manifestação se deu como um movimento espontâneo da vontade divina, expresso na ideia de expansão. Para que tal manifestação no cosmo fosse possível, os cabalistas anuíram que o *Ein Sof* tivesse tido que se autolimitar, restringindo-se dentro do domínio da compreensibilidade[108]. Tal ideia de contração da Presença Divina, denominada *Sekinah*, já se encontrava presente na literatura midráshica e foi retomada no decorrer do século XIII[109]. Mais adiante, no século XVI, Moshe Cordovero exprimiria o conceito de contração divina com um esclarecedor aforisma, segundo o qual "a emanação é o espaço de Sua presença no qual Ele se contraiu", de forma que "Sua grandeza, mesmo que parcial, pudesse ser intuída". Continuando, dizia o cabalista que "a razão da emanação é dupla: de uma parte, Deus quis ocultar-se até que as criaturas tivessem um limite; de outra parte, Ele quis revelar-se para que as criaturas pudessem aferrar a Sua grandeza"[110]. As sentenças confirmam, conceitualmente, o duplo movimento presente na origem da Criação: o de ocultação e o de manifestação. Ademais, as

---

IHVH. Em outra qualificação obscura, informa SCHOLEM que o conjunto do universo está selado em todos os seus seis lados com as seis permutações do nome IHVH, e que todas as coisas existem por combinações dessas letras, como assinaturas (1988, p. 201).
  107. BUSI, op. cit., p. 20.
  108. Perceba-se que, ao limitar-se em contração, ocorre uma queda de potência. Em cada subsequente estágio ou desnível, dá-se uma consequente diminuição da magnitude de poder da emanação. Essa concepção, por si só, pode propiciar algumas especulações teológicas.
  109. A contração é definida em hebraico como *simsum*, procedente da raiz *simsem* (BUSI, 2011, p. 20). A concepção da contração divina sofre algumas variações ao longo do tempo. Nachmânides trata do tema, que também consta do *Midrash há-ne'elam* (*O midrash escondido*).
  110. CORDOVERO, *Pardes Rimmonim*. A obra de Cordovero, surgida pela primeira vez em Cracóvia, em 1591, não dispõe atualmente de edição comentada. BUSI informa em sua bibliografia algumas traduções da obra (2011, pp. 20-21, 138).

palavras de Cordovero, que refletem uma posição doutrinária aceita no Cabalismo, sustentam que o movimento em direção à cognoscibilidade comporta, necessariamente, a ocultação de tudo aquilo que não pode ser compreendido pelos seres finitos. Sob esse prisma, na concepção basilar de emanação divina estaria imbuída a ideia de uma paulatina revelação de sua verdade ou de sua parcial ocultação. Acerca do tema e, especificamente, de sua atuação sobre o universo físico, escreveu de forma elucidativa o mestre de Pico, Alemanno:

> O poder [divino] se estende e emana sobre todas as criaturas em geral, ainda que elas difiram no tocante às suas capacidades receptivas; assim, os vegetais e os animais são mais receptivos ao efluxo divino do que os minerais. O ser humano tem a maior receptividade de todos. [Mas], também na espécie humana, os homens possuem distintos graus de receptividade[111].

A passagem, conquanto se refira às diversas formas de recepção das emanações no universo físico, confirma a atuação da divindade sobre os mundos inferiores através de seus canais, as *Sefirot*. Outra característica integrante do movimento emanente está em seu retorno. A presença de um fluxo descendente e outro ascendente está clara nesta outra passagem de Alemanno: "Ele recebe todos os canais e as emanações dos mundos supernos e intermediários, pois ninguém recebe aquele bem na sua inteireza, a não ser Ele. Quando Ele o recebe, todas as emanações que descendem à terra estão em equilíbrio e operam na perfeição"[112]. Há, pois, um retorno "a Ele", um movimento contrário e necessário para o equilíbrio universal. O fluxo de ascese e descese, passando através da árvore sefirótica, permite que os estamentos universais se estabeleçam.

As conceituações referentes ao processo de emanação a partir do *Ein Sof*, especialmente as escritas por Alemanno, certamente não dei-

---

111. ALEMANNO, *Collectanaea*, Manuscrito de Oxford, 2.234, f. 105v. Quanto aos graus de receptividade do homem, a recepção de cada *sefirá* depende da estrutura do intelecto humano, que pode participar do conhecimento apenas de forma gradual. Sobre o tema, veja-se BUSI, 2011, p. 14.

112. ALEMANNO, *Einei haEdá* (*Os Olhos da Congregação*), Manuscrito de Jerusalém 598, f. 51r-v.

xariam de ser notadas por Pico. Em pelo menos duas *conclusiones*, o tema é abordado diretamente. Na tese órfica 15, é estabelecida uma correspondência: "são a mesma coisa a Noite em Orfeu e o *Ein Sof* na Cabala"[113]. Para estabelecer tal analogia, Pico estaria acolhendo, em ambas as designações, a representação da existência informe, ou da ausência de forma e distinção. O tema é retomado na tese cabalística 31, *secundum opinionem propriam*: "Quando os cabalistas colocam, com o termo *Tesuvah*, a ausência de forma, esta deve ser entendida como estado antecedente à forma"[114]. A concepção de uma contração divina também não deixaria de ser mencionada:

> Se concebermos Deus como infinito e uno e segundo si mesmo, de modo a compreender que dele nada procede, sendo apenas distanciamento das coisas, total fechamento de si em si mesmo e extremo, profundo e solitário contrair-se no recesso mais remoto da própria divindade — então teremos uma intuição dele que se cobre no abismo de sua profundidade[115].

3. As divisões da Cabala e suas formas de aproximação da divindade[116]

O vasto conjunto de materiais que foi sendo formado ao longo de séculos, abrigando doutrinas que ora se complementavam, ora não, dificilmente poderia formar uma teoria unificada. Os milhares[117] de tex-

---

113. *Concl.* (II), X, 15, p. 122: "*Idem est Nox apud Orpheum et Ensoph in Cabala*".
114. *Concl.* (II), XI, 31, p. 132: "*Cum audis cabalistas ponere in 'Thesua' informitatem, intellige informitatem per antecedentiam ad formalitatem, non per priuationem*".
115. Pico, *Concl.* (II), XI, 35, p. 132. Pontua FARMER (op. cit., p. 535) que Pico distingue nessa tese a natureza transcendente de Deus (*Ein-Sof*) de sua natureza manifesta (as *Sefirot*).
116. O termo "divindade" pode ser atribuído a uma miríade de possibilidades dentro de uma estrutura hierárquica, de acordo com o modelo de Cabala e com a intenção do operador. O conceito pode ser empregado para caracterizar desde entidades mais terrenas, dentro de uma visão que se aproxima ao paganismo, como para designar o grau máximo da Unidade Absoluta.
117. Embora a quantidade possa parecer exagerada, o número de manuscritos espalhados atualmente entre várias bibliotecas do mundo é, efetivamente, avultoso, como confirmam as obras dos especialistas Scholem e Idel.

tos e manuscritos encontrados sob o leque do cabalismo foram adquirindo tonalidades diferenciadas, que levaram à disposição de alguns *corpora*, com denominações distintas. Embora para Gershom Scholem toda a mística judaica seja fundamentalmente uma teosofia — já que trata da imersão nos mistérios do mundo divino e de suas relações com o mundo da Criação[118] —, o próprio reconhece algumas divisões temáticas existentes na Cabala, entre as quais duas principais: a chamada Cabala Prática, *Qabalá Maassit*, e a chamada Cabala Especulativa, *Qabalá Iiunit*[119]. Em suas *Conclusiones Cabalisticae*, Giovanni Pico mostrava ter conhecimento dessas duas divisões, testemunhando que a distinção já era bem aceita pelos cabalistas da época[120]. A Cabala Especulativa tomou outra subdivisão, a saber, o modelo teúrgico-teosófico, mais difundido e considerado mais importante, e o modelo extático-meditativo, também chamado profético. Essas se tornaram as três principais distinções aceitas pelos atuais comentaristas cabalísticos, representando, sucintamente, três formas de se relacionar com a Cabala: a prática, em alguns casos chamada "mágica", a teúrgica e a extática[121]. A elucidação de tais modelos será útil para a compreensão de seus propósitos e, consequentemente, de seu uso na obra piquiana.

---

118. SCHOLEM, 1999, pp. 64-65. Malgrado qualquer definição que o termo "teosofia" possa ter tomado após o século XVIII, cabe ressaltar que o uso empregado pelos comentadores, ao tratar das concepções presentes na Cabala, relaciona-se à forma como esse termo era utilizado pelos neoplatônicos para indicar o conhecimento das coisas divinas, proveniente da inspiração direta de Deus. Nesse sentido, veja-se, por exemplo, Proclo (*Theologia Platonica*, V, 35) e Porfírio (*De abstinentia ab esu animalium*, IV, 17).
119. SCHOLEM, 1989, p. 5. Foi a escola espanhola a produzir a primeira literatura apontando para uma dicotomia entre Cabala prática e especulativa. Essa distinção pode ter relação com a divisão formulada por Maimônides entre filosofia especulativa e filosofia prática, em seu tratado sobre lógica *Milot ha-Higaion* (IDEL, 2008a, p. 32).
120. PICO, *Conclusio secundum secretam doctrinam sapientum hebraeorum* 1: "Independentemente do que digam todos os outros cabalistas, eu distinguirei o conhecimento da Cabala na Ciência da Numeração ou *Sephirot* e na Ciência de *Semot* ou Nomes, em relação à ciência prática e especulativa". Pico toma emprestada tal distinção do cabalista Abraham Abulafia (cf. IDEL, *L'esperienza mistica di Abraham Abulafia*, Milano, 1992, p. 46, apud FORNACIARI, 2009, p. 35).
121. IDEL, 2008a, p. 19; veja-se o inteiro artigo para detalhes acerca dos modelos de Cabala.

A Cabala prática

Difundida especialmente a partir da escola askenazita florescida no século XII, e responsável por levar o misticismo judaico a uma fase de transição[122], a Cabala prática lida com formas ritualísticas que poderiam ser organizadas ao longo de uma régua de graduações. Também chamada "mágico-talismânica", contempla um conjunto de procedimentos voltados à obtenção de determinados benefícios que se distribuem em graus variáveis de densidade material, relacionados à utilização de práticas mágicas. Nesse sentido, a magia deve ser entendida como elemento que faz parte do saber místico judaico, apresentando-se sob uma profusão de formas presentes desde o final da antiguidade[123]. Com o passar do tempo, ocorreu a despotencialização da Cabala mágica em virtude da crescente manipulação de elementos externos para a obtenção de benefícios materiais e/ou pessoais, levando a Cabala prática a aproximar-se do paganismo[124]. Efetivamente, várias narrativas recolhidas nos *Talmudim* e *Midrashim* de época tardoantiga descrevem fórmulas mágicas e extraordinários poderes de antigos mestres, confirmados por achados arqueológicos que provam sua difusão durante a diáspora do Oriente Próximo[125].

Na Idade Média, sob o impacto de concepções filosóficas reinantes entre os árabes, surgiram elaborações que se sustentavam sobre a ideia de que, canalizando a fonte espiritual que governa o mundo, o operador poderia manipular os acontecimentos do mundo sublunar.

---

122. Leia-se mais em BUSI, op. cit., p. 49.
123. Algumas partes desse tipo de conhecimento sobreviveram e encontram-se em textos hebraicos e aramaicos, como informa IDEL (2008a, pp. 32-33).
124. IDEL, 2008a, p. 38. Na p. 37 da mesma obra, Idel cita um trecho do *Pardes Rimonim*, obra clássica da literatura de Safed, de Cordovero, em que se encontra descrita a forma de utilização das cores para atrair as forças sefiróticas.
125. BUSI, 2011, p. 27. Muitos dos achados arqueológicos traziam amuletos com nomes angélicos, frequentemente agrupados em longas sequências para reforçar seu valor apotropaico. Maiores detalhes sobre a Cabala prática podem ser encontrados nas seguintes obras, indicadas por BUSI: PATAI, R., *Alchimisti ebrei-Storia e fonti*, S. Bondoni (trad.), Genova, 1997; SÉD, N., *L'alchimie e la Science sacreé des lettres. Notes sur l'alchimie juive à propos de l'"Èsh mesareph"*, in: *Alchimie, Art, Histoire et mythes*, Paris-Milan, 1995, pp. 547-649.

Por conseguinte, desenvolveu-se na magia medieval, árabe e judaica, o conceito de atração das forças dos corpos celestiais. Tais forças, denominadas *Pneumata*, *Ruhaniyyat* ou *Ruhaniot* — respectivamente em grego, árabe e hebraico —, poderiam ser atraídas e capturadas por meio de tipos especiais de objetos e rituais, cujas naturezas deveriam estar em concordância com as feições dos correspondentes corpos celestiais[126]. Entre as maneiras de atrair os vários gêneros de forças existentes, a linguagem mostrava-se a principal forma utilizada, sendo um procedimento que, de acordo com o modelo de Cabala, poderia ser empregado em oitavas diferenciadas[127].

Os resultados dos chamados "encantamentos" passam a se difundir nos círculos cabalísticos, sobretudo a partir do século XII, época de difusão da obra de magia *Sêfer Raziel* (*O Livro de Raziel*), inclusive entre os cristãos[128]. Para muitos, sua autoria deveria ser atribuída a Eleazar de Worms, que teria escrito, também, um comentário ao *Sêfer Yetsirá*, em que se leem algumas instruções para a feitura de um ser vivo, intitulado *Golem*[129]. Ainda antes de difundir-se nos círculos renanos, essa

---

126. Maimônides, embora não simpatizante dessa espécie de atividade, foi quem melhor descreveu as formas de atração de forças para objetivos práticos, nas passagens em que trata sobre idolatria (IDEL, 2008a, p. 34).
127. O uso da Cabala prática não se restringe à obtenção de benefícios materiais ou egoísticos, como poderia ser entendido. Como conta Tova SENDER (op. cit., p. 82), o poder da linguagem relacionado à leitura dos *Salmos*, para citar um exemplo, constitui um recurso utilizado por comunidades judaicas em tempos de perigo não apenas na antiguidade, como nos dias atuais.
128. SENDER, op. cit., p. 79. O *Sêfer Raziel* é um manual contendo instruções para a confecção de amuletos. Veja-se o amplo material coletado por François SECRET, *Sur quelques traductions du Sefer Raziel*, in: *Revue des Études Juives*, 128, 1969, pp. 223-245.
129. Considera-se que a recitação correta dos versos do *Sêfer Yetsirá* tem a força para produzir uma criatura e dotá-la de vitalidade, *hiut*, e alma, *neshamá*. Como no idioma hebraico é possível não definir o tempo verbal, em razão de sua ausência de vogais, as sentenças presentes naquela obra podem ser lidas como "Ele combinou, Ele formou...", ou, de forma imperativa, "Combine, Forme" (MAGHIDMAN, 2014, p. 109). Acerca da criação real de um ser animado, conta-se que, no século XVI, em Praga, notabilizou-se o rabino Löew por criar um *golem*, partindo do barro e utilizando o *Livro da Criação*. Sobre o tema, a composição intitulada *Sod Peulat ha Yetsirá* (*O Segredo da Operação da Criação*) é um dos textos que descreve a criação de um *golem* (IDEL, *As obras e a doutrina de Abrão Abulafia*, op. cit., 1976, p. 131). Também, de IDEL: *Golem, Jewish Magical and Mystical Traditions on the artificial Anthropoid*, 1990, pp. 54-80, 96-118, 127-163. Veja-se, ainda,

intrigante concepção era conhecida entre os judeus da Itália meridional, mesmo em ambientes culturalmente elevados: na obra *Megillat Ahima'as*, redigida na Puglia do século XI, narra-se a criação de um *golem* a partir da potência do Tetragrama[130]. Contudo, a maior absorção da literatura referente ao *golem* se dá no *Quattrocento* italiano: certamente, não passaria despercebida aos ilustrados do Renascimento a possibilidade de confeccionar um ser animado. De fato, como conta Franco Bacchelli, "naqueles anos, entre aqueles homens [do final do Quattrocento], encontrava-se vivo não apenas o velho problema da possibilidade da geração espontânea de animais superiores, mas também a questão da possibilidade de conferir vida, para vários fins operativos e sapienciais, a matérias inanimadas"[131]. São, justamente, desse período as discussões ficinianas sobre as estátuas que poderiam capturar *daimons* ou sobre a geração de "intelectos" proféticos estabelecidos por Lazzarelli a partir das receitas para se confeccionar um *golem*[132].

O interesse pela magia é um elemento que compõe a cena do século XV, como visto no capítulo I, e que mereceu destaque em obras piquianas, como as *Conclusiones*, a *Oratio* e a *Apologia*. O conhecimento de formas da magia hebraica abriria espaço para discussões mais profundas, de teor ético, que envolveriam Pico, Alemanno e pronunciadas distinções entre formas da Cabala consideradas puras e impuras, relacionadas aos lados "direito e esquerdo"[133]. A conceituação do "lado esquerdo" tem suas origens ligadas, muito provavelmente, à ideia de *sitra ahara* ("outro lado"), expressa no *Zohar*. Um manuscrito do sé-

---

SCHOLEM e seu capítulo "A ideia do Golem" (*A Cabala e seu simbolismo*, 1978); BUSI, e suas sugestões bibliográficas acerca do tema (2011); SENDER (1992, p. 80).

130. BUSI, idem.

131. Franco BACCHELLI, *Giovanni Pico e Pier Leone da Spoleto. Tra Filosofia dell'amore e tradizione cabalística*, 2001, p. 62.

132. BACCHELLI, ibid., p. 76. Na mesma obra, em nota à p. 82, o autor aborda a maneira como Lazzarelli, em sua obra *Crater Hermetis*, absorveu a doutrina da criação do *Golem* e a forma de utilização dos nomes divinos.

133. Assim escreveria o Rabi Elias Menakhem Halfan, mais tarde, em uma epístola do século XVI: "a ciência da Cabala dividiu-se no início em duas partes chamadas de lado direito e lado esquerdo. O lado direito é todo pureza e santidade, nomes divinos e angelicais e questões sagradas. O lado esquerdo é todo [...] demônios e cascas do lado impuro" (Manuscrito JTS, 1822, f. 153v).

culo XVI, de autor anônimo, adverte para a necessidade de se preservar tais ensinamentos, informando que "a Cabala prática consiste em conjurações de anjos; um saber que deve ser escondido por causa daquelas pessoas que são mestres da práxis [*anschei baalei maasé*]"[134].

Alemanno demonstrara interesse pelo aspecto operativo da Cabala ainda antes de conhecer seu discípulo, embora reconhecendo sua posição inferior em relação às formas mais elevadas de especulação cabalística. Pico, por sua vez, sabia que eram proibidas as práticas que empregavam nomes divinos para encantar demônios, deixando claro, em sua *Tese* mágica n. 26, que apenas a Cabala "pura e imediata" poderia mover algo "que nenhuma magia alcança"[135]. Alemanno — e, mais tarde, Cordovero, que acolheria o influxo de seus procedimentos em Safed — tinha ciência da similaridade entre o tipo de Cabala que estava propondo e as práticas mágicas pagãs — e não pretendia quebrar a ordem natural recorrendo a forças demoníacas que poderiam destruir tal ordem. Ao contrário, propunha um tipo de atividade que complementasse o curso natural das coisas, adicionando uma dimensão da práxis baseada em leis já existentes. Para um cabalista como Alemanno, que utilizava a magia em sua forma mais pura, tal atividade era considerada sobrenatural apenas na medida em que sua ordenação se mostrava pertencente a uma ordem superior[136]. A clara percepção da

---

134. IDEL, 2008a, pp. 32-33. O manuscrito em questão originou-se na escola cabalista espanhola, cuja tendência à magia foi visível no século XV. Ao contrário da magia *naturalis*, aceita por Ficino, Pico e Alemanno, seus contemporâneos espanhóis cultivavam um tipo de magia diversa, que lidava com conjurações de anjos e demônios para uma variedade de desígnios, inclusive o escatológico. Há relatos de que alguns cabalistas da Espanha cultivaram uma forma demoníaca e violenta de Cabala mágica, destinada a destruir a ordem histórica e religiosa predominante, que significava, entre outras coisas, também o Cristianismo (IDEL, *Jewish Magic from the Renaissance to Early Hasidism*, in: Neusner-Frerichs-McCracken [eds.], New York-Oxford, Oxford University Press, 1989, pp. 86-99).
135. PICO, *Concl.* (II) IX, 26, p. 120. "[...] ita per opus Cabalae, si sit pura Cabala et immediata, fit aliquid, ad quod nulla Magia attingit".
136. IDEL, 2008a, pp. 37-38. Em seu *Collectanaea*, Alemanno elucida que o processo para a aquisição de poderes mágicos através da emanação das forças superiores compreende dois estágios, em uma abordagem que parte do inferior ao superior: inicialmente, a pessoa receberia uma vibração menos elevada do efluxo divino; somente após habituar-se a ele, poderia receber o efluxo adicional, "o espírito do Deus vivo", que ca-

existência de dimensões supracelestes puras e impuras, bem como de operadores cabalistas eticamente diferenciados, em qualquer das formas atribuíveis à Cabala, foi registrada pelo mestre de Pico:

> Qualquer homem, bom ou mau, que conheça a obra dos anjos puros e impuros, que são superiores às estrelas, pode atrair sua fragrância sobre nossas cabeças, pois deu uma interpretação cabalística à *Torá* inteira. Nisso estão inclusos os mestres das ciências especulativas e práticas das *Sefirot*[137].

A *Cabala teúrgica*

O modelo teúrgico-teosófico, bastante amplo em relação à quantidade de material que lhe foi designado, abrange, de um lado, o domínio de especulação que os estudiosos descrevem como "teosófico" — pois lida com os diferentes e complexos mapas do reino divino, procurando revelar os mistérios da vida oculta de Deus, suas relações com a vida humana e as desta com a Criação; de outro lado, a chamada "teurgia", ou a maneira através da qual certos feitos religiosos humanos exercem impacto sobre o referido reino[138]. Os teurgos entendem que o homem seja capaz de ativar o influxo divino através de cerimônias religiosas e invo-

---

racterizaria o "descenso da espiritualidade" (*horadat haRukhaniut*). Para o autor, se os atos para o descenso das forças fossem feitos sob a utilização dos corretos mandamentos e ritos judaicos, qualquer conduta — que, em outra situação, seria irregular — tornar-se-ia atenuada. Assim, as consecuções materiais e espirituais poderiam ser realizadas, sem uma tentativa de "curto-circuitar" a ordem da natureza, ou "sem forçar a vontade divina" (IDEL, ibid., p. 35). Note-se que, em Florença, a ideia de descenso das forças espirituais recebeu críticas de Moisés ben Yoav, que considerava essa prática idolatria em todos os aspectos; Elia del Medigo descartava completamente qualquer de suas formas. Em sua obra *Bekhinat haDat* (*O Exame da Religião*), Del Medigo se opõe àqueles (como Alemanno, provavelmente) que viam na *Torá* e nos preceitos meios para causar o descenso das forças espirituais ("é impossível que as forças espirituais descendam para o mundo do modo que dizem os magos. Ao examinarmos os dizeres da *Torá*, vemos que ela se opõe energicamente a tais práticas idólatras"), IDEL, 2008b, p. 477; p. 493.

137. ALEMANNO, *Collectanaea*, in: Manuscrito de Paris, 849, f. 7v.
138. IDEL, 2008a, p. 20. Essa forma de Cabala fez parte das discussões dos cabalistas espanhóis, encontrando no *Zohar* uma forte expressão, florescendo, posteriormente, de forma mais vigorosa, no círculo luriânico de Safed, no século XVI. Para maiores detalhes acerca da notória escola desenvolvida por Isaac Luria, veja-se IDEL, 1998, pp. 22-23.

cações. Um paradigma de pensamento teúrgico foi aquele desenvolvido por Jâmblico, baseado na eficácia do rito como ativador das forças celestes. Segundo o neoplatônico, "graças às forças dos segredos singulares que possui, o teurgo não comanda as potências cósmicas como um homem", mas "como um ser que já alcançou o nível dos deuses"[139]. Esse é o entendimento que se extrai das formas teúrgicas mencionadas por Pico, sobretudo nas *Conclusiones* que tratam dos *Hinos de Orfeu*[140]. Sob o cabalismo, o conceito de teurgia refere-se à crença do cabalista em sua habilidade específica de influenciar no processo e na condição das *Sefirot*, atribuindo ao rito uma especial força operativa[141].

Tanto o fenômeno de recebimento do efluxo sefirótico como a leitura dos nomes divinos eram elementos familiares a Pico e integravam, respectivamente, a "Ciência das *Sefirot*" e a "Ciência *Semot*", mencionadas nas *Conclusiones*[142]. A conexão entre esses dois aspectos é abordada no *Takhlit heHakham*, obra conhecida tanto por Pico como por Alemanno, onde se lê: "Aristóteles disse que [...], nos tempos antigos, os nomes divinos tinham uma certa capacidade para trazer a força espiritual à terra. Às vezes, essas forças descendiam. Outras vezes, matavam o homem que as utilizasse"[143]. A menção aos tempos de Aristóteles é utilizada pelo autor do manuscrito para prevenir contra o perigo envolvido nas práticas de rituais teúrgicos, quando não é dada a devida atenção aos detalhes — advertência referida em muitos livros cabalísticos. O *Sefer haAtzamin* (f. 13), por exemplo, determina: "se a pessoa não for especialista e versada em causar o descenso das forças e a execução dos rituais, eles o matarão"[144]. Também Pico era ciente dos riscos envolvidos nas operações cabalísticas, tanto que assim escreveria em suas *Teses*: "Quem opera em Cabala [...], se cometer erros ao operar

---

139. Apud BUSI (op. cit., p. 34), que não cita a fonte de Jâmblico.
140. Veja-se, por exemplo, a *Conclusio* órfica n. 2; cf. cap. III.
141. IDEL, 2008b, p. 461.
142. Referentes à Cabala especulativa e à Cabala prática, cf. *Conclusio Cabalistica* (II) XI, 1.
143. Cf. Manuscrito de Munique, 214, f. 51r, apud IDEL, 2008b, p. 474. Em outro artigo, IDEL observa que a magia helenística antiga lidava com o recebimento de forças espirituais chamadas, naquele contexto, *pneumata* (2008a, p. 34).
144. IDEL, 2008b, p. 485.

ou iniciar-se sem prévia purificação será devorado por Azazel, segundo as regras da justiça"[145].

Sob o prisma teúrgico, o estudo das estruturas das *Sefirot* não denota apenas uma ocupação teórica, mas uma possibilidade de colocar o adepto em grau de intervir diretamente sobre o mundo superno, a ponto de influenciar a dinâmica das forças divinas. Enquanto a magia exercida na Cabala prática utiliza os efeitos da propagação de forças superiores sobre o mundo material, atraindo-as para baixo, a teurgia, de forma contrária, empurra o místico em direção ao alto, caracterizando-se, assim, como uma forma de caminho iniciático[146]. O místico-teurgo tem por objetivo elevar-se — no caso dos cabalistas, à dimensão sefirótica —, usando como instrumentos os específicos rituais destinados a influir sobre aquelas forças. Um importante desdobramento da relação causa-efeito entre as ações materiais e suas repercussões celestes encerra-se na concepção cabalística de que as ações ritualísticas não são as únicas a reverberarem no céu, como explica Giulio Busi: cada ato humano, mesmo o mais simples, obtém um resultado velado na outra dimensão, "propagando-se como uma onda até o mais íntimo do mistério transcendente"[147]. Pode-se entender, assim, porque a Cabala

---

145. Pico, *Concl.* (II) XI, 13. A primeira parte da *Conclusio* 13 postula que aquele que operar em Cabala da forma correta encontrará a conjunção com Deus (ou com o Absoluto, conforme a concepção da "Morte do Beijo"). Elucida Fornaciari que, assim como o êxito positivo traz um resultado de dimensões absolutas, o eventual êxito negativo não se limitará a um simples fracasso, mas ao completo extermínio do operador inexperiente, através da "fagocitose" por parte do demônio (*Aspetti dell'itinerario cabbalistico di Giovanni Pico della Mirandola*, 2001).
146. Busi, op. cit., pp. 34 ss. A magia da Cabala prática transformou-se em teurgia tão logo o objeto do efluxo espiritual passou a ser a *sefirá* de *Malkhut* — a esfera mais próxima ao reino material —, e não a pessoa do cabalista ou o do mago. Contudo, as duas formas apresentam-se como um caminho de mão dupla: o atrair as forças para baixo pode se dar em dois estágios: o ato teúrgico inicial opera levando a emanação da *sefirá* mais elevada até a última, *Malkut*, onde é possível — usando uma linguagem neoplatônica — a união do intelecto com o inteligível; em seguida, o influxo da última *sefirá* é atraído para o reino sublunar, ocasionando o que se chama "transbordo" das *Sefirot*, um ato ligado ao território da prática ou magia (Idel, 2008a, pp. 38-43; 2008b, p. 471).
147. Como exemplifica Busi, a união sexual entre um homem e uma mulher, sob a ótica cabalística, provoca a conjunção sefirótica entre *Malkut*, a *sefirá* que representa o princípio feminino ligado ao Reino, e *Tiferet*, a *sefirá* da Beleza que conota o princípio masculino (2011, p. 35).

tem um papel especial no processo de dignificação do homem proposto por Pico em quase todas as suas obras: a especulação cabalística atribui ao homem uma extraordinária responsabilidade, na medida em que o torna partícipe do equilíbrio divino.

A interpretação das *Escrituras* é uma das ferramentas utilizadas para alcançar a comunhão objetivada, como abordado no item referente à tradição oral. Outras formas ritualísticas, assim como na Cabala prática, se dão pelo uso da linguagem, em virtude de sua qualidade de refletir, seja pelas letras ou por seu som, a estrutura interna do reino divino — isto é, do sistema sefirótico —, visto que dele participam. Essa qualidade criadora presente nas letras hebraicas permite sua atuação na matéria, como melhor explica Lipiner: "as letras do alfabeto hebraico seriam espírito derivado de espírito, que deslizam progressivamente da sutil sabedoria e pensamento divinos até converterem-se em substâncias das coisas materiais, já presentes integralmente nelas em potência"[148]. Por conseguinte, os corretos vocábulos, juntamente com a correta forma de pronúncia, não apenas permitem ao teurgo influir sobre aquela estrutura, como restauram a harmonia no interior do reino divino[149].

A *Cabala extática*

Embora a Cabala teúrgica tivesse adotado visões neoplatônicas importantes, os elementos aristotélicos presentes na Cabala extática fo-

---

148. Elias LIPINER, *As letras do Alfabeto na criação do mundo — Contribuição à pesquisa da natureza da linguagem*, 1992, p. 107. A essência dinâmica contida nas letras, defendida e chamada de "alma das letras" por Isaac, o Cego, relembra características platônicas de potência criadora oriunda do mundo das Formas e das Ideias, como, justamente, infere SCHOLEM (1999, p. 33).
149. A ideia de restauração de harmonia no interior do reino divino, concepção que pode soar incômoda, é melhor entendida através da explicação de Yohanan Alemanno: "Ele [o divino] recebe todos os canais e as emanações dos mundos superiores e intermediários, pois ninguém recebe aquele bem na sua inteireza, a não ser ele. Quando ele o recebe, todas as emanações que descendem à terra estão em equilíbrio e operam na perfeição". Depreende-se dessas palavras que o fluxo espiritual ocorre em duas vias: o reino divino não apenas emite como "recebe" as emanações, conferindo, assim, perfeição ao mundo inferior e perpetuando a própria harmonia (ALEMANNO, *Einei haEdá — Os Olhos da Congregação*, in: Manuscrito de Jerusalém, 598, f. 51r-v).

ram essenciais para que essa forma predominasse na Itália, onde exerceu maiores repercussões sobre pensadores do *Quattrocento*, em razão das nuances que a aproximava da Filosofia. Manifestando-se entre o final do século XIII e o início do XIV, sobretudo através dos manuscritos dos cabalistas espanhóis Abraham Abulafia, Natan Saadia e Isaac de Acre — os três em linhagem sucessória mestre-discípulo —, a Cabala extática estabeleceu-se cuidando da questão que envolve a comunhão do homem com o Espírito divino[150]. Tanto Alemanno quanto Pico estavam bem familiarizados com esse modelo de Cabala, graças aos estudos sobre os escritos de Abulafia, que agregou elementos aristotélicos significativos em suas concepções físicas, metafísicas e relacionadas à alma[151]. Diferentemente da Cabala teúrgica, que atua na atração de forças exteriores, aqui o foco principal se concentra nos processos interiores que ocorrem entre o intelecto humano e o cósmico, por alguns denominado Intelecto Ativo[152].

Assim como nas outras formas de Cabala, a extática utiliza algumas técnicas para atingir seus objetivos, nesse caso voltados a alcançar determinado estado de êxtase — o chamado *devekut*, ou união com a Divindade — e, excepcionalmente, de profecia[153]. Segundo Abulafia, a

---

150. IDEL, 2008a, p. 29. No século XVI, a Cabala extática terá forte repercussão através dos escritos de Cordovero, Iehudá Albotini e Haim Vital, entre outros.

151. Para elucidações sobre a forma que Abulafia e outros cabalistas italianos utilizaram o aristotelismo em suas filosofias, veja-se IDEL, *The Study Program* (op. cit.), pp. 310-311, nota 68; para as leituras de Pico acerca de Abulafia, veja-se em Wirszubski várias menções (*Pico della Mirandola's Encounter with Jewish Mysticism*, op. cit.). Ademais, foge ao escopo traçado a abordagem das várias sínteses efetuadas entre as doutrinas cabalísticas e as filosofias neoplatônica e aristotélica no período do Renascimento; limitamo-nos, portanto, a apenas mencionar a existência de tais inter-relações, cujos estudos podem ser verificados nas obras de SCHOLEM, *Origins of the Kabbalah* (Princeton University Press, 1987, pp. 316-320, 327-330, 363-364, 389-390), e de IDEL, *Jewish Kabbalah and Neoplatonism in the Middle Ages and Renaissance*, in: *Neoplatonism and Jewish Thought*, Albany, Suny, 1992, pp. 319-351.

152. IDEL, 1998, p. 27; 2008a, p. 28.

153. IDEL, 2008a, p. 29. Quando o fundador do hassidismo polonês, Israel Baal-Schem, expôs, no século XVIII, a tese mística de que a comunhão com Deus (*devekut*) é mais importante do que o estudo de livros, houve muita oposição e sua ideia foi citada nas polêmicas anti-hassídicas como prova de tendências subversivas e antirrabínicas do movimento. A mesma teoria, exposta duzentos anos antes por Isaac Lúria, a grande

profecia decorre do contato entre a inteligência pessoal e a inteligência universal, que envolve a Criação. A alma humana não pode suportar o influxo direto da inteligência superior, graças a certos "nós" que a mantêm atada à matéria. O estado contemplativo permite que tais nós sejam desatados através da observação extática de algum objeto sem sentido próprio, como, por exemplo, a contemplação das letras hebraicas — sem os riscos de outros procedimentos. Através da escrita aleatória das letras, sem a preocupação de formação de algum sentido, e da meditação sobre cada uma, de forma isolada, evita-se que a mente entre em processo de associações em cadeia. A abstração da mente possibilita a rarefação das faculdades sensoriais e a ocorrência do estado de êxtase, com consequente abertura para o influxo da inteligência superior. Igualando-se na força espiritual de cada letra, o místico torna-se uno com ela, vivenciando uma experiência de caráter singular — conforme contam os relatos descritos em muitos textos cabalísticos[154].

Partes fundamentais desse processo são os dispositivos e técnicas para assegurar sua consecução. Através do relato de Isaac de Acre tem-se a informação das técnicas conhecidas como *hitbodedut*, que se caracteriza pelo exercício da solidão e concentração, e *hischtavut*, a equanimidade: "Aquele que merecer o segredo da comunhão [com o divino] merecerá o segredo da equanimidade; se ele receber esse segredo, então conhecerá também o segredo de *hitbodedut*, recebendo o Espírito Divino, e daí a profecia"[155]. Essas técnicas estão relacionadas com a tríplice purificação — a limpeza do corpo, a limpeza inte-

---

autoridade mística de Safed, não suscitara nenhum antagonismo. Segundo SCHOLEM (1978), uma evidência de mudança no clima histórico.

154. Abraham Abu'l-Afiyah de Saragoza — ou Abulafia —, que teve na ideia de profecia o propósito fundamental de seu inteiro projeto cabalístico, realizou pesquisas acerca de tal fenômeno que resultaram em sua obra *Chochmat Hatzeruf* (A ciência da combinação das letras). Maiores detalhes acerca dessa forma de prática cabalista podem ser encontrados em SCHOLEM, *A Cabala e seu Simbolismo*, 1988. Ainda em SCHOLEM, o capítulo sobre Abraham Abulafia, na obra *A Mística Judaica*, contém alguns registros antigos dessa experiência, com riqueza de detalhes. Veja-se, também, BUSI, 2011, p. 26; IDEL, 2008a, pp. 28-30; IDEL, *The Mystical Experience in Abraham Abulafia*, 1987; IDEL, *Studies in Ecstatic Kabbalah*, 1988.

155. Esse e outros relatos de experiências extáticas podem ser lidos em IDEL, 2008a.

rior e a purificação da imaginação — descrita por Alemanno, em seu *Collectanaea*, como método para operar a realização de milagres. Uma vez despido de todas as sensações e pensamentos materiais, deverá o operador ler apenas a *Torá* e os nomes divinos nela escritos, para que, então, lhe sejam revelados "segredos impressionantes e visões divinas, tais como as que podem ser emanadas sobre as almas puras, preparadas para recebê-los"[156]. A alusão de Alemanno refere-se, pois, ao estado extático atingível através da contemplação dos nomes divinos. Se na Cabala teúrgica a interpretação da *Torá* é utilizada como elemento de aproximação à divindade, na extática será a contemplação de cada letra a propiciar a abstração necessária para atingir o êxtase.

A prática da contemplação esteve presente desde a primeira fase do misticismo judaico, embora inicialmente relacionada à contemplação dos mundos superiores, conforme os mencionados tratados dos *Heikhalot*: os místicos dedicavam-se, então, a exercícios meditativos que os permitissem visualizar os mundos celestiais, a "Carruagem" (*Mercavá*), o "Trono da Glória" e os seres, muitas vezes hostis, que correspondem às diversas ordens angelicais. Apesar de essa jornada sugerir uma ascensão, os visionários e exploradores dos planos celestiais eram chamados *Iordei Mercavá* ("os que descem à Carruagem"), provavelmente aludindo não a uma saída de si, mas a um aprofundamento dentro do próprio ser[157]. A importância da contemplação encontra-se, ademais, no centro do pensamento de Isaac, o Cego: "todos os atributos são transmitidos para serem contemplados". A descese do princípio divino é descrita como uma série de contemplações sucessivas, que, durante suas ocorrências, plasmam as coisas e lhes fornecem o aspecto com o qual se apresentam ao mundo. O chamado ao silêncio interior é frequente em sua obra: "o caminho da contemplação é, de fato, um absorver, e não um conhecer discursivamente"[158]. É, ainda, através da contemplação que o homem pode percorrer o caminho inverso da emanação divina. Esse é o ponto

---

156. ALEMANNO, *Collectanaea*, in: Manuscrito de Oxford, 2.234, f. 164r.
157. SENDER, op. cit., pp. 41-42.
158. A principal obra teórica de Isaac, o Cego, da qual se tem notícia é o *Comentário ao Sêfer Yetsirá*, abordado por BUSI (op. cit., p. 53).

em que o Cabalismo mais se aproxima do pensamento neoplatônico, do qual se disse que "a progressão e a inversão constituem um processo único": a diástole-sístole que movimenta o universo[159].

* * *

Os três modelos verificados costumam se apresentar mesclados nas práticas cabalísticas, e em raros casos foram tratados em abordagens completamente estanques. Não são poucos os relatos de operadores que, partindo da contemplação e seu subsequente alcance do reino divino — em claro emprego da forma extática —, atraem, em seguida, o poder superno para realizar operações teúrgicas. Da mesma forma, a Cabala teúrgica foi combinada frequentemente com operações mágicas, de maneira a permitir que as emanações das *Sefirot* mais altas prosseguissem sua descida sobre o mundo extradivino. Em comum, tais operações utilizam-se da potência desencadeada pela correta escolha ou pronúncia de certos vocábulos ou através da meditação sobre suas formas[160]. Giovanni Pico utilizou-se dos três modelos em suas argumentações. A eficácia dos sons e palavras na obra mágica é defendida seja na *Oratio*, seja na *Apologia*; seu uso teúrgico é apontado em várias *conclusiones*; a dimensão extática encontra eco nas reflexões mais profundas do Mirandolano, a serem retomadas no último capítulo. Contudo, a evidência do uso de fontes e conceitos extraídos dos modelos descritos entre as páginas piquianas, embora uma razão suficiente, não é a única para a apresentação deste capítulo digressivo. Enquanto a outras tradições de cunho esotérico Pico não destinou nenhuma obra em caráter exclusivo, ao conhecimento cabalístico, mesmo que não de forma ex-

---

159. SCHOLEM, 1995, p. 22.
160. Para uma reflexão bastante aprofundada acerca do uso mágico-operacional da linguagem, veja-se Franco BACCHELLI, *Giovanni Pico e Pier Leone da Spoleto — Tra Filosofia dell'amore e tradizione cabalistica*, 2001, pp. 43-48. Veja-se, também, para reflexões sobre a natureza da linguagem desenvolvidas por cabalistas e alguns comentadores do *Sêfer Yetsirá*, VAJDA, *Un chapitre de l'histoire du conflit entre la kabbale et la philosophie*, in: "Archives d'histoire doctrinale et littéraire du Moyen Âge", XXXI, 1956, pp. 49-56 e 127-133; IDEL, *Language, Torah and Hermeneutics in Abraham Abulafia*, Albany, 1989, pp. 1-28 (apud BACCHELLI, ibid., p. 51).

pressa, foi dedicado o *Heptaplus*; assim, o esclarecimento de alguns conceitos não usuais na linguagem filosófica se coloca como uma necessidade para uma aproximação mais fluida e aprofundada ao texto.

CAPÍTULO VI
O *Heptaplus* à luz da Cabala

O *Heptaplus*[1], vocábulo que significa "sete vezes sete", nasce como um comentário em sete partes — subdivididas em sete capítulos cada — acerca dos seis dias da criação expostos no *Gênesis 1*. Antes de Giovanni Pico, outros nomes, entre latinos, gregos, hebreus e caldeus, se haviam lançado a interpretar a mesma passagem bíblica, como o próprio Pico viria a indicar no Primeiro Proêmio que antecede sua obra[2];

---

1. O *Heptaplus* — *De Septiformi sex dierum Geneseos enarratione* — foi finalizado em 1489 e dedicado a Lorenzo de Medici. A *editio princeps* consta de 1490. Quando Gianfrancesco Pico editou a primeira *Opera Omnia* referente às obras do tio, optou por colocar o *Heptaplus* em seu início, uma posição mantida nas edições subsequentes. Em 1555, a obra foi traduzida para o italiano e, em 1578, para o francês (cf. Crofton BLACK, *Pico's Heptaplus and Biblical Hermeneutics*, 2006, pp. 8-10). As traduções para o português presentes neste capítulo são de nossa responsabilidade, utilizando-se como guia a tradução de Eugenio Garin para o italiano (que, em muitos trechos, não é estritamente literal, mas adequada a um melhor entendimento do leitor).
2. Escreve Pico que, diante de tantos intérpretes, quase não ousaria "pensar em escrever algo de novo ou acrescer qualquer comentário original sobre o argumento" (*Heptaplus*, p. 177). Entre os intérpretes do *Gênesis* citados em seu preâmbulo, encon-

tinha, portanto, plena ciência do fato de não se tratar de originalidade sua, preocupando-se em avisar, agora no Segundo Proêmio, que "não é o propósito dessa obra que quem não tenha aprendido essas coisas em outro lugar as aprenda aqui, pela primeira vez"[3]. A escolha do *Gênesis* como fundamento para ensejar uma obra deveu-se à percepção de que sob aquela narrativa estariam guardados "segredos de todas as naturezas", em mais uma evidência de seu interesse em ter acesso a realidades protegidas pela dimensão esotérica[4]. A opção por aquele específico livro da Bíblia é esclarecida de forma a não deixar dúvidas: se Moisés tivesse sepultado, em alguma parte das *Escrituras*, "os tesouros de toda a filosofia verdadeira", teria sido naquela parte que trata "da emanação de todas as coisas de Deus, do grau, do número, da ordem das partes do mundo, com elevadíssima capacidade filosófica"[5]. Ou seja, no *Gênesis*.

A obra trata, portanto, de sete "Exposições" ou "Livros"[6] sucessivos que se dedicam à narrativa bíblica da criação, cada qual focado em uma das dimensões — ou nas relações entre as dimensões — vislumbradas pelo autor. As três primeiras exposições estabelecem, respectivamente, uma analogia entre os três graus do real — o elementar, o celeste e o angélico — com cada um dos três mundos subdivinos admitidos pela Cabala, descrevendo as devidas formas constitutivas de cada reino. A quarta exposição trata do reino humano, a quinta aponta para a sucessão dos quatro mundos presentes na narrativa bíblica, a sexta expõe as relações entre esses mundos e a sétima aponta para o destino que lhes cabe dentro do desenho universal. O objetivo nuclear do autor é demonstrar que os vários mundos não são *membra disiecta* (membros dispersos), mas que estão relacionados entre si e têm no homem seu

---

tram-se Ambrósio, Agostinho, Estrobeu, Egídio, Fílon, Orígenes e vários outros, alguns menos conhecidos, inclusive do círculo caldeu e hebraico (ibid., pp. 179-181).

3. *Heptaplus* P2, p. 198. Para dar relevo a suas palavras, Pico cita Agostinho que, em sua exposição sobre o *Gênesis*, escrevera: "Se podes, aprendes essas coisas; se não podes, deixa-as a quem vale mais do que ti". A referência de Agostinho encontra-se na nota à tradução de GARIN (Augustini, *De Gen. ad litt.* V, 3 [6], P. L. XXXIV, 323).

4. *Heptaplus* P1, p. 170.

5. *Heptaplus* P1, p. 177. A mesma alusão já havia sido feita por Pico em sua *Apologia*, quando, justificando suas *Conclusiones* perante os padres, afirmara que "os tesouros da lei espiritual estariam sepultados na obra de Moisés".

6. De fato, Pico nomeia cada parte de sua obra de *Expositio* ou *Liber*.

ponto de união[7]. Cada uma das exposições, por sua vez, encontra-se dividida em outras sete partes — correspondentes a cada um dos seis dias da Criação, narrados na Bíblia, acrescidas, cada qual, com o sétimo capítulo "em Cristo". Explica o autor, no Segundo Proêmio, que o sétimo capítulo de cada livro representa "o fim da lei, o nosso sábado, a nossa paz, a nossa felicidade" — assim como narrado no Gênesis, em que o sábado é o dia do repouso[8].

Segundo Eugenio Garin, a redação fluente e contínua proposta por Pico no *Heptaplus* faz parte de um método em que a forma escrita remete à difusão e à interpenetração entre os vários planos de existência. Os mundos, com seus variegados planos, apresentam-se não apenas correspondentes, mas entrelaçados uns aos outros, quase como perspectivas múltiplas (e intrínsecas no homem) de uma mesma realidade[9]. Ademais, a obra apresenta um constante movimento dialético que a faz transitar, de forma harmoniosa, entre a fé e a razão, refletindo a perfeita segurança de Pico sobre a relação entre as obras da Criação e a racionalidade de suas leis ("toda obra da natureza é obra da inteligência")[10]. Retorna-se, mais uma vez, para a relação entre religião e filosofia — abordada no capítulo 3 —, cuja centralidade no pensamento piquiano será retomada no capítulo final.

Assim como em outras obras, a dialética razão-fé é permeada por uma terceira perspectiva relacionada à presença do elemento esotérico, a ser verificada no decorrer do capítulo. Sob o prisma de uma hermenêutica esotérica, o *Heptaplus* pode ser dividido em três leituras: (a) a primeira concentra-se no Primeiro Proêmio, escrito por Pico como introdução, em que são apresentadas várias referências utilizadas pelo autor como instrumentos para a afirmação da existência de verdades que devem ser preservadas da escrita; (b) a segunda concerne à alegoria do "Tabernáculo" de Moisés, núcleo do Segundo Proêmio, utilizada como fundamento metafórico sobre o qual ergue-se o projeto do *Heptaplus*, porquanto contém a representação de três dos mundos tratados no conjunto da obra;

---

7. *Heptaplus*, V, 7, p. 305.
8. *Heptaplus* P2, p. 203.
9. Garin, *L'Umanesimo italiano*, 2008, p. 125.
10. *Heptaplus*, I, 1, p. 207: "*omne opus naturae, opus esse intelligentiae*".

(c) a terceira perspectiva é colhida da última parte da obra, uma espécie de "apêndice" em que o autor apresenta, de forma detalhada, a aplicação de seu método cabalístico. Às três partes mais nobres de sua obra — os dois proêmios, em que a intenção do autor é expressa, e o apêndice, que finaliza o todo —, junta-se a concepção do projeto como um todo (em seus sete livros) que, embora não tratado aqui, é erigido sobre uma leitura que enxerga significados ocultos sob a letra das *Escrituras*.

1. As referências esotéricas do Primeiro Proêmio

Cônscio da dificuldade que teria em despertar qualquer interesse filosófico por seu trabalho de hermenêutica bíblica, Pico preocupou-se, logo à abertura do *Heptaplus*, em dar credibilidade ao autor do *Gênesis* — que ele, como os demais à época, acreditava ser Moisés. Assim, uma parte do Primeiro Proêmio, escrito como preâmbulo à obra, é utilizada para justificar a autoridade de Moisés perante um grupo de oponentes (não identificados) que teriam estabelecido uma distinção entre a forma literária do texto mosaico (o *Pentateuco*) e a dos tradicionais escritos filosóficos — esses, sob tal enfoque, tidos como superiores.

Sua defesa se divide em dois momentos. Primeiramente, é feita uma argumentação fundamentada sobre algumas autoridades da antiguidade que, de alguma forma, teriam contribuído para propagar o nome de Moisés como mestre "de conhecimento humano e de suma sabedoria em todas as doutrinas e literaturas"[11]. Os indícios utilizados para sustentar a reputação do mencionado profeta são provenientes: (a) de Lucas e Fílon, respeitáveis testemunhos de que Moisés fora instruído em todas as doutrinas dos egípcios[12]; (b) dos egípcios, que teriam instruído alguns entre os mais celebrados filósofos gregos — como Pitágoras, Platão, Empédocles e Demócrito (menção que permite ao autor inserir Moisés no centro da filosofia grega)[13]; (c) do neopitagórico

---

11. *Heptaplus* P1, p. 171.
12. *Heptaplus*, idem. O testemunho de Lucas está em Atos, 7.22: "Moisés foi instruído em toda a sabedoria dos egípcios"; o de Fílon, em *De Vita Mosis*, 1.21-24.
13. *Heptaplus*, idem. Na obra *De mysteriis Aegyptiorum, Chaldeorum, Atque Assyriorum*, de Jâmblico, há uma lista similar: "*Pythagoras, Plato, Democritus, Eudoxus et*

Numênio, que chamara Platão de "o Moisés Ático" (registro que chama a atenção para a similaridade entre as doutrinas dos dois sábios)[14]; (d) do pitagórico Hermipo, que teria afirmado que Pitágoras transferira muitas coisas da lei mosaica para sua própria filosofia[15].

Em segundo lugar, para explicar a disparidade existente entre a aparente rudez do texto mosaico, considerado comum e trivial (*medio et triviale*), e a complexidade própria de uma grande obra de filosofia, Pico recorre a referências colhidas em tradições erigidas sobre a oralidade e a misteriologia, introduzindo, no centro do Primeiro Proêmio, uma argumentação filosófica de dimensão esotérica. Nesse sentido, para se estabelecer em uma linha contrária à consolidada entre os acadêmicos — a de que Moisés seria inculto e pouco similar a um filósofo ou teólogo[16] —, Pico se abastece de alguns fatos e personagens históricos, de forma a justificar aquele tipo rude de escrita; uma tentativa de demonstrar que tal estilo seria necessário para resguardar a preciosidade de determinado conteúdo[17]. Seu argumento esotérico se compõe de uma sequência de várias passagens[18]:

a) "Existe, entre os hebreus, sob o nome do sapientíssimo Salomão, um livro intitulado *Sapientia*, não esse que temos hoje, obra de Fílon, mas outro, escrito naquela linguagem secreta que chamamos *hierosolyma*, cujo autor e intérprete da natureza das coisas, como se acredita, declara ter recebido toda a sua sabedoria da profundidade da lei mosaica"[19].

---

multi ad sacerdotes Aegyptios accesserunt", Ficino (trad.), *Opera omnia*, repr. Turin, Bottega d'Erasmo, 1962).

14. *Heptaplus* P1, pp. 171-173. A referência a Numênio encontra-se na obra de Eusébio, *Preparatio evangelica*, IX, 6 e XI, 10.

15. *Heptaplus* P1, p. 173. Hermipo escreveu *Vida de Pitágoras*, que serviu de fonte para Diógenes Laerte. Essa ideia, contudo, não consta nos fragmentos atualmente existentes de Hermipo (cf. Crofton BLACK, 2006, pp. 96 e 145).

16. *Heptaplus* P1, p. 172.

17. *Heptaplus* P1, pp. 172, 176.

18. Para a discussão das fontes utilizadas por Pico, veja-se Chaim WIRSZUBSKI, *Pico della Mirandola's Encounter with Jewish Mysticism*, 1987, pp. 123-132.

19. *Heptaplus* P1, p. 170. Não há fontes precisas sobre esse livro, que Pico esclarece não se tratar da obra homônima de Fílon. Referência a tal trabalho pode ser encontrada no comentário de Nachmânides ao *Pentateuco*, do qual uma cópia hebraica

b) "[...] devemos lembrar um famoso costume dos antigos sábios: o de se abster de escrever acerca das coisas divinas ou, sobre elas, escrever veladamente; e, por isso, são chamados mistérios. Não é mistério o que não é oculto"[20].
c) "[Os segredos] foram observados por indianos, etíopes [...] e egípcios. Esse é o significado das esfinges defronte aos templos"[21].
d) "Instruído por eles [os egípcios], Pitágoras tornou-se mestre do silêncio: não entregou suas doutrinas à escrita, com exceção de muito pouco que, ao morrer, confiou à sua filha Damo. De fato, ele não foi o verdadeiro autor de *Aurea carmina*, mas, sim, Filolau." [...] "A lei do silêncio foi uma tradição mantida ininterrupta, até que Hiparco a teria violado, conforme deplorou Lysis"[22].
e) "Sobre essa [a preservação do silêncio], juraram os discípulos de Amônio, Orígenes, Plotino e Herênio, como testemunha Porfírio"[23].

---

consta no inventário da biblioteca de Pico (*Commentary of Nahmanides on Genesis*, ed. Newman, pp. 25-27). Sobre o fato de Pico ter lido o comentário de Nahmânides, veja-se BLACK, op. cit., cap. 7. Veja-se, ainda, WIRSZUBSKI, op. cit., p. 219. Nahmânides, na obra em questão, diz que o "Livro da Sabedoria" atribuído a Salomão está escrito em aramaico, enquanto Pico escreve que está na linguagem "hierosolyma".
20. *Heptaplus* Pl, p. 172.
21. *Heptaplus* Pl, p. 172. A fonte utilizada por Pico para a informação sobre os indianos é, provavelmente, Eusébio (*Preparatio evangelica*, IX, 6 e 7). Sobre as esfinges, Pico dissera na *Oratio* (p. 157) que, "esculpidas nas frentes dos templos egípcios, advertiam que os ensinamentos místicos deviam ser guardados com os nós dos enigmas, invioláveis para a multidão profana". A fonte de Pico para as esfinges poderia ser Plutarco, *De Iside et Osiride*, 9.
22. Idem. A carta de Lysis para Hiparco, mencionada por Pico, diz: "Muitas pessoas dizem que você filosofa em público, o que Pitágoras negou como indigno: ele, confiando suas notas escritas para sua filha Damo, notificou que ela não deveria entregá-las a ninguém fora da comunidade" (*Epistolographi Graeci*, HERCHER [org.], Paris, Ambrosio Firmin Didot, 1873, p. 603, apud BLACK, 2006, p. 146). Os pitagóricos, efetivamente, tornaram a postura da transmissão unicamente oral uma exigência de ordem prática.
23. *Heptaplus* Pl, p. 172. A fonte de Pico é Porfírio, que descreve tal pacto em seu *Vida de Plotino*, 3: "Um pacto foi feito por Herênio, Orígenes e Plotino para não revelarem as doutrinas de Amônio, que ele havia ensinado em palestras" (PORPHYRE, *La vie de Plotin*, II, Paris, Vrin, ed. Brisson, 1982). De acordo com Porfírio, Orígenes foi pupilo de Amônio no mesmo tempo que Plotino e Herênio: se é verdade que os três fizeram

f) "O nosso Platão escondeu as próprias crenças sob véus enigmáticos, símbolos de mitos, imagens matemáticas e argumentos de sentido obscuro, a ponto de contar nas epístolas que, apoiando-se em seus escritos, ninguém teria compreendido claramente seu pensamento sobre as coisas divinas"[24].

g) "Jesus Cristo não escreveu o Evangelho, mas o pregou. Pregou para as massas através de parábolas e, separadamente, para poucos discípulos aos quais era concedido compreender os mistérios do reino dos céus, abertamente e sem imagens; mesmo assim, não desvelou tudo àqueles poucos, uma vez que havia coisas que eles poderiam não suportar"[25].

h) "João [o apóstolo] revelou bem mais do que os outros sobre os segredos da divindade, [...] mas falou brevemente e de forma obscura"[26].

i) "Paulo, [...] apenas aos perfeitos falaria a linguagem da sabedoria"[27].

---

um pacto de não revelar em escritos as doutrinas de seu professor, tanto Herênio quanto Orígenes quebraram suas promessas.

24. Idem. A passagem refere-se à *Carta II* (312d-e), também mencionada por Pico na *Oratio* (p. 157), na qual Platão, escrevendo a Dionísio sobre os modos das substâncias supremas, afirma: "É necessário exprimir-nos mediante enigmas de modo que, se alguma vez por acaso a carta cair na mão de um outro, não seja percebida pelos outros aquilo que escrevo". Os segredos conceituais que Platão não teria submetido à escrita referem-se a questões tratadas em suas aulas "Sobre o Bem", nas quais eram discutidos os princípios. Parte de tais concepções foram transmitidas através da filosofia neoplatônica, chegando a Pico através das traduções de Ficino. Para toda a problemática em torno das "doutrinas não escritas" de Platão, veja-se o fundamental *Para uma nova interpretação de Platão*, de Giovanni Reale, Marcelo Perine (trad.), São Paulo, Loyola, 1997.

25. *Heptaplus* P1, p. 174. A ideia de que Jesus teria revelado muitos mistérios apenas aos seus discípulos é atribuída por Pico a Orígenes, no *Commento*, na *Apologia* e na *Oratio* (p. 157): "Orígenes afirma que Jesus Cristo, mestre de vida, revelou aos discípulos muitas coisas que eles não quiseram escrever para não se tornarem vulgarizados. Tal fato confirma-o sobretudo Dionísio Areopagita, o qual diz que os mistérios mais secretos foram transmitidos pelos fundadores da nossa religião *ek nou eis noun dia meson logon*, isto é, de mente a mente, sem escritos, mediante o Verbo".

26. Pico complementa que João revelou o mistério do *logos* apenas com a finalidade de combater os ebionitas, que afirmavam o Cristo homem, mas negavam sua divindade (ibid., pp. 174-176).

27. *Heptaplus* P1, p. 176. A referência (1Cor 5,11) encontra-se na própria edição. Em outra passagem referida na *Oratio* (p. 157), Pico escreve: "manter, portanto, tudo

j) "Dionísio, o Areopagita, escreveu que nas Igrejas houve o sagrado e respeitado costume de não transmitir doutrinas secretas por escrito, mas apenas à voz e para os devidamente iniciados"[28].

A presença de vários registros relacionados à tradição oral, utilizados como principal ferramenta de sustentação para afirmar a autoridade de Moisés, mostra-se um recurso introdutório necessário para dar credibilidade ao conjunto da obra, estruturada sobre uma linguagem alegórica que pede maior acuidade daquele que a lê. Porém, longe de ser um artifício retórico, suas referências refletem uma categoria própria e fluida do pensamento piquiano. O denominador comum entre os exemplos históricos é a ideia de demarcação entre os não iniciados e os iniciados, concepção que, por sua vez, conduz o leitor à aceitação de uma divisão da interpretação bíblica entre literal e não literal. A leitura literal corresponde à "multidão", enquanto a não literal, na terminologia que toma emprestado de Paulo e dos primeiros cristãos, "aos perfeitos". Seguindo as pistas de leituras relacionadas à mística hebraica, Pico pretende evidenciar que essa dicotomia é fundamental para a recepção das revelações contidas na Bíblia, abrindo caminho para sua interpretação do *Gênesis*. Esse tipo de procedimento hermenêutico, em que o fator esotérico é empregado como ponto de analogia entre representantes da fé, de um lado, e da filosofia, de outro, já havia sido adotado em outras obras anteriores ao *Heptaplus*, postura filosófica que se mostrara desenvolvida em torno de 1486. Por exemplo, em sua *Conclusio cabalistica* 63, Pico dizia:

> Assim como Aristóteles dissimulou sob a superfície da especulação filosófica aquela mais divina filosofia que os filósofos antigos haviam escondido com mitos e fábulas, mantendo-a obscura com a concisão de suas palavras, assim o Rabbi Moisés egípcio, no livro que os latinos intitulam *O Guia dos Perplexos*, através da casca superficial

---

isto oculto do vulgo, a fim de o comunicar apenas aos perfeitos, entre os quais unicamente Paulo (1Cor 2,6) afirma pronunciar palavras de sapiência, não foi obra de humana prudência, mas de divina sabedoria".
28. *Heptaplus* P1, p. 176. A passagem de Pseudo Dionísio encontra-se em *De Coelesti Hierarchia*, II (cf. ref. na edição do *Heptaplus*).

das palavras, dá a impressão de caminhar com os filósofos, enquanto pelos intentos velados de seu profundo sentir abraça os mistérios da Cabala[29].

Apresentam-se, ainda, profusas indicações da utilização de fontes esotéricas no *Commento*, na *De Hominis Dignitate* — como verificado no capítulo IV — e na *Apologia*. Efetivamente, repetem-se nas três obras algumas das mesmas referências usadas por Pico no *Heptaplus*[30]. Entretanto, há nessa obra uma diferença fundamental: diversamente das obras anteriores, a tradição cabalista não é citada junto ao elenco esotérico, embora ela mantenha-se tão central quanto nos relatos análogos daquelas obras. A ausência de qualquer menção ao termo "cabala", na obra inteira, pode ter sido responsável pelo surgimento de certas interpretações conflituosas, embora a maior parte dos intérpretes considere o conteúdo do *Heptaplus* como exclusivamente cabalista[31]. Eugenio Garin, em sua obra *Giovanni Pico della Mirandola*, constata: (a) que Pico coroou seus conhecimentos cabalísticos através do *Heptaplus*; (b) que as origens dessa obra estão em seus profundos estudos sobre a gnose hebraica; e (c) que existe afinidade formal entre o *Heptaplus* e as obras da Cabala[32].

De qualquer forma, ao retomar em 1489 as concepções de ordem esotérica propostas em seus trabalhos anteriores, Pico decide remover deliberadamente a utilização daquela palavra que poderia desencadear suspeitas de heresia e que, segundo ele, teria sido a causa da condenação papal que sofrera. Cabe lembrar que, enquanto escrevia o *Heptaplus*, ainda estava em vigor a bula emitida por Inocêncio VIII, conde-

---

29. *Concl.* (II), XI, 63. Rabbi Moisés egípcio refere-se ao filósofo medieval Maimônides, ao qual Pico atribui três opiniões nas *Conclusiones*.
30. Veja-se, por exemplo, algumas das mesmas referências esotéricas na *Apologia* (p. 27) e na *Oratio* (p. 157).
31. Alguns entre os relevantes intérpretes que consideram o *Heptaplus* fundamentalmente cabalista são Matter, Dorez, Liebert e Vulliaud. Guido MASSETANI (*La Filosofia Cabalistica di Giovanni Pico della Mirandola*, Empoli, 1897), por sua vez, não se mostrou convencido com as correspondências entre os mundos da Cabala e os propostos por Pico.
32. As passagens encontram-se, respectivamente: (a) e (b) na p. 39; (c) na p. 158 (GARIN, 2011).

nando as *Conclusiones*³³. Assim, é bastante provável que, ao voltar a redigir seus parâmetros de fontes, Pico tenha, conscientemente, eliminado as referências à Cabala, por razões de prudência. Tal remoção parece ter sido mais aparente do que substancial, porquanto o núcleo do conteúdo doutrinal cabalístico foi preservado (em alguns casos, com as mesmas palavras das obras anteriores), como será visto a seguir. Seu modelo hierárquico de mundos encontra vários pontos de convergência com os mundos da doutrina cabalística, utilizados para sustentar o projeto pretendido. Mais adiante, através da verificação do apêndice da obra, inteiramente consagrado a demonstrar a aplicabilidade do método cabalístico, tem-se a comprovação definitiva de que a ausência de qualquer menção ao termo Cabala tenha sido apenas um expediente utilizado para não acirrar os ânimos ao seu redor.

2. Os mundos: na Cabala, no *Heptaplus*

"A antiguidade imaginou três mundos."³⁴ Com essas palavras, Pico abre seu Segundo Proêmio, em cuja narrativa confirma a posição superna do mundo suprassensível, "que os teólogos chamam 'angélico' e os filósofos 'inteligível', nunca cantado por ninguém de forma adequada", segundo "o que diz Platão, no *Fedro*"³⁵. Abaixo desse, há o mundo celeste e, por último, o nosso mundo sublunar. "Este — continua Pico — é o mundo das trevas; aquele, da luz; o celeste é composto de luz e trevas." O mundo sensível é representado pela água, substância mutável; aquele, pelo fogo, em razão do esplendor da luz; o céu, natureza intermédia, é composto de água e fogo e, por tal razão, é chamado pelos hebreus de *asciamaim'* termo composto de fogo (*es*)

---

33. A bula de Inocêncio VIII foi emitida em 15 de dezembro de 1487 e permaneceu em vigor até 18 de junho de 1493. A decisão de omitir a palavra "cabala" do *Heptaplus* obteve certo resultado positivo, pois, embora não tenha ficado satisfeito com o surgimento da obra — considerando-a uma continuidade dos erros precedentes —, o papa não lhe conferiu o mesmo desprezo que às *Conclusiones*.
34. *Heptaplus* P2, p. 185.
35. Idem. A passagem de Platão encontra-se em *Fedro*, 247c. Na continuidade do trecho, Pico complementa que as considerações acerca dos três mundos não possuem novidade alguma aos olhos dos estudiosos do mundo antigo.

e água (*maim*)³⁶. O caráter intermédio do mundo celeste é especialmente acentuado por Pico, que traz analogias extraídas de suas fontes cabalísticas. Tal caráter é marcado pela mistura de propriedades presentes em cada um dos outros dois mundos. Assim, tem-se no mundo terreno, vida e morte; no inteligível, eterna vida e contínua atividade; no celeste, estabilidade de vida, porém com vicissitudes de atividades e posições. O mundo terrestre é constituído pela natureza caduca dos corpos; o mundo inteligível pela natureza divina da mente; o céu pelo corpo, embora incorruptível, e pela mente, apesar de sujeita ao corpo. O terceiro "é movido pelo segundo, enquanto o segundo é governado pelo primeiro"³⁷. Continuando,

> os três mundos são apenas um não apenas porque todos se reportam de um único princípio a um único fim, ou em razão de, sendo regulados por leis determinadas, estarem coligados por um certo liame harmonioso da natureza e por um ordenamento em graus; mas, porque tudo aquilo que está na totalidade dos mundos está também em cada um, e não há algo em qualquer um desses que não esteja em cada um dos outros³⁸.

No último trecho, o autor fundamenta-se na concepção mística judaica que atribui à unidade criadora a qualidade de se manifestar *fora de si mesma* em três planos de existência, que se encontram perfeitamente integrados: "o que se encontra no mundo inferior está incluso nos supe-

---

36. *Heptaplus* P2, p. 187. Pico já havia abordado a questão do céu feito de fogo e água em sua *Conclusio cabalistica secundum opinionem propriam* 67.
37. *Heptaplus* P2, pp. 185-187. A analogia com a posição mediana da alma humana, entre corpo e espírito, não é mencionada, mas está subentendida. Em qualquer criatura (ou ente ou nível de existência) a trindade se manifesta. No homem, o aspecto superior é o Espírito; o aspecto mediano é a Alma ou princípio animador; o aspecto inferior é o corpo. No corpo físico, o aspecto superior é representado pelo cérebro e sistema nervoso consciente; o mediano, pelo sistema nervoso simpático e os vasos sanguíneos; o inferior, pelos demais órgãos e suas funções vitais. Veja-se em LORENZ outros detalhes das relações físicas/humanas com os três mundos (*Cabala — A tradição esotérica do Ocidente*, 1997, pp. 57-65).
38. *Heptaplus* P2, p. 189. Pico conclui essa passagem sugerindo que esse seria "o pensamento de Anaxágoras, exposto pelos pitagóricos e platônicos". Tal menção encontra-se em Simplício, *Phys.* 27, 2 (cf. ref. na própria edição). A ideia de que "tudo está em tudo" encontra paralelos, ademais, em Proclo, *Elementos de Teologia*, proposições 170, 173 e 176.

riores, mas em forma mais elevada; por analogia, o que se encontra nos superiores está no mundo inferior, mas em condição degenerada e com uma natureza adulterada"[39]. Em linguagem que o aproxima do platonismo, o filósofo complementa sua argumentação por meio de exemplos extraídos da esfera dos fenômenos:

> O calor é, em nosso mundo, qualidade elementar; nos céus virtude calorífica; nas mentes angélicas, ideia de calor. Ou, com mais precisão, no mundo inferior o fogo é elemento; o sol é o fogo do céu; na região ultramundana o fogo seráfico é intelecto. [...] O fogo elementar queima; o fogo celeste vivifica; o fogo supraceleste ama[40].

A escolha das palavras acima não é feita ao acaso. A análise do *Gênesis* feita por Pico releva que a escolha das palavras ali empregadas para descrever a Criação não é, tampouco, aleatória, mas fruto da intenção em revelar verdades que não poderiam ser explicitadas de outra forma. A eleição do redator bíblico por palavras simples, ligadas aos elementos, permitiria sua adequação a outras interpretações, em virtude de seus significados metafóricos. Assim, conforme explica no Segundo Proêmio, "teria tratado Moisés de cada um dos mundos de forma que nas mesmas palavras e no mesmo contexto pudesse tratar de todos"[41]. Eis a razão da utilização de certas palavras (no *Gênesis*) como céu, terra, água e luz. A utilização de uma linguagem filosófica para tratar da Criação, com termos análogos a "causa agente", "matéria", "qualidade" e "forma", apenas serviriam para descrever o mundo corruptível, mas não os demais. Infere Pico que esse é um "sinal da admirável habilidade" de Moisés, na medida em que ele se serviu de determinados termos e os dispôs em uma ordem conveniente para representar todos os mundos: "assim, no *Gênesis*, palavras, contexto e ordem convém plenamente a ilustrar os segredos de todos os mundos e de toda a natureza"[42].

No percurso de suas *expositiones*, o tema dos elementos é explorado por Pico, que descreve sua manifestação em cada um dos mundos, em

---

39. *Heptaplus* P2, p. 189.
40. *Heptaplus* P2, pp. 188-190.
41. *Heptaplus* P2, p. 195.
42. *Heptaplus*, Livro II, *Sobre o Mundo Celeste*.

oitavas diferenciadas. É provável que uma de suas fontes principais para a reflexão tenha sido Proclo e o *Liber de Causis*, que levara seu mestre Alemanno a escrever uma obra com o mesmo conteúdo[43]. Abraão Yaguel, tempos depois, retomaria o assunto, reafirmando, de forma mais clara, que os quatro elementos não são encontrados apenas no mundo inferior, mas existem igualmente nos corpos celestes e nas inteligências separadas e, ainda, "no que está acima deles no arquétipo do mundo, a Causa de todas as Causas e o Princípio de todos os Princípios". Contudo, elucida o rabino, no mundo sublunar são encontrados "como dejetos e matéria"; no céu, são potências ou virtudes; nos mundos superiores, são formas arquetípicas "mais perfeitas que no céu"[44].

Para melhor entendimento da mensagem do *Heptaplus*, faz-se necessário entrar nas conceituações dos mundos manifestos segundo a mística hebraica. Em uma passagem do Gênesis (*Sêfer Bereshit*), tem-se a revelação da existência de três mundos, sob o prisma cabalístico: "Então formou Deus o homem do pó da terra, e soprou-lhe (*ruach*) nas narinas o fôlego de vida (*neshamá*); e o homem tornou-se uma alma vivente (*nefesh*)"[45]. O enunciado encerra três princípios que podem ser relacionados tanto a partes concernentes à tríplice integridade do homem quanto à existência de três mundos, em sentido cosmológico. Os três princípios são: *Neshamá*, o princípio superior, atinente ao espírito e à esfera das inteligências mais elevadas; *Ruach*, o princípio mediano, relativo à alma e à hierarquia dos seres astrais; e *Nefesh*, o princípio inferior, relativo ao corpo vital e ao plano físico[46]. Entretanto, no sé-

---

43. A tradução árabe de alguns trechos do *Elementos de Teologia*, de Proclo, conhecida como *Liber de Causis*, foi atribuída por muito tempo, de forma errônea, a Aristóteles. Sobre a relação da obra de Alemanno, *Minkhat Yehudá*, e de outros textos anteriores que tratam do tema com o *Liber de Causis*, veja-se IDEL, 2008b, p. 509.

44. Abraão YAGUEL, *Beit Yaar haLevanon*, in: Manuscrito de Oxford, 1.304, f. 6r-6v (apud IDEL, 2008b, pp. 512-513). Intere Idel que o texto de Yaguel, em sua abordagem dos distintos estados dos quatro elementos primários, apresenta noções neoplatônicas que condizem com sua visão sobre a essência dos mundos, noções fortemente utilizadas por Alemanno.

45. Gênesis 2,7. Encontram-se traduções similares para dois dos termos hebraicos presentes na passagem mencionada. A palavra *ruach* significa "espírito e sopro de Deus"; *neshamá* é traduzido por "fôlego de vida" e também "sopro de Deus". O paralelismo entre o "espírito de Deus" e "o sopro do Todo-poderoso" é frequente na Bíblia.

46. LORENZ, *Cabala — A tradição esotérica do Ocidente*, 1997, p. 60.

culo XII, o *Zohar* mencionaria "quatro mundos", acrescentando aos três do *Gênesis* o elemento relacionado diretamente à divindade. Assim, estabelecem-se, sob registro cabalístico, quatro concepções, a saber, (a) o mundo da emanação do princípio divino (*Olam HaAtzilut*), (b) o mundo da criação (*Olam HaBriá*), no qual o homem contemplativo colhe revelações através do princípio *neshamá*, (c) o mundo da formação (*Olam HaYetsirá*), relacionado a *ruach*, e (d) o mundo da produção (*Olam HaAssiá*), correspondente a *nefesh*[47].

A quádrupla concepção de existência é extraída, outrossim, a partir de outra passagem, em *Isaías*: "a todos os que são chamados pelo meu nome e os que *criei* para a minha glória; eu os *formei* e, também, eu os *fiz*"[48]. Os cabalistas colhem nesse versículo indicações das quatro dimensões ou reinos — partindo do divino, emanente, e prosseguindo com os outros três, em ordem hierárquica decrescente, com suas denominações inspiradas naquela sentença: os respectivos mundos da *criação*, da *formação* e da *realização*, conforme parágrafo anterior. Esses nomes indicam a transformação do tipo de influxo com as quais as *Sefirot* governam o mundo. A tradição mística associa a esses mundos as três repartições da antiga cosmogonia rabínica. Assim, na Criação, *Briá*, coloca-se o Trono da Glória, ou a Ideia original da Criação, onde se encontram as formas arquetípicas e a dimensão angélica mais elevada[49]. Na Formação, *Yetsirá*, também habitada por hostes angelicais, a Ideia adquire forma, a matéria astral se compõe e a separação se distingue em elementos relativamente individuais[50]. Finalmente, na Rea-

---

47. LORENZ, op. cit., p. 60; SENDER, op. cit., pp. 71-72.
48. *Isaías* 43,7.
49. LORENZ (op. cit., pp. 61 ss.) coloca na dimensão da Criação o movimento pelo qual o espírito, saindo de seu isolamento, se manifesta como espírito em geral; preceito da origem da multiplicidade. A utilização do termo "ideia", que remete ao platonismo, é de Lorenz, provavelmente fundamentado em escritos do rabino Abraão Yaguel que, no século XVI, se dirigia às emanações com o termo *"Ideii"*: "a força que se encontra nos entes inferiores pode [igualmente] ser encontrada, em maior pureza e limpidez, nas *Sefirot* sagradas e puras, que são na verdade as *Ideii* (sic) para todas as coisas"; [...] "as *Ideii* são uma forma simples, superior aos corpos, às almas e às inteligências; [...] na terminologia dos platônicos, aquela primeira configuração é denominada *Ideii*". Cf. Manuscrito de Oxford, 1304, f. 10v, apud IDEL, 2008b, pp. 513-514.
50. É nesse plano que ocorre a separação dos aspectos masculino e feminino que, no mundo antecedente, constituíam uma unidade. Isso explica o duplo relato bíblico

lização, *Assiá*, estabelecem-se os mundos físico e sensível, através dos reinos mineral, vegetal e animal[51].

Para ilustrar a concepção dos Três Mundos no *Heptaplus* — e, em concomitância, confirmar a existência de uma dimensão esotérica dentro da Bíblia —, Pico expõe, no Segundo Proêmio, uma amostra de como sob as palavras mosaicas escritas em forma simples encontram-se revelações acerca da tríplice realidade. Referindo-se a alguns versículos bíblicos que tratam do "tabernáculo" construído por Moisés, é efetuada uma analogia com os mundos subdivinos ali representados, "em modo muito evidente", como diria o autor[52]. Segundo a narrativa bíblica, e como visto no capítulo IV, Moisés dividira o tabernáculo em três partes, cada uma concernente a um dos mundos. A primeira parte, sem teto ou proteção alguma, encontrava-se exposta aos vários fenômenos da natureza, sendo frequentada por homens tanto puros quanto

---

da criação do homem, o primeiro em *Gênesis* 1–27 e o segundo em *Gênesis* 2–7. No primeiro relato, "e *criou* Deus o homem à sua imagem, criou-o à imagem de Deus, e criou-os masculino e feminino", o verbo utilizado é "criar", referindo-se à *Briá*, o mundo da Criação. No segundo relato, onde se lê "o Senhor Deus *formou*, pois, o homem do barro da terra e inspirou no seu rosto um sopro de vida…", o verbo utilizado é "formar", o que o situa em *Yetsirá*, o mundo da Formação, no qual o ser adquire forma e deixa de ser andrógino (cf. SENDER, op. cit., pp. 36-37).

51. As denominações e atribuições de cada mundo sofrem pequenas variações semânticas, dependendo do comentarista. Uma das principais divergências que podem ser encontradas refere-se à colocação do sistema planetário que, para alguns, faz parte do Mundo da Formação e, para outros, do mundo da Realização, em razão de sua materialidade — o que não deixa de fazer sentido. Veja-se IDEL, 2008b, pp. 512-513; SCHOLEM, 1978, p. 90; SENDER, op. cit., pp. 34-39; BUSI, op. cit., p. 19.

52. *Heptaplus* P2. Algumas passagens da Bíblia tratam do tema da construção do tabernáculo: em *Êxodo* 25,8-9, o Senhor dá ordens a Moisés para construir o templo ou tabernáculo. O tabernáculo (em hebraico, *mishkan*, "moradia", "tenda da congregação" ou "santuario", conforme *Êxodo* 25,8) era a tenda usada pelos israelitas como lugar de adoração enquanto viajavam pelo deserto. Em *Êxodo* (29,12-16), o Senhor disse a Moisés que seria no tabernáculo que ele desceria para falar com ele e com seu povo. A tenda onde Moisés se encontrava inicialmente com o Senhor foi armada fora do arraial (Ex 33,7), pois o povo tinha pecado e o Senhor lhe disse que não mais seguiria no meio deles. O tabernáculo era também chamado de "tenda do testemunho" porque nele estava guardado o Testemunho ou as tábuas da Lei (Ex 38,21; Nm 1,50). Mais tarde, o tabernáculo passou a ser conhecido como "a Casa do Senhor" (Dt 23,18). No lugar mais interior ficava o recinto conhecido como o "Santo dos Santos", pois aí era o local em que era colocada a arca e na qual apenas o sumo sacerdote poderia entrar.

impuros, além de animais de toda espécie; assim como no mundo sublunar, as contínuas vicissitudes de vida e morte se intercalavam. As outras duas partes do tabernáculo estavam protegidas e imunes às questões exteriores, assim como ocorre com o mundo celeste e supraceleste. As duas partes eram chamadas "santas", porém a mais protegida era chamada "Santo dos Santos". Pico esclarece que, embora os dois mundos, celeste e angélico, sejam santos ("pois após a queda de Lúcifer não restou pecado acima da lua"), o mundo angélico é considerado de maior santidade e divindade[53]. Enquanto na *Oratio* o tema fora tratado sob uma perspectiva relacionada ao homem, em um cenário que contempla processos iniciáticos individuais, o enfoque dado no *Heptaplus* encontra-se inteiramente voltado à confirmação religiosa dos três mundos, em um âmbito que chamaríamos cosmológico[54].

Outra interpretação do tema havia sido realizada pelo mestre de Pico, Yohanan Alemanno. Ele encontrara paralelos entre a mesma narrativa bíblica e a questão das emanações sefiróticas. Em seu *Collectanaea*, o tabernáculo é descrito como necessário para proteger os vasos que receberiam as emanações, pois "o povo havia sido educado para crer na possibilidade de causar o descenso das forças espirituais e das emanações provenientes das alturas por meio de preparativos feitos pelo homem para tal propósito, exatamente como quando Moisés preparou o bezerro de ouro"[55]. Embora Pico não fale diretamente desse tipo de ritual, a influência de Alemanno sobre ele é sabida. O tabernáculo é descrito, portanto, como um talismã complexo que guarda e causa o descenso das forças espirituais, sendo uma das formas mágicas descritas no capítulo anterior. Ao descrever tal evento, o mestre rabino se remete a Moisés como a um operador da Cabala teúrgica, relacionando as emanações sefiróticas a "canais" de transmissão: "Os cabalistas acre-

---

53. *Heptaplus* P2.
54. A abordagem do tabernáculo feita por Pico está muito próxima daquela de alguns cabalistas que o italiano conheceu, direta ou indiretamente, como observou Chaim WIRSZUBSKI (*Pic de la Mirandole et la Cabale*, 2007, p. 401). Ainda sobre o tema da representação do tabernáculo em Pico, veja-se Newton BIGNOTTO, *Considerações sobre a antropologia de Pico della Mirandola*, 2010, pp. 146-47.
55. ALEMANNO, Manuscrito de Oxford, 2.234, f. 22v. Sobre a concepção do bezerro de ouro utilizado para causar o descenso das forças, veja-se IDEL (2008b, p. 481).

ditam que Moisés tinha conhecimento do mundo espiritual e das *Sefirot* [...]; e sabia como direcionar seus pensamentos e aperfeiçoar o efluxo divino que os cabalistas chamam de canais"[56]. Alemanno afirma, ainda, que o profeta teria dito "'ascenderei ao Senhor para receber instrução detalhada acerca dos preceitos pertinentes a duas instituições' — uma delas salvaguarda o poder receptivo e diz respeito ao tabernáculo e aos seus vasos"[57]. As especulações de Alemanno conjugam o núcleo conceitual cabalístico — as emanações sefiróticas — com a geografia dos três mundos, depreendendo da figura de Moisés o arquétipo do mago possuidor do domínio das *Sefirot*: "a ação de Moisés fazia com que os canais dirigissem a emanação sobre o mundo inferior, de acordo com a sua vontade"[58]. A ampla defesa de Moisés realizada no *Heptaplus*, por sua vez, é emblemática de uma percepção que somente se torna possível à luz da Cabala extática: Pico, leitor do cabalista Natan Saadia, certamente via naquele personagem o protótipo do ser que realizou a última etapa do processo extático, alguém que "foi transformado em um ser universal depois de ser um ponto central, particular", estabelecendo-se, assim, como o objetivo do homem inferior "que ascende pela virtude do poder do nome"[59].

As duas interpretações da passagem bíblica do tabernáculo podem ser inseridas em algum ou alguns dos níveis hermenêuticos atribuídos pelos cabalistas às *Escrituras*. A necessidade de se manter oculta a Revelação deu vazão à ocorrência de graus de significação dentro do texto bíblico, que podem ser entendidos como véus a serem retirados de acordo com o desenvolvimento da percepção do leitor. Há um sentido literal, chamado *Peschat*, que se refere à compreensão superficial e externa do relato bíblico, em que a atenção recai sobre o enredo e os personagens. No nível chamado *Remez*, embora preservada a interpretação literal, é

---

56. ALEMANNO, ibid., f. 8v. IDEL atenta para a utilização do termo "canais": Moisés não restaura a divindade, mas sim os canais que transmitem as emanações divinas (2008b, p. 480).
57. ALEMANNO, ibid., f. 201b.
58. ALEMANNO, ibid., f. 8v, apud BUSI, *Qabbalah*, 2011, p. 29.
59. A passagem está no livro *Schaarei Tzedek*, do discípulo direto do cabalista italiano Abulafia, Natan Saadia, e fundamenta-se em *Ezequiel* 1,26 (cf. IDEL, 2008a, p. 28).

maior a capacidade abstrativa; o enredo deixa de ser o objetivo principal da leitura e extrai-se um sentido alegórico. A interpretação talmúdica e midráshica se refere a *Derashá*, nível que indica um procedimento ético ou religioso, do qual deve ser extraído um "ensinamento". Através do relato bíblico, o homem deduz o que é desejável ou indesejável para o divino, o que é correto ou incorreto nas relações humanas. Finalmente, no nível chamado *Sod*, que significa "segredo", é revelado o sentido místico que traz a revelação dos mundos emanados e de seus habitantes. O acesso do místico ao último nível, a partir da compreensão de cada uma de suas dimensões anteriores, nunca é fácil ou rápido, por tratar-se de um caminho cuja chave é cifrada[60].

Retomando a concepção cabalística dos Quatro Mundos, outra classificação bastante usual estabelece o mundo da Emanação, *Atzilut*, em uma unidade distinta dos demais, enquanto os outros três formam — como mundos em separação — um sistema tríplice; tal conjunto conceitual alude ao aspecto duplo da divindade, ao mesmo tempo imanente e transcendente[61]. A trindade, derivando-se da unidade e tendendo a reintegrar-se nela, forma um ciclo quaternário, que em tudo se manifesta. Ou, em outras palavras, os três mundos manifestos, somados à dimensão primordial do Absoluto, integram os quatro mundos previstos no *Zohar*. A divisão apresentada no *Heptaplus* encontra-se em analogia com a concepção inaugural de três mundos previstos na literatura cabalística; contudo, se for levada em conta a divisão quaternária do *Zohar*, perceber-se-á que o método piquiano não espelha tal forma de partição — não por divergência doutrinária, mas em razão de uma omissão e de um acréscimo. Conforme as palavras do autor, seu mé-

---

60. SCHOLEM, A *Cabala e seu simbolismo*, 1978, p. 72; BUSI, *La Qabbalah*, 2011, pp. 10-11; SENDER, pp. 15-16. A ideia da quádrupla interpretação do texto bíblico remete, pelo menos, ao século XIII, quando Moshe de Léon o empregou em alguns matizes de seu significado. De Léon, em um de seus textos mais tardios, compara a *Torá* a uma noz, composta de casca e cerne, cujo acesso aos níveis interiores se dá através do conhecimento das diferentes formas interpretativas. Vejam-se maiores detalhes em SCHOLEM, que discute amplamente a questão do chamado *Pardes*, com os vários significados históricos do termo, na seção II de seu livro *Jewish Gnosticism, Merkabah Mysticism and Talmudic Tradition*, New York, 1960.

61. SENDER, op. cit., p. 37. Essa é uma visão que se aproxima das concepções neoplatônicas.

todo parte de "uma quádrupla exposição de todo o texto mosaico", de maneira que, em primeiro lugar, é interpretado "o que escrito sobre o mundo angélico e invisível; em segundo lugar, como no primeiro caso, sobre o mundo celeste; depois, sobre o sublunar e corruptível; em quarto, sobre a natureza do homem"[62]. Observe-se que o quarto mundo de Pico, sua principal originalidade em relação a outras interpretações do *Gênesis*, refere-se ao homem — esse é seu acréscimo. Embora a literatura cabalística apresente várias analogias dos três mundos com o aspecto tríplice do homem, essas são um tanto distintas do tipo de interpretação feita por Pico[63]. Por sua vez, a divisão dos quatro mundos na Cabala inicia-se com o *Atzilut*, mundo da Emanação, omitido por Pico no *Heptaplus*. A omissão não se refere a qualquer tipo de contraste doutrinário, mas apenas à utilização de um estilo hermenêutico que se desenrola a partir dos mundos *manifestos*, de forma a concordá-lo com o modelo do *Gênesis*. Vejamos de forma mais aproximada:

> O múltiplo dispõe-se em três reinos: elementar, celeste e angélico, que se desvelam como realidade mundana, inteligências que governam e animam esferas e mundos[64].

Na passagem acima, extraída dos *Comentários aos Salmos*, verifica-se que Pico aborda os três mundos manifestos inserindo-os na di-

---

62. *Heptaplus* P2, p. 194.
63. O judaísmo admite três princípios para a alma humana: *Nefesh*, força de vida inata, presente em homens e animais, permite a atividade coordenada do corpo físico, ao qual está intimamente ligada; o corpo sem *nefesh* significa a morte; corresponde, no homem, ao mundo manifesto de *Assiá*. *Ruach*, nível de alma acima de *nefesh*, relaciona-se, também, às emoções, tendo certa independência do corpo físico: *ruach* pode abandoná-lo nos estados oníricos ou contemplativos, trazendo impressões de *Yetsirá*, ao qual corresponde. *Neshamá*, nível mais sutil e superior da alma, é o princípio que a liga ao plano da divindade e responsável pelo grau mais elevado de discernimento no homem, tanto intelectual quanto espiritual, circulando em *Briá*, o mundo da Criação (cf. SENDER, 1992, pp. 69 ss.). Para Pico, no homem ocorre o misto dos elementos, "onde reside o espírito celeste, a alma vegetal, os sentidos dos brutos, a razão, a mente angélica e a imagem de Deus" (*Heptaplus* P2, p. 193). A exposição sobre a natureza ou "reino" do homem é feita no Livro IV do *Heptaplus*.
64. PICO, *Expositiones in Psalmos*, Antonino Raspanti — Giacomo Raspanti (trad.), Firenze, 1997. Sobre os três mundos *elementaris, coelestis et intellectuali*, veja-se Livro XLVII, pp. 14-16.

mensão do múltiplo. Tal informação, por simetria lógica, remete à existência de uma dimensão de unidade. A Unidade ou Absoluto, existente acima do reino angélico, perpassa toda a obra piquiana e para ela toda sua filosofia converge. Admitindo-se essa afirmação, não haveria, portanto, a necessidade de Pico atribuir uma particular *expositio* àquela dimensão de existência. Considerando-se que o reino angélico é parte do múltiplo, lê-se, no Livro III, que trata do "Mundo Angélico e Invisível":

> Tudo aquilo que no anjo é imperfeito, será atribuído à sua natureza múltipla. A imperfeição [que existe no anjo] existe na qualidade de multiplicidade, enquanto a capacidade de elevação cumprida é em razão da unidade que se lhe acosta do alto. Deus é a unidade de onde o anjo deriva seu ser, sua vida e toda perfeição[65].

Assim, a presença da unidade emanatória acima dos três mundos, embora não expressa diretamente, é extraída das passagens que apontam para os aspectos de gradação no interior da dimensão da multiplicidade. A verificação do terceiro Livro do *Heptaplus* certifica que Pico não suprimiu o mundo emanatório de *Atzilut* em sua interpretação dos momentos sucessivos da expansão divina. A sequência entrevê a analogia existente entre os números, depreendidos de leituras cabalísticas e pitagóricas[66], e o reino angélico conforme estabelecido por Pseudo Dioniso — ambos os grupos colocados como elementos intermediários entre o Uno e os mundos inferiores.

> Tudo aquilo que depois da unidade é número, é perfeito e completo por via da unidade. A unidade, de tudo simples, por si perfeita, não sai de si; na sua indivisibilidade simples e solitária, adere a si mesma, pois que basta a si [...]. O número, sendo por sua própria natureza múltiplo, é simples, porquanto é capaz, em graça da unidade. E, embora cada número que se afaste da unidade caia em uma multiplicidade sempre mais extensa e sempre em maior variedade e composição de partes, não há nada, todavia, tão próximo à unidade quanto

---

65. *Heptaplus*, Livro III, *De Mundo Angelico et Invisibili*, 1, p. 250.
66. Cf. *Heptaplus*, III, 1, p. 249: "Refiramos isso às coisas divinas, segundo o costume pitagórico".

tal multiplicidade provida de unidade apenas acidentalmente, não por sua natureza, mas por composição[67].

O desenvolvimento do tema contém o modelo de emanação proveniente de *Atzilut*. O anjo não é unidade por si só, do contrário seria o Uno. Resta que o anjo seja número (*reliquum ut angelus numerus sit*). E sendo número, "por um aspecto é múltiplo e, por outro, é multiplicidade unificada". A descrição prossegue elucidando que, no anjo, encontra-se uma dupla imperfeição: uma consiste no fato de não ser o próprio Ser, mas apenas uma essência que pertence ao Ser por participação; a outra se encontra no fato de não ser a própria Inteligência, mas sim participar à Inteligência, porquanto sua natureza é intelecto capaz de entender. Ambas as imperfeições são no anjo segundo sua multiplicidade, enquanto a capacidade de elevação é graças à unidade que se lhe aproxima do alto. Pico parece, no entanto, atribuir ao número uma possibilidade de perfeição não atribuída ao anjo: "cada número é imperfeito como multiplicidade, embora perfeito como unidade"[68]. A dimensão angélica mostra-se um dos momentos de difusão do divino, um dos instrumentos através dos quais a unidade se revela. Sob tal perspectiva, os anjos, as *Sefirot*, as numerações se encontram em perene circularidade, interligando o Uno e o múltiplo. Em sua exposição sobre os anjos, Pico cita fontes concordantes como Averróis ("entre intelecto e inteligível cria-se uma unidade maior que entre matéria e forma") e Maimônides ("a verdade se colhe de forma mais perfeita nos anjos que no homem"), para concluir que as espécies inteligíveis são unidas na mente angélica por meio de uma ligação eterna, não temporânea como ocorre no intelecto humano[69].

A descrição acima não apenas confirma a não supressão do mundo da emanação primordial na obra piquiana, como nos dá um modelo do método hermenêutico utilizado para cada um dos mundos interpretados no *Heptaplus*. Assim como no Livro III é descrita a natureza angélica e sua relação com os outros planos — em âmbito de uma geo-

---

67. *Heptaplus*, III, 1, p. 248.
68. *Heptaplus*, III, 1, p. 251.
69. *Heptaplus*, III, 2, p. 255. A passagem de Averróis está em *De an. Beat.*, IX, 152ab.

grafia universal —, os demais livros da obra descrevem a natureza de cada particular mundo tratado, em perfeita harmonia com os mundos previstos na Cabala.

3. A *Occlusa Sapientia*

Verificou-se, no capítulo anterior, a existência de uma relação entre as letras hebraicas e significados ocultos, vislumbrada por Pico ainda em 1486. As características inerentes ao idioma hebraico são afirmadas no fechamento de suas *Conclusiones Philosophicae*: "se existe uma língua originária e não casual, resulta evidente, sobre a base das múltiplas conjecturas, que essa é a língua hebraica"[70]. Segundo essa proposição, o hebraico apresentaria uma relação privilegiada com a verdade, instituindo com as coisas uma relação imediata e necessária, e não mediata como ocorre com as outras línguas[71]. Pico percebera que as combinações numéricas e as expressões linguísticas apresentam íntimas articulações lógicas, atestando não apenas a existência de uma racionalidade escondida sob as formas como um processo de manifestação divina: "os números nos abrem uma estrada para a investigação e compreensão de cada coisa"[72]. As letras do alfabeto hebraico seriam, nesse sentido, apenas "véus" que selam o pensamento divino, pedindo que seja efetuada uma elevação da letra ao espírito. Essa a razão, como ainda relembra Pico, de Orígenes evitar traduzir certos vocábulos hebraicos, porquanto cada tradução representa uma despotencialização da palavra sagrada[73].

> Na inteira Lei, não existem letras que, em suas formas, conjunções, separações, flexões, direções, defeitos e excessos, grandezas maiores ou menores, e em seu coroamento, fechamento, abertura e ordem, não remetam aos segredos das Dez Numerações [as *Sefirot*][74].

---

70. *Concl.* (II), II, 80 (p. 77).
71. A dedução é de Albano BIONDI, tradutor das *Conclusiones*, em seus comentários introdutórios (*Conclusiones Nongentae — Le Novecento Tesi dell'anno 1486*, 2013, p. XXIX).
72. PICO, *Conclusiones de mathematicis* (II), VII, 11.
73. Para um aprofundamento da temática das letras hebraicas e sua recepção por Pico, leia-se Eugenio GARIN (2011, pp. 145-149).
74. PICO, *Concl.* (I), IX, 33 (p. 60).

A valorização da letra hebraica como fonte criadora fora registrada pela primeira vez no *Sêfer Yetsirá*, como foi visto. Cada uma das 22 letras representa um princípio gerador de energia que encerra uma chave cognitiva, encontrando correspondência com os elementos formados por seu intermédio, de forma que toda a criação se encontra relacionada a um fenômeno de linguagem. Assim como cada *sefirá*, cada letra encerra um poder criador próprio, recebido a partir da divindade e emanado em direção à matéria, e, em sentido contrário, permitindo o acesso e a compreensão do operador, após o justo processo, aos elementos inteligíveis que participam da divindade, através de sua chave cognitiva. Esse é o significado, expresso no *Sêfer Yetsirá*, de "com as letras, descreva a alma de tudo o que foi formado e tudo o que será formado no futuro"[75].

A narrativa do *Gênesis* — em que Deus, com uma série de ordenamentos, dá vida à criação — é considerada, para os cabalistas, testemunho fiel de como a realidade foi desencadeada pela língua divina. Com a mesma ordem de letras que se sucedem no texto bíblico, realiza-se o desenho constitutivo da realidade que exprime o plano divino no domínio físico da criação[76]. Conforme, ainda, o *Sêfer Yetsirá*, "tudo o que é formado emana de um nome"[77].

De fato, fundamentada sobre a relação existente entre as letras hebraicas e a criação, desenvolveu-se, ao longo dos séculos, uma longa tradição exegética voltada a aprimorar uma habilidade que permitisse aos iniciados penetrar além da superfície das palavras e descobrir, dentro das *Escrituras*, os segredos de toda a criação[78]. Para alcançar os significados ocultos, os cabalistas empregam algumas técnicas relacionadas a operações com as letras[79]. Os métodos mais utilizados para descobrir

---

75. *Sêfer Yetsirá*, II. 1, KAPLAN (trad.), 2005, p. 283.
76. BUSI, 2011, pp. 23-24.
77. *Sêfer Yetsirá*, II.
78. BUSI, ibid., pp. 23-24; GARIN, 2011, p. 146.
79. Como explica BUSI (ibid., p. 23), a mesma palavra hebraica, *seraf*, indica tanto a transmutação alquímica dos metais quanto a permutação das letras do alfabeto: "Assim como o alquimista escolhe os liames da matéria para procurar nos metais menos nobres o segredo do ouro, assim o exegeta hebreu transforma a ordem das letras para descobrir, por trás do sentido aparente, o verdadeiro significado do texto".

significações hermenêuticas fundamentam-se no modelo de Abulafia, que compreendia três técnicas básicas: o *notarico*, a *gematria* e a *temurá*. A primeira, cujo nome provém da palavra latina *notarius*, baseia-se na técnica que analisa como formar novas palavras partindo das letras iniciais, médias ou finais de outras palavras. Na segunda, cada letra hebraica é substituída por seu correspondente valor numérico, interpretando-se as palavras através dos números resultantes das somas de cada letra. Conhecendo-se o valor numérico de uma palavra ou frase, poderão ser criadas conexões com palavras ou frases que tenham o mesmo valor, estabelecendo com elas algumas analogias. A *temurá*, por sua vez, é a arte do anagrama, ou seja, de permutar a posição das letras em uma mesma palavra. Isso significa que uma palavra pode ser decomposta e recomposta para formar novas palavras que revelem o significado completo da primeira[80].

Pico debruçou-se sobre algumas daquelas técnicas — como se lê na *Apologia* e em algumas de suas *Teses*[81] — e tentou permutar nomes, inicialmente através do procedimento da *ars combinatoria*, praticado por Ramon Llull no século XII, que apresentava certa diferença com os outros métodos aprendidos. Estava certo que aquele que possuísse o conhecimento da ordenação da língua hebraica, aprendendo a mantê-la "em maneira analógica", nos vários campos do saber, possuiria "norma e regra para a perfeita descoberta de qualquer objeto possível do saber", conforme havia deixado claro em sua *conclusio* paradoxal 55[82]. A téc-

---

80. Cf. Guido MASSETANI, *La Filosofia cabbalistica di Giovanni Pico Della Mirandola*, 1897, pp. 64-65. Um modelo de técnica cabalística pode ser encontrado no *Salmo* 34, no qual cada verso inicia com uma das letras do alfabeto hebraico, em sucessão. A sua função cabalística está esclarecida na obra *Corona del buon nome*, de Avraham de Colonia, que afirma seu valor cognitivo em relação ao nome impronunciável de Deus, o Tetragramma, e às 10 *Sefirot*. Esse aspecto impressiona Pico, que utiliza o texto traduzido por Flavio Mitridate (FORNACIARI, *Aspetti dell'itinerario cabbalistico di Giovanni Pico della Mirandola*, 2001, pp. 627-633). Outros exemplos de uso da *gematria* são apresentados por Tova SENDER, em seu capítulo "Guematria" (1992, p. 21).
81. Cf. *Apologia* (I, p. 175); *Conclusiones magicae secundum opinionem propriam* 10, 19, 20, 21 e 22; *Conclusiones Cabalisticae Secundum secretam doctrinam*, 33, 35; *Conclusiones Cabalisticae Secundum opinionem propriam*, 60, 70.
82. Cf. *Conclusiones Paradoxae* (II), III, 55.

nica com a qual melhor se adaptou e conseguiu obter resultados foi a *temurá*, que lhe permitiu confirmar alguns dogmas e colher descobertas originais, como informam algumas teses cabalísticas:

Se no nome de Abraão não tivesse sido inserida a letra *He*, Abraão não teria proliferado[83].

As letras do nome de *Cacodaemon*, que é o Príncipe deste Mundo, e as letras do nome do Deus Triagramático são as mesmas: quem souber fazer a transposição ordenada, inferirá um do outro[84].

Os sinais da existência de certas chaves secretas, apenas esboçados nas obras anteriores, eram agora confirmados por Pico na última parte do *Heptaplus*, intitulada "Exposição das primeiras palavras, isto é, 'No Princípio'". A comprovação do método cabalístico surpreenderia o próprio autor: "para além de minhas esperanças e de qualquer convicção, encontrei aquilo que nem eu mesmo poderia acreditar ter encontrado, nem outros acreditariam facilmente; digo uma coisa maravilhosa, inaudita e inacreditável"[85]. Através da permutação de letras, reafirmava que nos cinco livros da lei mosaica estava encerrada a cognição de todas as artes e da sabedoria divina e humana, "embora dissimulada e oculta entre as mesmas letras entre as quais a formulação da lei se compõe". À diferença de outras obras anteriores, nas quais Pico havia mencionado tais segredos sem revelá-los, o autor concluía o período com a promessa "como agora será demonstrado"[86].

Propondo-se dar ao leitor uma ideia do funcionamento do sistema de interpretação cabalístico, Pico parte do primeiro período do *Gêne-*

---

83. *Concl.* (I) IX, 15 (p. 56). De fato, conta o *Gênesis* (17,5) que Abraão e Sara só puderam ter filhos após mudarem os próprios nomes. AVRaM ficou AVRaHam e SaRaI ficou SaRáH, recebendo os dois a letra Hê que representa um dos nomes de Deus, assim tornando-se férteis. Acerca de tal passagem do *Gênesis*, conta São Jerônimo que o nome anterior, Abram, significa "Pai elevado", enquanto Abraham significa "Pai de muitas nações" (apud François SECRET, *Les Kabbalistes Chrétiens de la Rénaissance*, 1985, 1° cap.).

84. *Concl.* (I) IX, 19 (p. 58). Veja-se, em FORNACIARI, detalhes metodológicos das contas efetuadas para analogar um nome ao outro (2009, p. 79).

85. *Heptaplus, Expositio Primae Dictionis, idest "In Principio"*, p. 376.

86. Ibid., p. 374.

sis, que vai desde "No princípio" (1,1) até "e viu Deus a luz que era um bem (1,4)" — constituído de cento e três letras hebraicas, como observa — para efetuar sua análise. Em sua "aparência comum e vulgar", como informa o autor, "tal disposição de letras forma apenas a casca de uma essência de mistérios conservados dentro do texto". Contudo, se for realizada a decomposição daquelas palavras, tomadas as mesmas letras em separado e recompostas em novas palavras que se possam formar, "segundo regras apreendidas dos hebreus", "veremos em plena luz maravilhosas verdades secretíssimas de uma sabedoria conservada, a respeito de muitas coisas". Mas, conforme complementa, apenas "se formos capazes de uma selada sabedoria"[87]. Para comprovar sua descoberta aos leitores, o autor elege apenas uma das palavras que compõem o período mencionado, suficiente para demonstrar seu intento.

Tomando, assim, a primeira palavra hebraica do *Gênesis*, *beresit*, que Pico transcreve em caracteres hebraicos, segue-se uma detalhada explicação de todas as separações, permutações e uniões efetuadas entre as letras daquela palavra; surgem novos vocábulos compostos com as letras da palavra inicial, dos quais são dados os significados em latim; finalmente, as novas palavras são reordenadas em uma nova expressão, da qual emerge: "o Pai no Filho e pelo Filho, princípio e fim, ou seja quietude, criou a cabeça, o fogo e o fundamento do homem grande com o pacto bom"[88]. Note-se que essa inteira oração é o resultado extraído da resolução e recomposição daquela única palavra, mostrada passo a passo pelo autor[89].

Embora, como infere Pico, qualquer cristão seja capaz de compreender o significado de "o Pai criou no Filho e através do Filho", não será fácil, para "os ignaros em filosofia", compreender o significado de "cabeça, fogo e fundamento do homem grande", e, tampouco, de "pacto" — termos que encerram cada uma das leis dos quatro mundos tratados no *Heptaplus*[90]. A concepção de "homem grande" remete a

---

87. Ibid., p. 374.
88. *Heptaplus*, ibid., p. 378.
89. Veja-se a inteira ordenação de palavras em *Heptaplus*, p. 378.
90. Cf. *Heptaplus*, ibid., pp. 379, 381.

Moisés, que assim chama o mundo, em contraposição ao homem, "pequeno mundo". Aos outros elementos da oração, Pico faz corresponder os três mundos postulados na Cabala e na antiga filosofia: inteligível, celeste e corruptível. Assim, em analogia com o corpo humano, "por meio de uma precisa lei", a cabeça, fonte do conhecimento, representa a parte mais alta do mundo, correspondente ao mundo angélico ou inteligível; o fogo, princípio de vida e calor ligado ao coração, representa a parte média, qual o sol no mundo celeste; o fundamento, ou princípio de geração e corrupção, representa o mundo sublunar. Essas partes, no mundo e no homem, se correspondem reciprocamente. Ao final da passagem, Pico explica:

> Esse pacto é bom porque é dirigido e orientado para Deus, que é o bem, de forma que, assim como o mundo é uno na totalidade de suas partes, assim também, no final, possa se tornar uno com o seu autor[91].

A descoberta obtida sob o véu de uma única palavra satisfaz o autor que, não pretendendo ultrapassar essa conquista, admite não ter a experiência necessária para se aprofundar em investigações: "penso ter feito uma coisa aprazível aos homens de meu tempo tornando manifesta aquela riqueza de gemas que se me oferece; sem penetrar em seus abismos, costeio as margens desse mar"[92]. Se a mesma técnica for aplicada para toda a Lei, induz Pico, surgirá toda a doutrina e os segredos de todas as disciplinas liberais. Porém, adverte — mais uma vez —, "se formos capazes de sabedoria oculta" (*si simus capaces occlusae sapientiae*). Pois, pode acontecer que, "aproximando-nos de dissolver e compor algumas palavras, nasçam de nossa atividade muitos vocábulos e uma variedade de discursos rica de grandes ensinamentos e profundos significados, mas inútil, fortuita e desprezível para quem, não tendo apreendido o valor por outra via, não possa colher seu sentido"[93].

O caminho de descoberta das verdades veladas nas *Escrituras*, através de qualquer dos métodos indicados, é o caminho místico sugerido

---

91. *Heptaplus*, p. 382.
92. *Heptaplus*, p. 376.
93. PICO, *Heptaplus*, p. 377.

nos chamados *Atos da Criação*, *Maassê Bereshit*; isto significa que, se a Criação se deu por meio da linguagem, será por meio da linguagem que se deverá retornar ao Criador[94]. Para os cabalistas, a arte combinatória não é mais que uma reconfiguração da palavra e da obra de Deus. A apreensão da alma presente nas letras passa a ser, sob esse prisma, uma das ferramentas que possibilita o regresso do homem à Unidade; uma concepção depreendida da especulação alfabética de Abulafia[95], que, certamente, se apoiara no *Zohar*: "Os mandamentos formam o corpo das *Escrituras*; suas vestes são as narrações; e, finalmente, há uma alma"[96]. O inteiro *Heptaplus*, através de seu comentário sobre o *Gênesis*, pretende provar o ponto de vista de Pico de que a linguagem, cabalística ou não, transcende suas próprias terminologias, configurando um processo cognitivo. O sétuplo método de interpretação proposto por Pico encerra um princípio metafísico de recíproca contenção de todos os níveis de realidade entre si, culminando na unificação com o Absoluto:

> Imitemos, também nós, a santíssima aliança do mundo, de forma a estarmos unidos por recíproco amor e a alcançarmos, através do verdadeiro amor de Deus, a feliz unificação nele[97].

---

94. MAGHIDMAN, 2014, p. 108.
95. BUSI, 2011, p. 26.
96. *Zohar*, III, 152a, in: VULLIAUD, I, p. 135.
97. *Heptaplus*, p. 382.

CAPÍTULO VII
Filosofia, Esoterismo, Concórdia

O sétimo e último capítulo procura alinhavar as partes apresentadas nos capítulos anteriores, buscando uma síntese interpretativa do que foi analisado. Para tanto, alguns pontos aparentemente desconexos deverão ser interligados, e as eventuais lacunas preenchidas. Será realizada, inicialmente, a elucidação do paradigma esotérico, verificando sua utilização em períodos e escolas distintas; em seguida, serão vistos os tipos de conteúdos protegidos pelo sigilo, apontando para sua relação com as tradições convergentes do projeto piquiano; finalmente, fundamentando-nos em uma específica concepção utilizada por Pico della Mirandola — a "Morte do Beijo" —, será proposta uma interpretação capaz de lançar uma pequena luz na questão da confluência daquelas tradições para o mesmo fim.

1. O paradigma esotérico

A leitura das obras piquianas não deixa dúvidas acerca da utilização de uma série de referências de cunho esotérico colhidas da leitura histórica realizada pelo autor. Como foi esboçado no capítulo II, a prática de uma atitude de proteção de certos conteúdos encontra-se em registros relativos tanto a perspectivas teológicas quanto filosóficas, denotando um modelo válido desde tempos antigos — seja do período pagão, seja do cristão. Uma aproximação de alguns modelos de manifestações desse gênero de ocorrência será útil para que se amplie a definição de "esoterismo" delineada em nossa "introdução".

O adjetivo "esotérico" (do grego *esoterikós*) tem sido frequentemente atribuído a Aristóteles; em verdade, apenas a palavra "exotérico" (*exoterikós*) é encontrada nos escritos que nos chegaram, uma forma empregada para designar as obras destinadas ao público em contraposição aos escritos acroamáticos (*"akróama"*, "instrução oral"), referidos às lições apenas ouvidas — e, tantas vezes, anotadas[1]. Foi apenas no século II d.C. que o termo "esotérico" e sua relação com Aristóteles fizeram sua primeira aparição devidamente registrada, através de uma sátira de Luciano de Samósata: Zeus e Hermes vendiam filósofos como escravos no mercado, anunciando que aquele que comprasse um discípulo de Aristóteles receberia dois pelo preço de um: "um visto de fora, outro visto de dentro" [...]; "portanto, se você o comprar, lembre-se de dar ao primeiro o nome de exotérico e ao segundo o de esotérico"[2]. Confirmando a anedota, Clemente de Alexandria escrevia, pouco tempo depois: "os discípulos de Aristóteles dizem que alguns de seus tratados são esotéricos, outros comuns e exotéricos". E, consolidando o significado de "segredo", acrescia que "aqueles que instituíram os mistérios, sendo filósofos, enterraram suas doutrinas em mitos, para não serem óbvias para todos"[3]. Observe-se que Clemente mescla, na úl-

---

1. Veja-se, por exemplo, *Politica*, 1.278b 31; *Metaphisica*, 1.076a 28; *Etica a Nicomaco*, 1.102a 26. A interpretação helenística do termo *exoterikoi logoi*, tomada como uma referência aos escritos aristotélicos, é atribuída por Simplício, mais tarde, no século VI, a Eudemo de Rhodes, em seu comentário à *Física* de Aristóteles, referindo-se a uma passagem em que Aristóteles teria lidado com um problema "exotérico" referente a uma questão pertencente ao campo dialético (SIMPLICIUS, in: *Ph.*, 83.27, 85.26 e 86.1, apud Wouter HANEGRAAFF, *Dictionary of Gnosis & Western Esotericism*, 2006, p. 336).
2. LUCIANO DE SAMÓSATA, *Vitarum Rustio* 26, apud HANEGRAAFF, op. cit., p. 336.
3. CLEMENTE DE ALEXANDRIA, *Stromata* V, 58, 3-4. Jâmblico, mais tarde, em *Vida de Pitágoras* e em *De Comm. Math.* (18) utilizaria a dicotomia para referir-se aos alunos de Pitágoras, divididos em duas classes, "uma exotérica e outra esotérica".

tima passagem, o âmbito misteriológico com o filosófico — como fará Pico, séculos depois —, introduzindo uma conotação de misticismo ao termo. Na mesma linha, escreveram Orígenes, o Cristão, e Gregório de Nissa, utilizando o termo "esotérico" para referir-se a ensinamentos secretos reservados a uma "elite mística"[4].

Esses breves relatos fazem notar a existência de duas significações para a mesma palavra, sendo uma concernente ao sentido de "sigilo" e a outra à qualidade do que é "místico". Embora o sinônimo que mais se adapte a "esotérico" seja "secreto", na maior parte das vezes as duas características encontram-se mescladas. Etimologicamente, o campo semântico do misticismo é próximo ao do esoterismo: a palavra "mistério", conforme sua raiz grega *mus*, significa "silêncio" ou "fechar a boca"; o "*mýstes*", ou "iniciado", é, pois, aquele que mantém os lábios selados, enquanto *mystérion* refere-se ao culto de iniciação em que é mantido um caráter secreto[5]. Assim, em seu sentido mais imediato, é aquilo que não deve ser falado, que deve ser recebido e guardado em silêncio; em sentido mais profundo, aquilo que deve ser *contemplado* no silêncio[6]. Verifica-se, ainda, um aspecto de transformação anímica encerrado na qualidade do que é místico, que se relaciona com uma aproximação da divindade. Resta observar que, embora nem toda a mística seja ensinamento secreto e nem todo ensinamento secreto seja místico[7], os dois gêneros de

---

4. Vejam-se os detalhes e referências em HANEGRAAFF, op. cit., p. 336.
5. De acordo com Walter BURKERT, encontra-se na tradução latina de *mysteria*, *myeis*, *myesis* a melhor definição para o termo, que resulta em *initia*, *initiare*, *initiatio*, introduzindo o conceito de "iniciação" na linguagem ocidental. Esse conceito "é, via de regra, acompanhado pelo segredo" (*Antigos Cultos de Mistério*, 1987, pp. 19-20).
6. A última definição é atribuída a René Guénon, *Aperçus sur l'initiation*, 2004, Paris, Editions Traditionnelles, p. 125, apud Pierre RIFFARD, *Dicionário do Esoterismo*, 1993, p. 241.
7. Gershom SCHOLEM, *Nome de Deus, a teoria da linguagem e outros estudos de Cabala e mística judaica*, 1999, pp. 64-65. Em contexto diverso do tratado por Scholem, também o especialista em religiões mistéricas Walter BURKERT afirma que nem todos os cultos secretos detêm um caráter místico. Como exemplo, cita o caso da magia privada que, apesar de secreta, não deve receber a alcunha de mística; assim, também, o acesso de certas hierarquias sacerdotais a objetos ou locais sagrados não constitui uma mística, apesar de seu caráter secreto. Há, por outro lado, estados de misticismo que podem ser alcançados durante cultos religiosos abertos que não caracterizam, necessariamente, um segredo (op. cit., pp. 19-21).

manifestação, a mística e a secreta, têm caminhado juntos e se completam na definição de esoterismo. Prosseguindo, serão mostrados três modelos de esoterismo relacionados a doutrinas bastante distintas — que, muito provavelmente, influenciaram diretamente Giovanni Pico.

Um exemplo expressivo, relacionado aos mistérios egípcios e tracejado no capítulo I, pode ser encontrado no Hermetismo, que, embora supostamente pertencente a período anterior ao cenário de significações acima mencionadas, encerra, ao mesmo tempo, o sentido secreto e o caráter místico, sendo-nos útil para ilustrar um modelo de esoterismo não ocidental pré-cristão bem aceito no século XV. Os escritos herméticos ocultam, por detrás de uma manifesta clareza — referente à forma e ao conteúdo "externo" —, uma obscuridade quanto ao sentido mais profundo, que se encontra "selado". O material hermético contempla três planos diversos, em estreita relação entre eles: uma forma externa, clara e linear, que pode se tornar mais complexa conforme a dificuldade do argumento; um conteúdo "externo" e correspondente à simplicidade ou complexidade do enunciado; um conteúdo absolutamente "interno" e oculto, que não possui uma possibilidade expressiva ou léxica adequada, reenviando a um saber recebido em revelação[8]. Esse último aspecto relaciona-se ao caráter místico que contempla uma regeneração do ser. No *Tratado* XVI do *Corpus Hermeticum*, Asclépio relata ao rei Amon:

> Hermes, meu mestre, dialogando frequentemente comigo, seja em particular que na presença de Tat, costuma dizer-me que aqueles que lerão os meus livros encontrarão uma composição muito simples e clara, enquanto, ao contrário, essa é obscura e esconde o sentido das palavras. Ademais, tornar-se-á totalmente obscura quando, sucessivamente, os gregos tentarem traduzir nossa língua[9].

---

8. Valeria Schiavone, tradução e notas ao *Corpus Hermeticum*, ed. BUR-Rizzoli, 2018, pp. 262-263. A comentadora infere que a clareza da forma externa nos textos herméticos representa um sinal da luz da verdade profunda que vela, mesmo que o conteúdo tenda a afastar o leitor do entendimento real da experiência mística que esconde. Não há como deixar de estabelecer uma analogia com os níveis de leitura mística hebraica, explicados sob a conceituação do chamado *Pardes*, como verificado no capítulo V.

9. *Corpus Hermeticum*, *Tratado* XVI, 1, ed. Nock-Festugière, Bompiani, 2005, p. 429. Tradução do grego por Andrè-Jean Festugière; tradução para o português de

Um segundo exemplo de não divulgação de ensinamentos sagrados é detectável em alguns registros da mística cristã oficial[10], embora o ensinamento secreto não tenha sido utilizado, nesse caso, como instrumento para propagar uma tradição, como ocorreu no judaísmo[11]. Clemente de Alexandria pode ser tomado como modelo de transmissão esotérica dentro da tradição cristã, tendo absorvido ecos provenientes dos gregos, perceptíveis no uso que fez de termos como *gnosis* e *mysteria* em suas discussões acerca dos sentidos literal e não literal da Bíblia[12]. Como antecipado no capítulo II, a postura hermenêutica desenvolvida por Pico em algumas obras tem certa afinidade com os primeiros intérpretes cristãos gregos e, muito provavelmente, alguns dos elementos esotéricos que utilizou receberam o influxo da obra *Stromata*[13] — na qual Clemente distingue duas classes de público, um digno de receber ensinamentos secretos e outro não:

---

nossa responsabilidade. A obra hermética é bastante ampla e abrangente em termos de conteúdo. Uma visão geral de seu teor foi apresentada no primeiro capítulo, embora apenas em sua parte estrutural e "exterior". Um maior aprofundamento do conteúdo hermético fugiria ao escopo aqui traçado. Para uma análise bastante aprofundada do tema, leia-se CORPUS HERMETICUM (Nock-Festugière, op. cit.) e HERMETICA (Scott-Ferguson, Clarendon Press, Oxford, 1924-1936), duas das mais abrangentes obras sobre o tema.

10. A mística cristã não oficial abarca o inteiro movimento gnóstico. Sua tradição se perpetuou através de maior ou menor grau de sigilo, conforme a época e a específica subdivisão.

11. SCHOLEM, op. cit., pp. 64-65.

12. Em relação à utilização de termos gregos como *gnosis* e *mysteria*, Jean PÉPIN argumenta que, nesse sentido, percebe-se "uma inconsciente comunhão de culturas, mais do que marcas deliberadas" (*Mythe et allégorie: les origines grecques et les contestations judéo-chrétiennes*, Paris, Études Augustiniennes, 1976, p. 251, apud Crofton BLACK, 2006, p. 103). Antes de Clemente, Fílon de Alexandria (*De vita contemplativa*) escrevera sobre o tema: a ideia de que um grupo intelectualmente superior de crentes poderia extrair um nível mais alto de conhecimento das Escrituras já estava presente em seu trabalho exegético. Também Orígenes de Alexandria, depois de Clemente, distinguiu nitidamente os sentidos literal e não literal, argumentando que a confiança no primeiro causaria erro teológico (vejam-se referências e discussão em BLACK, p. 105 e pp. 108-110).

13. Não se tem certeza se Pico teve acesso direto à principal obra de Clemente, *Stromata*, na qual é elaborada uma linha argumentativa com recursos lógicos que se fundamentam tanto nas *Escrituras* quanto na filosofia — um caminho traçado no *Heptaplus* piquiano. Há uma citação sua específica de *Stromata* nas *Disputationes* (4.4), e a referência a um manuscrito denominado *stromata graeca* no elenco do inventário de sua biblioteca; entretanto, não é certo se tal manuscrito se refere ao trabalho de Cle-

Stromateis englobará a verdade misturada com opiniões sobre filosofia, embora velada e oculta, exatamente como a parte comestível da noz na casca; desta forma é mais aceitável, eu creio, que as sementes da verdade sejam mantidas apenas para os cultivadores da crença[14].

Clemente reúne uma lista de exemplos históricos para comprovar que escolas filosóficas diferentes estavam unidas em ocultar a verdade dos "indignos"[15], utilizando-se de um quadro geral de referências muito similar ao que seria utilizado por Pico séculos mais tarde (como a carta de Lísis para Hiparco e a *Segunda Carta* de Platão)[16]. Menciona, entre aquelas, os epicuristas, os estoicos, os aristotélicos e os "fundadores dos mistérios". Afastando-se dos pagãos, volta-se para Cristo e alguns de seus discípulos, como Paulo, destacando o uso feito por alguns apóstolos de palavras como μυστήριον e σοφία[17]. O destaque a tais termos faz parte de sua sustentação da transmissão não escrita, aplicada, essencialmente, para a interpretação das *Escrituras*, acerca da qual Clemente distingue duas formas de entendimento: a "crença" (πίστις) e o "conhecimento" (γνωσις)[18]. Há, pois, uma dicotomia entre "aqueles que apenas apreciam as *Escrituras*, os 'crentes' (πιστοί), e aqueles que foram além, tornando-se examinadores precisos da verdade e portadores, portanto, da gnose (γνωστιχοί)"[19]. O termo "gnose" é definido em *Stromata* I, na discussão do sentido de sigilo pedido por Cristo. A gnose,

---

mente. Um único exemplar sobrevivente daquela obra foi encontrado na biblioteca de Lorenzo de Medici, podendo ter sido utilizado pelo Conde.
14. CLEMENTE DE ALEXANDRIA, *Stromata* I-VI, 708a-b (*Les Stromates*, ed. Le Boulluec, 1981). *Stromata* ou *Stromateis* significa "Miscelâneas".
15. Cf. CLEMENTE, *Stromata* V, 88b-101a.
16. Ibid., V, 100a-b. As referências e conteúdos da carta de Lísis e da *Segunda Carta* de Platão encontram-se, respectivamente, em notas de rodapé dos capítulos IV e VI.
17. *Mystérion* e *Sophia* correspondem, respectivamente, a "Mistério" e "Sabedoria". Para a discussão do tema, veja-se Salvatore LILLA, *Clement of Alexandria: A Study in Christian Platonism and Gnosticism*, Oxford, 1971, pp. 146-148.
18. A distinção entre *pístis* e *gnosis* tem algumas ramificações. Clemente usa *pístis* em diferentes sentidos, dois dos quais concernentes às demonstrações lógica e científica, e um dos quais referente à leitura das *Escrituras*. Em geral, ele usa os dois primeiros significados em suas polêmicas contra os filósofos e o último em suas polêmicas contra os gnósticos. A ideia em cada caso é demonstrar que o cristianismo não é inferior nem à filosofia nem ao gnosticismo. O tema é discutido por LILLA, op. cit., pp. 118-226.
19. Cf. CLEMENTE, op. cit., VII, 533a.

segundo Clemente, "sabedoria" é o "conhecimento e compreensão das coisas que são, que serão e que foram", apresentando-se sob véus. Dessa forma, se "a contemplação é o objetivo do sábio", então "a contemplação daqueles que ainda são filósofos [e não, ainda, sábios] procura, com certeza, a sabedoria divina", que poderá ser alcançada por meio de um aprendizado que permita a recepção da voz profética que se lhe revela, através da qual "se compreende o que é, será e foi". Prosseguindo na mesma passagem, o teólogo define que:

> a gnose em si é o que desceu por transmissão a poucos, transmitida pelos apóstolos sem registro escrito[20].

O tipo de linguagem utilizado por Clemente caracteriza uma esfera que se tornou reconhecida como esotérica; embora o uso de termos como *Sophia*, *Pístis* e *Gnosis* seja um convite para se adentrar em território gnóstico, Pico não se utilizou desse tipo de registro em seus procedimentos hermenêuticos, pelo menos não de forma direta[21]. De outras fontes, fato certo, colheu suas referências, pois que a dicotomia iniciado/não iniciado se manteve preservada em outros círculos da antiguidade posterior a Clemente e no Medievo, sobretudo nas tradições neoplatônica e cabalística. Em ambiente neoplatônico, destacaram-se dois autores em particular, Macróbio e Pseudo-Dionísio, ambos pre-

---

20. CLEMENTE, *Stromata*, VI, 281c-284a. Orígenes (o Cristão) também se utilizou do termo "gnose" para designar o entendimento do sentido não literal, talvez porque tenha sido ensinado pelo próprio Clemente (segundo Eusébio de Cesareia); Porfírio, por sua vez, diz que Orígenes foi ensinado por Amônio, tendo sido seu pupilo ao mesmo tempo que Plotino (cf. BLACK, op. cit., p. 110).

21. Um paralelismo foi tecido na obra de Jacques Matter, *Histoire critique du gnosticisme et de son influence,* publicada em 1828, entre o esoterismo e o gnosticismo do século II, ao efetuar considerações que partem de um sincretismo entre os ensinamentos de Cristo, por um lado, e as tradições religiosas orientais, judaicas e gregas filosóficas, por outro. Algumas das primeiras polêmicas cristãs contra os gnósticos colocaram-se contra sua crença de terem atingido uma esfera independente e mais alta de conhecimento ou revelação, inacessível "a outros" (como os cristãos). A obra de Irineu de Lyon, do século II, *Contra as Heresias* (I.1.6.2), identifica e transcreve diversas escolas do gnosticismo, efetuando uma exposição em que contrasta suas crenças com as que ele chama de "cristianismo ortodoxo" [i.e., o cristianismo "não herético"], assim refutando os ensinamentos de vários grupos gnósticos (*Adversus Haereses*, W. FOERSTER, *Gnosis: A Selection of Gnostic Texts*, Oxford, Clarendon Press, 1972, v. I, pp. 138-139).

sentes na biblioteca piquiana. O *Commentarii in Somnium Scipionis*, de Macróbio, e, sobretudo, o *De Coelesti Hierarchia*, de Dionísio, foram textos que ajudaram amplamente a disseminar a postura esotérica dos primeiros cristãos durante a Idade Média latina, após alguns escritos originais terem se tornado inacessíveis[22]. Embora Dionísio seja um bom modelo de emprego do paradigma esotérico em ambiente neoplatônico[23], sua forma de linguagem, apesar de não restrita à leitura das *Escrituras*, apresenta semelhanças com as colocações de Clemente[24]. Por essa razão, tomaremos como terceiro exemplo outra tradição, a do misticismo hebraico.

Os capítulos VI e VII apresentaram suficientes indicações da utilização do esoterismo hebraico como forma de transmissão de conhecimento; entretanto, a forma de linguagem adotada por Yohanan Ale-

---

22. Em seu *Comentário sobre o sonho de Cipião*, Macróbio postula que, desde que a natureza se esconde do olhar da multidão, a discussão de seus segredos deve ser velada da visão comum (*Commentarii in Somnium Scipionis*, I, 2.4-18, Padova, ed. L. Scarpa, 1981, pp. 76-80). Pico possuía uma edição impressa de tal obra (KIBRE, The *Library of Pico della Mirandola*, 1936, p. 244). Uma exposição de cunho esotérico pode ser encontrada, ainda, em Simplício, Eusébio, Diógenes Laércio, Plutarco, Porfírio e Jâmblico. Plotino tratara sobre a proibição de tornar público o conteúdo dos Mistérios (*Enéadas* VI, 9, 11), mas suas referências, nesse sentido, são de menor expressão.

23. O *corpus* pseudo-dionisíaco, um grupo de obras de teor teológico escritas em grego por um autor desconhecido do final do quinto ou início do século VI, de claro viés neoplatônico, foi atribuído (em sua primeira aparição registrada em 532) a outro autor: Dionísio, o Areopagita. Pico o considerava um convertido de Paulo, vivido no século I d.C. (*Discipulus Pauli Dionysius Areopagita*, como mencionado em *Heptaplus*, p. 176). A admiração de Pico pelo Areopagita está evidente no *Commento*, onde o chama "príncipe dos teólogos cristãos" (p. 462), e no qual, muito provavelmente, foram utilizadas as traduções de parte do *corpus* dionisíaco realizadas por Marsilio Ficino (cf. BLACK, op. cit., p. 123). A recepção do *corpus* pseudo-dionisíaco durante toda a Idade Média e Renascença foi extremamente ampla: pelo menos seis traduções latinas diferentes do *corpus* (ou partes dele) foram feitas entre os séculos IX e XV.

24. Ao mencionar os Mistérios, Pseudo-Dionísio adverte que "não é correto interpretar por escrito as invocações que pertencem aos mistérios, nem trazer do sigilo para o conhecimento público seu significado misterioso" (*De ecclesiastica Hierarquia*, 565c). Ainda, "é necessário que as coisas sagradas não sejam ditas comumente nem divulgadas aos não iniciados" (*De divinis nominibus*, 597c), e que "sejam envolvidas [as coisas sagradas] na parte mais secreta da mente, protegendo-as como uma unidade da multidão profana" (*De caelesti hierarchia*, 145c). Veja-se, também, *De ecclesiastica Hierarquia*, 372a, em que trata da preservação do Santo dos Santos, mais tarde retomada por Pico (aqui abordado nos capítulos IV e VI).

manno e Elia del Medigo para se referir a um campo de conhecimento sigiloso — dimensão que ambos defendiam — se diferencia das abordagens hebraicas anteriores por expor um modelo que utiliza parâmetros retirados da linguagem filosófica. Diferentes em estilos e doutrinas, os dois mestres de Pico colocaram tal motivo em posição de destaque nas introduções de suas principais obras. Alemanno, em seu *Hay ha-olamim*, distingue três tipos de pessoas: "as que derivam seu conhecimento da demonstração; as que o apreendem através da dialética; e as que ouvem a retórica"[25]. A mesma ideia é encontrada na introdução do *Behinat ha-dat*, de Elia del Medigo, em que o escritor informa que há "princípios fundamentais que podem ser aceitos retórica e dialeticamente; ambos os métodos de estudo são requeridos, já que o terceiro método, o demonstrativo, é impossível para as massas, mas possível para os poucos". Elia complementa que o emprego do método demonstrativo é benéfico para a comprovação de alguns princípios fundamentais, já que leva ao conhecimento das coisas causadas e, a partir do conhecimento dessas, ao conhecimento do Criador. Em clara distinção entre um padrão exotérico e outro esotérico, conclui ser "evidente que o método demonstrativo é obrigatório para o homem sábio, mas não para o judeu comum"[26].

Nas especulações árabe-judaicas medievais, a retórica era considerada, com base nos comentadores gregos tardios, parte integrante das artes lógicas; no entanto, sua aplicação prática na instrução de homens "limitados intelectualmente" diminuía o interesse dos filósofos por essa disciplina[27]. A dialética, por sua vez, pode ser entendida, no caso dos exemplos citados, como o procedimento racional empregado em dis-

---

25. *Hay ha-olamim*, ed. Lelli, p. 94. Fabrizio LELLI, editor da obra para o italiano, dá-lhe o título *L'Immortale* (Firenze, Leo Olschki). O *Hay ha-olamim* compreende uma narrativa enciclopédica de ascensão individual através das várias ciências, até alcançar o mais alto nível atingível de perfeição humana (IDEL, *The Study Program of R. Jochanan Alemanno*, Tarbiz, 48 [1979-1980], pp. 303-331).
26. *Sefer Behinat ha-Dat of Elijah Del-Medigo* (*Livro do Exame da Religião*), Jacob Ross (org.), Chaim Rosenberg School of Jewish Studies, 1984.
27. Fabrizio LELLI, *Umanesimo Laurenziano nell'opera di Yohanan Alemanno*, in: Bemporad-Zatelli (org.), *La Cultura Ebraica all'epoca di Lorenzo il Magnifico*, 1998, p. 64.

cussões com perguntas e respostas, através das quais se obtém uma regra com a qual se julga o que é falso e verdadeiro. O último tipo de conhecimento, derivado da demonstração, "utiliza coisas compreensíveis para explicar as menos compreensíveis"[28]. Através dela é possível demonstrar a essência das coisas por meio do conhecimento das suas causas, remetendo, como objetivo final, ao conhecimento das Causas Primeiras. Os termos das discussões de Alemanno e Del Medigo provêm, possivelmente, da mesma fonte, o *Kitab fasl al-maqal* (*Livro do Discurso Decisivo*), em que Averróis distingue os três tipos de intérpretes apontados pelos mestres hebreus. Para o aristotélico, a aquisição do conhecimento dos entes só poderia ser feita pela intervenção do silogismo racional, ou seja, através de um percurso demonstrativo[29]. O uso dessas formas nos modelos hebraicos mencionados tem por propósito distinguir campos de atuação secretos de outros não secretos.

Poderia se prosseguir com outros exemplos, dada sua profusão, mas os três modelos apresentados são suficientes para que se chegue, logo adiante, a algumas conclusões. Resta esclarecer que o substantivo "esoterismo" não foi originalmente uma autodenominação através da qual determinados autores ou círculos definiram suas perspectivas. O primeiro emprego do termo, no sentido de um gênero de procedimento vinculado a uma escolha de comportamento, foi feito, *a posteriori*, em 1828, no trabalho de Jacques Matter, sob contexto do Cristianismo inicial[30]. Contudo, somente em 1990, por meio de Antoine Faivre, o Esoterismo é introduzido em âmbito acadêmico como "forma de pensamento", sendo ampliada sua aceitação como um campo de estudos. Em

---

28. A definição encontra-se em Diógenes Laércio VII, 1, 45, bem como a anterior, referente ao método dialético — uma definição bastante difundida na Idade Média, que DL refere em seus estudos acerca das doutrinas estoicas.

29. AVERRÓIS, *Discurso Decisivo*, IV. No Artigo XVI, Averróis introduz os três métodos, esclarecendo que cada um é apropriado para determinada categoria da humanidade, sendo o método demonstrativo aplicado a um número reduzido de pessoas (Artigo LII).

30. Jacques MATTER, *Histoire critique du gnosticisme et de son influence*, 1828. Menos de três décadas após ter sido empregado de forma "oficial" na obra de Matter, o substantivo "esoterismo" é reconhecido como uma nova palavra com direito a pertencer a um dicionário, em 1852, através do *Novo Dicionário Universal* de Maurice Lachâtre, em que é definido como "a totalidade dos princípios de uma doutrina secreta".

sua obra *Accès de l'ésotérisme occidental*, o autor defende um paradigma que pode ser reconhecido pela presença de quatro características intrínsecas à própria definição de esoterismo, às quais duas não intrínsecas podem ser, eventualmente, acrescentadas. As características intrínsecas propostas por Faivre, tomadas aqui em empréstimo pela pertinência à temática traçada, são: (a) a crença em "correspondências" invisíveis e não causais entre todas as dimensões visíveis e invisíveis do cosmo, (b) a percepção da natureza como permeada e animada por uma presença divina ou força vital, (c) a concentração na imaginação religiosa como um poder que dá acesso a níveis de realidades intermediários entre o mundo material e Deus e (d) a crença em um processo de transmutação espiritual através do qual o homem interior é regenerado e reconectado com o divino. As duas características não intrínsecas — frequentemente, mas nem sempre, presentes — são (e) a crença em uma concordância fundamental entre várias ou todas as tradições espirituais e (f) a ideia de uma transmissão mais ou menos secreta do conhecimento espiritual[31].

Conforme sugerido por alguns, o paradigma de Faivre melhor se adapta à filosofia hermética da Renascença e ao contexto romântico-iluminista do final do século XVIII e início do XIX[32]. De fato, no que concerne ao ambiente renascentista, a definição acima condiz precisamente com a forma-pensamento de Pico della Mirandola, de acordo com os pontos destacados no decorrer desta obra. Vejamos. O ponto "a", referente às correspondências invisíveis entre as dimensões do cosmo, perpassa as várias obras de Pico, encontrando-se seus sinais sobretudo no *Heptaplus*, no qual faz corresponder os vários reinos ("tudo que está no mundo inferior, está nos superiores, de forma mais elevada")[33]. A mesma profusão de menções se aplica ao ponto "b", sobre a percepção de uma natureza permeada pela presença divina ("o mundo é uno na totalidade das suas partes por ser uno com o seu autor")[34]. O ponto "c",

---

31. Antoine FAIVRE, *Access to Western Esotericism*, 1994, pp. 10-15. Como aponta Hanegraaff (op. cit., p. 340), o valor heurístico da definição de Faivre é inegável e tem sido adotado por muitos estudiosos como "o paradigma de Faivre".
32. HANEGRAAFF, op. cit., p. 340.
33. PICO, *Heptaplus*, p. 189.
34. Ibid., p. 383.

que indica a utilização da imaginação religiosa para o acesso às realidades intermediárias, é verificável nos exemplos de práticas teúrgicas órficas e cabalísticas, postuladas — sobretudo, mas não exclusivamente — nas *Conclusiones*. O ponto "d", referente a um processo de transmutação espiritual que reconecta o homem ao divino, é o tema fundamental da *De Hominis Dignitate*. Quanto aos dois pontos não intrínsecos, tem-se no ponto "e", concernente à concordância entre as tradições espirituais, a descrição do projeto de concórdia que, justamente, se consagrou como o principal interesse da vida de Pico; por fim, o ponto "f", acerca da transmissão secreta do conhecimento espiritual, é o tema desenvolvido neste trabalho. Assim, se devêssemos classificar a obra de Pico de acordo com os parâmetros de Faivre, os seis itens acima a fariam constar, perfeitamente, entre os conteúdos esotéricos.

Não se encontra indicado no paradigma de Faivre, contudo, tampouco em definições usuais acerca do esoterismo, *quais* conteúdos devem ser preservados. O tipo de linguagem que demarca o motivo da transmissão secreta, apesar das diferenças de época e estilo, apresenta claras similaridades em seus usos, muitas vezes repetitivas: conforme as palavras de Asclépio, "aqueles que lerão meus livros encontrarão uma composição muito simples e clara, enquanto, ao contrário, essa *é obscura* e esconde o sentido das palavras"; em Clemente, "a verdade, *velada e oculta*, estará misturada com opiniões sobre filosofia"; em Del Medigo, "o método demonstrativo é impossível para as massas". Pico, absorvendo tais conteúdos, os utiliza de forma ampliada: na *Oratio*, tratando de Paulo, escreve que o apóstolo mantinha [tudo aquilo] *oculto do vulgo*; "Dionísio Areopagita disse que os mistérios mais secretos foram transmitidos *de mente a mente*, sem escritos"; "Orfeu *revestiu* os mistérios dos seus dogmas com a *veste das fábulas*"[35]. E, acerca das próprias informações que iria transmitir, o Mirandolano advertia que, se fosse lícito trazer a público alguma coisa dos secretos mistérios, o faria *sob o véu do enigma*[36]. Observa-se que não há menção aos conteúdos. Em alguns casos, esses nunca são revelados; em outros, apenas sugeri-

---

35. As passagens da *Oratio* encontram-se, respectivamente, nas pp. 157, 163.
36. Pico, *Oratio*, p. 129.

dos. Há, no entanto, alguns indícios que apontam para três possíveis conteúdos temáticos, a serem verificados a seguir.

2. A concordância teleológica

Há uma estreita relação entre o esoterismo e as tradições às quais Pico atribui pontos de convergência. Colocado de outra forma, os pontos de confluência relativos às tradições mencionadas na obra piquiana gravitam em torno de específicos núcleos de teor esotérico. Essa é a revitalizada intuição do autor que precede seu projeto de concórdia. Antes dele, segundo sua própria confirmação, outros já haviam ingressado em tal caminho: Numênio tentara acordar brâmanes, magos, egípcios e hebreus, Moisés, Pitágoras e Platão; Proclo, após tentar a comunhão entre Platão e Aristóteles, abordara a filosofia hierática através de seus comentários a Orfeu, tentando comprovar a convergência entre as doutrinas caldaicas, órficas, herméticas e platônicas[37]. As tentativas desses autores em concordar doutrinas aparentemente dessemelhantes seguem um critério de escolha a partir do qual as escolas ou doutrinas eleitas participam de métodos de transmissão sigilosa do conhecimento; provavelmente, não por coincidência. Entre os diversos registros verificados, seja nas referências esotéricas empregadas por seus antecessores, seja naquelas retomadas por Pico, consegue-se identificar três níveis ou campos temáticos de utilização do segredo na transmissão: (1) o primeiro nível caracteriza-se pela necessidade de se protegerem poderes empregados em atos de trocas entre os reinos; (2) o segundo nível trata de informações referentes aos mundos intermediários, distribuídos entre o sublunar e a Unidade; e (3) o terceiro nível protege conteúdos relacionados aos Princípios ou ao Absoluto.

---

37. Pico teria lido sobre Numênio de Apameia em Eusébio (*Prep. Ev.*, IX, 7; XI, 10; XII, 5), conforme sua indicação em seu prefácio ao *Heptaplus* (a identificação da obra de Eusébio encontra-se em GARIN, 2001, p. 75, que a extraiu de ZELLER, *A Filosofia dos Gregos* [1881], e de MATTER, *Histoire de l'École d'Alexandrie* [Paris, 1848, v. III, pp. 234-237]). Acerca de Proclo, suas reflexões encontram-se em *Elementos de Teologia*, conforme Albano BIONDI, *Conclusiones Nongentae-Le Novecento Tesi dell'anno 1486*, 2013, p. XXV.

(1) No primeiro nível, o segredo protege os atos que envolvem as *trocas* efetuadas entre o mundo sublunar e os supralunares, por intermédio de ações humanas; caracteriza-se, portanto, como um nível "prático". É o caso dos usos de magia ou teurgia que envolvem ritos para atrair o descenso de forças pertencentes a esferas superiores, dos sons utilizados nos hinos órficos para certas funções, dos usos da Cabala prática, da teurgia de Jâmblico e Proclo, dos rituais realizados nos mistérios menores para uma regeneração psíquica transitória; todos temas abordados nos capítulos anteriores. Em ambiente hermético, o *Asclepius* traz referências claras de práticas para o descenso das forças — como o apelo às almas dos *daimons* e dos anjos para fazê-las morar em imagens sagradas, de forma que tais imagens pudessem ter a força de fazer o bem e o mal[38] —, embora os métodos em si sejam mantidos em segredo. Plotino retomaria esse interesse, como se lê em *Enéadas* IV: "os antigos sábios, que quiseram os deuses presentes entre eles construindo-lhes templos e estátuas, entenderam que é sempre fácil atrair a alma universal, mas que é particularmente trabalhoso mantê-la, a menos que se construa algo afim e capaz de receber-lhe a participação"; pois, "a imagem figurada de uma coisa está sempre predisposta a sofrer a influência da coisa copiada, como um espelho capaz de aprisionar a imagem que reflete"[39]. Os modelos hermético e plotiniano encontram eco na concepção do bezerro de ouro da versão de Alemanno, vista na abordagem do *Heptaplus*[40].

---

38. CORPUS HERMETICUM, VIII, 24, ed. Nock-Festugière, 2005, pp. 557-559: "Nossos primeiros antepassados, [...] inventaram a arte de fazer deuses, logo, assim que os fizeram, vincularam a eles uma virtude adequada inferida da natureza material; misturando essa virtude com a substância das estátuas, dado que não podiam criar almas propriamente ditas, e depois de invocarem as almas de *daimons*, as introduziam em seus ídolos por meio de rituais santos e divinos, de modo que esses ídolos tivessem o poder de fazer o bem e o mal". Ainda, do "Livro sagrado dedicado a Asclepius" (op. cit., 37, p. 583): "Trata-se de estátuas dotadas de uma alma, conscientes, cheias de sopro vital, e que realizam um número incalculável de prodígios; estátuas que conhecem o futuro e o predizem através das sortes, da inspiração profética, dos sonhos e de muitos outros métodos, que enviam aos homens as enfermidades e as curam, que concedem, segundo nossos méritos, a dor ou a fortuna".
39. PLOTINO, *Enneadi*, ed. Giuseppe Faggin, Bompiani, Milano, 2010.
40. ALEMANNO, *Collectanaea*, Manuscrito de Oxford, 2.234, f. 22v, apud Moshe IDEL, 2008b, p. 481. Na concepção de Alemanno, o preparo do bezerro de ouro por

Amostras de correspondências dentro desse campo de atuação são apresentadas na obra piquiana, na qual são apontadas específicas similaridades entre práticas pertencentes a núcleos distintos, sobretudo nas teses que compõem os últimos grupos de suas *Conclusiones*[41]. Em muitos casos, as formas de magia ou teurgia protegidas pelo segredo servem para "casar o mundo" e, a partir de então, "organizar o caos", como intuiu Pico em 1486[42]. Esse nível de atuação é, via de regra, protegido por elevado grau de sigilo, necessário para uma segurança social ou legal, conforme a época e a cultura, ou para proteger certos tipos de conhecimento dos perigos que podem desencadear em mãos incautas. Embora haja certas similaridades entre algumas práticas, nesse nível encontram-se maiores divergências entre os métodos, pelo fato de haver um distanciamento maior da Unidade.

(2) O segundo domínio de registros esotéricos contempla o vasto campo especulativo que trata da sistematização do mundo emanado ou da criação do reino da multiplicidade a partir da Unidade. Embora distintos sistemas apresentem diferenças conceituais e lexicais, verificam-se íntimas correspondências no que concerne aos níveis de graduações entre os diferentes mundos, que foram destacadas e confirmadas, ampla e repetidamente, por Pico — que caracterizou esse estudo como "metafísica das formas inteligíveis e angélicas"[43]. A obra piquiana mostra seu esforço para comprovar que concepções teoréticas distintas se conciliam em harmonia:

> Aquele que entre os cabalistas se chama *Metatron* é, sem dúvida, o que é denominado por Orfeo "*Pallas*", por Zoroastro "mente paterna", por Mercúrio "filho de Deus", por Pitágoras "sabedoria", por Parmênides "esfera inteligível"[44].

Moisés é tido como necessário para o recebimento das emanações provenientes do descenso das forças espirituais.
41. Vejam-se algumas dessas correspondências na última parte do capítulo III.
42. Pico, *Concl.* (II) IX, 13 (p. 118).
43. Cf. *Apologia*, p. 29.
44. *Concl.* (II), XI, 10 (p. 128). O termo *Hochmah*, assim traduzido por Biondi, e escrito no original em caracteres de provável hebraico, foi traduzido por Farmer como *Metatron*, seguindo a interpretação de Wirszubski que afirma utilizar outras evidências para tal conclusão (cf. FARMER, *Syncretism in the West: Pico's 900 Theses* [1486] — The

Em sua prospecção da metafísica do Inteligível, Pico identifica as *Sefirot* cabalísticas com os números pitagóricos e com as dez esferas da ordenação hermética — "momentos sucessivos da expansão da divindade" ou "atos" com os quais Deus *se faz* presente nas coisas[45] —, concepções que encontram sustentação em sua tese cabalística 36: "Deus cobriu-se com dez vestimentas quando criou o mundo"[46]. Tece, ainda, paralelos entre os "dez vingadores" da teoria hermética e a maligna sequência denária da cabala (situada "do lado esquerdo"), sobre os quais Pico nada escreveu "por se tratar de um segredo"[47]. Outra simetria é verificável entre certos graus "funcionais" contemplados no Hermetismo

---

Evolution of Traditional, Religious and Philosophical Systems, 1998, p. 524). Optamos pela utilização de "Metatron" em nossa tradução ao português, em razão de sua presença em outras passagens de Pico. Com referência à passagem em questão, observa-se que, embora com nomenclaturas diferenciadas e pertinentes a cada respectiva tradição, Pico as faz corresponder em termos de posição ou graduação dentro do plano do Inteligível. Sobre o mesmo tema, Pico escrevera no *Commento*, descrevendo como a mente criada procede do bem primeiro: "Essa primeira criatura é chamada, seja pelos platônicos, seja pelos antigos filósofos Mercúrio Trismegisto e Zoroastro, ora filho de Deus, ora sabedoria, mente ou razão divina, o qual alguns interpretaram inclusive como Verbo" (*Commento sopra una canzona d'amore* I, 5, 1942, p. 466). Pico se preocupa em diferenciar a emanação do primeiro princípio com "aquele que foi chamado por nossos teólogos como 'filho de Deus'": "*Ed abbi ciascuno diligente avvertenzia di non intendere che questo sia quello che da' nostri Teologi è detto figliuolo di Dio, perchè noi intendiamo per il figliuolo una medesima essenzia col padre, a lui in ogni cosa equale, creatore finalmente e non creatura, ma debbesi comparare quello che e' Platonici chiamano figliuolo di Dio al primo e più nobile angelo da Dio creato*" (idem).
45. Cf. Cesare VASOLI, in: "Introduzione" a *Giovanni Pico della Mirandola* (Garin, 2011). Pico estabelece níveis de correspondências, outrossim, entre determinados níveis angélicos e certas potências integrantes do Orfismo, como pode ser verificado em análise de Paolo FORNACIARI (2001): "São inteligências angélicas e divindades homólogas em função e poder, pois entre outras coisas as Potestades são uma 'disposição angélica de tipo intermediário, que é purificada, iluminada e aperfeiçoada pelos esplendores da divindade', bem como os '*Cureti*' indicados nos Hinos órficos 31 e 38. Em ambos os casos são entidades mediadoras entre o uno e o mundo sensível, geralmente benignos, embora com enorme poder, sobre o qual o homem deve manter-se consciente e com temor reverencial".
46. PICO, *Concl.* (II), XI, 36 (p. 135).
47. PICO, *Concl.* (I), VIII, 10 (p. 55): "[...] *de quibus ego in cabalisticis conclusionibus nichil possui, quia est secretum*". Na décima tese hermética, Pico denomina os dez vingadores de "*mala coordinatio*", verdadeiras e próprias entidades negativas que se apresentam como o espelho perverso das *Sefirot*, como deduz FORNACIARI (2001).

e na Cabala: na teoria hermética da ascensão da alma pelas esferas, a regeneração da alma se dá na oitava esfera, chamada ogdoádica — relacionada ao número oito —, conforme se depreende do *Corpus Hermeticum* XIII; também na Cabala existe essa concepção relacionada a uma determinada *Sefirá*, conforme estudo de Scholem[48]. Outra fonte utilizada por Pico para compor suas correspondências de estratos metafísicos encontra-se nos textos caldaicos, que apresentam passagens com elaborações que unificam os vários planos, conforme pode ser lido na ordenação dos *Oráculos Caldeus* realizada por Miguel Psello:

> Sustentam que há sete mundos reais, um ígneo e primeiro, três etéreos e três materiais, o último dos quais denominado terrestre e inimigo da luz; trata-se da região sublunar, que além do mais encerra em si mesma a matéria, a que denominam abismo. [...] Homenageiam certo Abismo paterno, composto da tríade Pai, Potência e Intelecto. Segue-se a Iynga inteligível, depois os Conectores (compostos de elementos ígneos, etéreos e materiais), depois os Teletarcas. Em seguida, os Pais Fontes, também chamados de "Guias do Mundo", sendo o primeiro deles aquele que se costuma dizer "unitariamente mais distante". Finalmente, vêm os três Implacáveis e, por último, "aquele que está cercado por baixo"[49].

Embora possa ser tentador investigar os significados das concepções mencionadas, buscando seu aprofundamento, esse se mostraria um caminho longo e desnecessário para o tema tratado. O que se pretende relevar — além de expor alguns exemplos que ilustram o domínio tratado — é que muitos dos conteúdos pertinentes às estratificações dos planos metafísicos — nível onde Pico encontra elaborações espa-

---

48. Gershom SCHOLEM, *Jewish Gnosticism, Merkabah Mysticism and Talmudic Tradition*, 1960.
49. Francisco Garcia BAZÁN, "Introdução" a *Oráculos Caldeus*, 1991, p. 18. Trecho extraído da Exposição Caldaica de Miguel Psello [42 (54)], que tivera contato com os *Oráculos* através dos textos de Proclo. Psello e Plethon realizaram comentários extensos sobre os *Oráculos Caldeus*, e suas coleções foram aumentadas por Franciscus Patricuis que, em 1593, publicou em latim aquele conteúdo sistematizado em 324 oráculos (*Zoroaster et eius 320 Oracula Chaldaica*), acrescentando-lhes conceitos de Proclo, Hérmias, Simplício, Damáscio, entre outros. Essa obra foi a base da classificação feita por Thomas Taylor (*The Chaldean Oracles*, London, 1806).

ciais em elevada conformidade — envolvem tradições que lidam com a transmissão esotérica e que compõem um segundo tipo de caracterização temática. Esse gênero de conteúdo encontra mais transposições para a linguagem escrita do que o modelo anterior e o seguinte, apesar de suas abstrações constituírem, em muitos casos, um véu indecifrável. De fato, não obstante as temáticas atinentes ao movimento de criação e estabelecimento dos graus do múltiplo serem mais facilmente encontradas em material escrito — e, portanto, menos protegidas pelo segredo —, a ocultação de suas particularidades se dá por meio do recurso a uma linguagem mítica, alegórica ou obscura (fundada sobre semânticas e formas linguísticas diferenciadas, conforme a tradição).

(3) O terceiro domínio contemplado pelo esoterismo inclui, em caráter acessório, as formas de proteção a práticas iniciáticas que visam suplantar estágios do mundo sensível e intelectual. O tema da ascese em direção à Unidade integra as doutrinas mencionadas na *De Hominis Dignitate*, visitadas no capítulo IV; é um dos conteúdos principais tratados no *Pimandro* hermético (a ascese a partir "do reino da natureza e da morte"); é o objetivo dos atos de contemplação almejados na Cabala extática. As crenças órficas de retorno à Unidade apresentam claras analogias com a soteriologia encontrada no Segundo Tratado hermético: Trismegisto, que passara pela experiência iniciática da regeneração, diz a seu filho Tat que o "homem renascido será deus"[50], em evidente paralelismo com os dizeres encontrados na lâmina órfica de Turi, do século IV a.C.: "Alegra-te por teres sofrido o que nunca antes sofreste; de homem, nascerás um deus"[51].

Tais processos iniciáticos que objetivam alcançar o mais alto grau da divindade devem ser vistos como características secundárias ou acessórias, como acima disposto. A característica efetivamente precípua do terceiro domínio esotérico encontra-se na proteção ao núcleo concernente às Causas Primeiras. Em torno a essa dimensão, verifica-se uma confluência doutrinária observada e relatada por Pico: o último grau de ordenação do sistema caldeu coincide com o que se verifica em tex-

---

50. *Corpus Hermeticum*, XIII, op. cit., p. 379.
51. Otto KERN, *Orphicorum Fragmenta*, fr. 32c-f.

tos herméticos, órficos, pitagóricos e neoplatônicos; pode-se dizer que seus fins convergem em direção àquele núcleo — identificado como "início" e "fim"[52]. Assim, também se averigua em outros núcleos investigativos: para a possibilidade de tal "encontro" se volta Clemente ao buscar sentidos não literais nas *Escrituras*; de forma paralela, em relação ao mesmo material, voltam-se os cabalistas em suas buscas interpretativas e contemplativas — almejando alcançar o estado de *devekut* (união com a Divindade)[53]; e, em âmbito misteriológico, esse é o propósito para o qual se dirigem as orientações relacionadas ao alcance da *epopteia* eleusina. Sob registro filosófico, Elia del Medigo escrevera que o emprego do método demonstrativo seria capaz de comprovar princípios fundamentais — por conduzir ao conhecimento das coisas causadas "e, finalmente, do Criador"[54].

Em torno dos Princípios tem-se, pois, o norte de chegada das doutrinas teológicas, filosóficas e, algumas, ritualísticas partícipes do projeto vislumbrado por Pico, conforme os vários exemplos apontados na *Oratio*. Para esse fim, Pico direcionou suas principais reflexões de teor filosófico, que denominou "causas das coisas"[55], como verificável no *De Ente et Uno*, no qual procurou dirimir o conflito entre Platão e Aristóteles — conforme delineado na abordagem das fundamentações filosóficas do autor, no capítulo II. Para fazer confluir as doutrinas dos dois filósofos, foi encetada uma discussão em torno àquela esfera. Da mesma forma, para fazer convergir doutrinas como as caldaicas, as pitagóricas e as neoplatônicas, foram observadas as relações delas com as Causas Primeiras: por meio de seus registros, comprovou que os sábios caldeus acreditavam "em um Princípio único de todas as coisas", celebrando-o "como Uno e Bem"[56] — claro exemplo de uma protologia não desconhecida. As linhas

---

52. Eugenio Garin (2011, p. 149) amplia a rede de afinidades, acrescendo, aos acima mencionados, elementos do pensamento cristão, do gnosticismo, do platonismo, da mística de São João, de Paulo e Nicolau de Cusa (apesar, como enfatiza, das íntimas divergências entre cada uma dessas correntes).
53. Veja-se o capítulo V.
54. Veja-se o item 1.
55. Cf. *Oratio*, p. 131.
56. Francisco Garcia BAZÁN, "Introdução" a *Oráculos Caldeus*, op. cit., 1991, p. 18. Os *Oráculos Caldeus*, talvez por terem tido entre um de seus primeiros comen-

doutrinais percorridas na obra piquiana partilham, pois, por vias singulares, de concepções similares em torno dos "fins", de formas convergentes de comunhão com a Unidade. Nesse grau, o sigilo está sempre presente e seus conteúdos, quando transmitidos, ocorrem após árdua trajetória. Ora, Pitágoras, quando ensinava a seus discípulos, não lhes dava o poder de interpretar as causas das coisas nos primeiros estágios de suas especulações; ele lhes ensinava, primeiramente, a "ciência"; somente no último grau de discipulado — o grau de *teleiotês*, correspondente ao *telos* —, lhes eram reveladas as Causas, os Princípios[57]. Nesse nível de especulação, por sua proximidade com a própria Unidade, muitas das divergências são diluídas, podendo-se falar de uma concordância teleológica.

Qual a razão para a não divulgação de questões conceituais referentes aos últimos níveis metafísicos? Para Orígenes, os mistérios das *Escrituras* estão ocultos sob um véu de coisas "visíveis" para proteger aqueles "incapazes de suportá-los"[58]. Segundo Abulafia, "a alma humana não pode suportar o influxo direto da inteligência superior, graças a certos 'nós' que a mantêm atada à matéria". Maimônides, de forma mais extrema, dizia que a nocividade da sabedoria metafísica requer sua transmissão em alegorias, pois "aqueles que tentam compreender seus segredos, sem a devida preparação, serão destruídos"[59]. O que se depreende de várias passagens desse gênero é que o movimento em direção à cognoscibilidade comporta, necessariamente, a ocultação de tudo aquilo que não pode ser compreendido pelo intelecto finito. Em termos teológicos, a divindade só pode ser apreendida através de uma paulatina revelação de sua verdade. Pico utiliza uma linguagem mais requintada para referir-se à mesma condição: "As doutrinas sagradas

---

tadores o neopitagórico Numênio, apresentam muitos elementos pitagóricos, como a colocação de uma Mônada — ou princípio de Unidade — no vértice das coisas, e de uma Díade como princípio do múltiplo.
57. Veja-se nota sobre o tema no item 3, capítulo IV. Cf. JÂMBLICO, *Vita Pythagorica* 71-72; Diógenes Laércio, VIII, 10.
58. Apud BLACK, op. cit., pp. 103-104.
59. MAIMÔNIDES, *Dux neutrorum* (*Guia dos Perplexos*), III, 54, apud Naomi GOLDFELD, *Elia del Medigo e l'averroismo hebraico*, in: Bemporad-Zatelli (org.), *La Cultura Ebraica all'epoca di Lorenzo il Magnifico*, 1998, p. 45. Maimônides, nessa passagem, refere-se ao relato da entrada de quatro rabinos no *Pardes*, nem todos preparados para receber "a verdade", conforme sua leitura do *Talmud* Babilônico, *Hagigah*, 15a.

estão escondidas sob termos populares como dentro de uma concha, para que os olhos menos agudos não sejam ofuscados. Trazem, pois, a luz para beneficiar aos sãos, mas a trazem escondida e velada para não ofender aos homens de vista frágil"[60].

O "ponto de chegada" sugerido na argumentação proposta constitui uma justificativa para a utilização de categorias esotéricas. Tal dimensão não se configura como um patamar atingível por especulações filosóficas. As aporias encontradas ao final de um percurso dialético não se resolvem por aproximações da razão, mas pela ocupação de um espaço próprio, caracterizado por todas as tradições que tratam com fenômenos iniciáticos. Vislumbra-se, pois, a existência de um "abismo" — um "espaço" entre o múltiplo e o Uno, não ultrapassável por procedimentos intelectuais — sugerido ou subentendido pelas formas linguísticas utilizadas nas tradições esotéricas. Pico tentara elucidar a concepção: "o abismo é a capacidade inteligível no profundo, pois penetrante e perscrutadora; acima dessa, encontra-se a escuridão, até que seja iluminada pelos raios das cognições espirituais"[61]. Quando o intelecto se apaga, quando a escada utilizada para elevar-se é abandonada, a função da mística é, então, exercida; aquele espaço é alcançável através das transformações do místico, que decorrem de seu contato com a divindade — as denominadas proteções "acessórias" dentro dos modelos apresentados de esoterismo. A forma de alcançar tal fim havia sido, ademais, sinalizada na *Oratio*: dos três níveis supra-humanos aos quais o homem pode elevar-se, o nível celeste é acessível pela razão; o nível angélico, pela dialética, que permite o alcance do Inteligível; o último nível, de conhecimento do Absoluto, ou da "unidade do espírito com Deus", poderá ser alcançado através do processo ascético que reconduz ao "centro da própria unidade"[62]. Há, pois, uma dimensão, não ultrapassável, para a qual a *Theoría*[63] conduz por intermédio de suas filhas, a Filosofia e a Teologia; a única forma de ir além é através do êxtase mís-

---

60. Pico, *Heptaplus*, P1, p. 180.
61. *Heptaplus*, III, p. 253.
62. Pico, *Oratio*, p. 107.
63. O termo se adapta à concepção grega do vocábulo θεωρία, "especulação ou vida contemplativa", conforme a tradição pitagórica.

tico, situação extrema apontada em várias das tradições pelas quais Giovanni Pico transitou e para a qual encetou sua própria reflexão.

3. A morte do beijo

Um dos pontos mais elevados da reflexão piquiana encontra-se no recurso de conceituação bíblico-cabalística referente à *mors osculi*, "morte do beijo", uma das possíveis definições do êxtase místico. O tema trata de uma relação extática em que dois amantes, um terreno e outro celeste, alcançam a comunhão. A concepção (poética, mística e filosófica)[64] descreve a morte figurada que ocorre por ocasião da separação da alma dos acidentes do mundo sensível, quando essa se vê colhida em um transporte transcendente simbolizado pela troca do beijo místico. O tema é sintetizado por Pico nas teses cabalísticas 11 e 13, *secundum opinionem propriam*, e ampliado no *Commento sopra una canzona d'amore composta da Girolamo Benivieni*. Conforme a *conclusio cabalistica* 11:

> O modo pelo qual as almas racionais são sacrificadas a Deus por intermédio do arcanjo, não especificado pelos cabalistas, somente ocorre por via da separação da alma do corpo, não do corpo da alma, exceto por acidente, como acontece na *morte do beijo*, sobre a qual está escrito: "Preciosa, na presença do Senhor, a morte de seus santos"[65].

O fenômeno da separação da alma do corpo, conforme acima mencionado, é mais bem descrito no *Commento*: "Às vezes se diz que a alma

---

64. A colocação é de Paolo Fornaciari, que adiciona a qualificação "platônica" ao conteúdo. O comentador considera a recuperação dessa "verdadeira hierogamia" um dos aportes mais originais que Pico empresta da Cabala ao Cristianismo, um dos instrumentos mais eficazes de sua tão almejada ascensão à *"pax unifica"* (FORNACIARI, *Giovanni Pico della Mirandola: Conclusioni Cabalistiche*, 2009, pp. 24-25).

65. *Concl.* II, XI, 11, p. 128. Pico extrai o último trecho de *Salmos* 116,15-16. Como ajuíza Paolo FORNACIARI (ibid., p. 41), a "morte do beijo", em latim *mors osculi*, em hebraico *mytat benesiqah*, é um típico exemplo de cruzamento entre temas platônicos [que podem ser mais bem depreendidos da leitura do *Commento*] e cabalísticos. A relação extática é também retratada no *Cântico dos Cânticos* entre Salomão e sua amada, que a leitura anagógica identifica como Deus e sua relação com Israel, inteiramente de acordo com o tema cabalístico do matrimônio místico entre a *sefirá Yesod* (o fundamento, mas, também, a virilidade) e *Knesset Isra'el* (a comunidade dos fiéis) (ibid., p. 24).

está separada do corpo, mas não o corpo dela; e isto é quando cada uma das forças da alma, exceto a que o corpo nutre, chamada vegetativa, está ligada mas não opera em nada como se não estivesse em nada". Tal situação ocorre, continua o texto, quando a parte intelectual — chamada por Pico "rainha da alma" — está em ato e operante, não sofrendo em si o ato de qualquer outra potência[66]. Essa condição entre a alma e o corpo é chamada "primeira morte"[67]:

> Através da primeira morte, que é a separação apenas da alma do corpo, e não o contrário, a amada Vênus celestial poderá, portanto, ver o amante e esse estar face a face com ela, contemplando sua imagem divina, e com seus olhos purificados assim se alimentar[68].

O amante representa a mente[69], ou a parte intelectual da alma, que se une "em amor" com algum nível, não esclarecido, do Inteligível. Pico chama, ainda, a atenção para o fato de o eventual êxtase alcançado envolver o risco de uma segunda morte, a final. A excessiva prolongação do estado de êxtase marca um dos eventos capazes de ocasionar a segunda morte: "se muito se fortalecer e prolongar a operação intelectual, é necessário que, desta última parte vegetativa, a alma também se separe de forma que ela do corpo e o corpo dela sejam separados". Há outra forma de deflagrar a segunda morte, indicada no *Commento* através de uma obscura advertência em relação a outro tipo de relação que o praticante possa pretender: "E note-se que a união mais perfeita e íntima que o amante possa ter com a amada celestial é denotada pela união do beijo, porque qualquer outro congresso ou cópula usado no amor corporal não é lícito usar em qualquer forma de transfiguração[70]

---

[66]. A única potência que ainda pode operar na alma nesse estado, acresce Pico, "é a potencia nutritiva, cujas operações, por seu grande distanciamento da alma, não são de todo anuladas por seus atos, embora muito debilitadas" (*Commento*, pp. 557-558).

[67]. Como informa Giulio Busi (*Giovanni Pico della Mirandola: Mito, Magia, Qabbalah*, 2014, p. 66), a "primeira morte" do corpo, no léxico neoplatônico, é o resultado do encaminhar-se em um percurso contemplativo, que leva à morte figurada ou filosófica.

[68]. *Commento*, p. 557.

[69]. Cf. nota de Eugenio Garin à sua tradução do *Commento* (1942, p. 557).

[70]. No texto original, a palavra utilizada é *traslazione*, que Garin corrige, em nota à tradução, como '*transunzione*' (ed. Vallecchi, 1942, p. 558).

neste santo e sagradíssimo amor"[71]. Em caso de tal pretensão, o autor dá a entender que a segunda morte pode ser almejada:

> Quem ainda mais intrinsecamente quiser possuí-la e, não contente em vê-la e ouvi-la, quiser ser digno dos seus abraços íntimos e beijos anelantes, deve separar-se de si mesmo totalmente através da segunda morte do corpo, e então não só ver e ouvir a Vênus celestial, mas com um nó indissolúvel abraçá-la, e com beijos de um ao outro sua própria alma transfigurar, estando tão perfeitamente unidas que ambas podem ser chamadas de uma só alma[72].

Nas *Conclusiones*, Pico retoma a questão da segunda morte do corpo, dessa vez em razão de algum tipo de imperícia praticado durante o "intercurso". O preço a pagar está bem expresso na *conclusio cabalistica* 13:

> Quem operar em Cabala sem a presença de algum estranho se exporá à *binsica* [morte do beijo], caso se prolongue muito no trabalho.
> E, se cometer erros durante o trabalho ou se aproximar deste sem a devida purificação, será devorado por Azazel, de acordo com suas próprias regras de justiça[73].

O *Commento* não ultrapassa essas poucas indicações e seu autor deixa claro que "não lereis nada a mais em seus livros [dos cabalistas], a não ser que *binsica*, isto é, a morte do beijo, ocorre quando a alma no rapto intelectual se une às coisas separadas, e do corpo elevada em tudo o abandona"[74]. Provavelmente, Pico obteve as referências sobre

---

71. *Commento*, pp. 557-558.
72. *Commento*, p. 557.
73. *Concl.* II, XI, 13, p. 128. Conforme FORNACIARI (2009, p. 42), para atingir o estado de *binsica*, ou a "morte do beijo", a alma racional que aspira à separação da alma do corpo deve encontrar-se só. Azazel, na demonologia cristã, é uma das sete epifanias do lado maligno. Provavelmente, Pico tomou o conceito de Azazel de Abulafia e de seu comentário ao *Guia dos Perplexos* de Maimônides, que lhe foi traduzido por Mitridate.
74. *Commento*, p. 558: "nè più ne' loro libri leggerai se non che binsica, cioè morte di bacio, è quando l'anima nel ratto intellettuale tanto alle cose separate si unisce, che dal corpo elevata in tutto l'abbandona". O *Binsica* que fecha o *Commento* é, na opinião de BUSI (2014, p. 68), o mais afortunado entre os híbridos piquianos, retomado posteriormente por renomados como Baldassare Castiglione e Giordano Bruno. Na continuidade da passagem, Pico narra que os cabalistas mencionam que alguns de seus padres

a morte do beijo através de suas leituras de Maimônides que, no final do século XI, havia retomado do *Talmud* o tema do beijo divino, oferecendo, no *Guia dos Perplexos*, uma profunda exegese do assunto, relacionando o último intercurso ao desvanecimento do corpo na velhice, condição necessária para que o impulso vital se transformasse em "puro pensamento"[75]. Ou pode ter lido sobre o assunto em Menachem Recanati, outra de suas fontes, que acerca do *binsica* elaborou uma "viagem extrema e alienante"[76], tendo legado um passo importante por descrever, de forma bastante detalhada, o percurso místico que pode conduzir ao beijo, beatificante e letal:

> Os padres morriam de um beijo. Quando os pios e os homens de ação se encontravam em solidão e imersos nos segredos supernos, a faculdade imaginativa de seus pensamentos fazia que as coisas se mostrassem como gravadas perante eles. E, enquanto uniam suas almas à alma superior, as coisas se multiplicavam e se revelavam da fonte do pensamento, como quem abre uma cisterna d'água, que começa a fluir. O pensamento unido é, de fato, como fonte e cisterna que não se exaure. [...] Graças à união do pensamento com a emanação, as palavras se multiplicam e crescem e surgem na alegria. Por isso, foi ensinado que "a *Sekinah* não se manifesta na indolência, mas na alegria"[77].

As várias faces do misticismo de Giovanni Pico devem ser unificadas a partir de evidências amplamente dispersas nas *Teses* e confirmadas por discussões retomadas em outras obras. O tema da ascensão mística, que ocorre antes da união extática sugerida pela imagem da morte do beijo, é também desenvolvido no *Commento*. Em uma interpreta-

---

"morreram de *binsica*, como é o caso de Abraão, Jacó, Moisés, Aaron, Maria e alguns outros". Pico provavelmente extrai isso do *Talmud* da Babilônia, que apresenta passos com essas menções.

75. Busi, op. cit., 2014, p. 69.
76. Cf. tradução de Giulio Busi, 2014, p. 70.
77. Menachem Recanati, *Be'ur 'al ha-Torah*, Lemberg, *Wa-yehi*, 1880-81, c. 37d, apud Busi, 2014, p. 70. A fonte à qual Recanati recorre para dar um conteúdo teórico à passagem é Azriel de Gerona, em seu *Comentario* às *aggadot* talmúdicas. A concepção de *Sekinah* está relacionada com a ideia de contração da Presença Divina, presente na literatura midráshica, conforme verificado no capítulo V. Aqui, quer significar o espaço da emanação divina. Maiores detalhes podem ser vistos em Busi, 2011, p. 21.

ção pessoal da tradicional escada platônica do amor[78], Pico relata a ascensão em sete passos que envolvem uma progressão ao conhecimento — "conhecimento reflexivo", em seus termos —, com a gradual transformação anímica do sensual para o racional e, sucessivamente, para as faculdades inteligíveis. Nos últimos graus de ascese, o quinto e o sexto, a alma alcança a "Vênus celestial" (o inteligível ou a mente angélica) que se lhe revela em sua própria imagem — embora ainda não com a "plenitude total de sua beleza", pois que esta não pode ser apreendida pelo intelecto particular ou "parcial" da alma. Assim, através do amor, a alma une seu intelecto parcial ao inteligível universal, a "primeira das criaturas, a última e universal hospedagem da beleza ideal"[79].

O sétimo passo da exposição piquiana contempla o termo da trajetória, um estado de quietismo sugerido pela súbita mudança de paradigma de linguagem — de ativa, durante o processo intelectual, para passiva, ao descrever o estágio mais elevado da ascensão mística —, como bem observou Stephan Farmer[80]: ao final de seu percurso, quando o homem nada mais pode alcançar por meio de seus próprios recursos, a alma é "atraída", "possuída", "intoxicada", "consumida", "inspirada", "iluminada", "aperfeiçoada" e, finalmente, "felicitada" por Deus. Em tal ponto terminal, Pico faz convergir o percurso filosófico com a expe-

---

78. Cf. FARMER, op. cit., p. 110.
79. *Commento*, pp. 567-569. Pico remete-se ao *Banquete* e ao *Fedro* para efetuar sua exposição, conforme sua própria indicação (ibid., p. 567). No primeiro dos sete passos de sua progressão ao conhecimento, a beleza particular de um objeto é percebida pelos sentidos e é desejada por si mesma. No segundo passo, a beleza sensual é abstraída pela capacidade inerente à alma, embora ainda permanecendo distante de sua origem. No terceiro passo, a alma "considera a própria natureza da beleza corporal em si mesma", contemplando a "beleza universal de todos os corpos compreendidos em conjunto". A beleza corpórea desempenha um papel apenas nesses três primeiros passos. No quarto passo, a alma conclui que a visão da beleza corpórea universal não procede de um objeto exterior sensível, mas de sua própria luz e poder intrínsecos; e, assim, transformando-se em si mesma, vê a imagem de beleza ideal que participa do intelecto. No quinto passo, fundamentando-se no conhecimento "reflexivo", a alma se eleva de sua parte racional para sua parte intelectual, permitindo-se acolher a "Vênus celestial" em sua própria imagem. Por fim, a alma se une ao intelecto universal através do amor. A realização dessa união, na sexta etapa, conclui sua jornada, pois não lhe é permitido ir mais longe no sétimo grau — no qual deve descansar com alegria ao lado do primeiro Pai, a fonte da beleza.
80. FARMER, pp. 39 ss., 112.

riência religiosa, ao sugerir que, no cume do processo gnosiológico do homem — que atribui aos platônicos chamar de "unidade da alma" —, a alma "se une imediatamente a Deus"[81]. De suas leituras socráticas, apreendera que o êxtase místico era comparável ao reencontro com a eternidade inteligível, em um estado de contemplação que sacia a alma e a coloca frente a frente com a plenitude de cada realidade[82]. Concepção similar fora descrita, em termos religiosos, na *De Hominis Dignitate*, na qual se lê que, em seu estado místico mais elevado, o homem é "feito um só espírito com Deus", deixando de ser ele mesmo e passando a ser "Aquele mesmo que o fez"[83].

A concepção da morte do beijo pode ser tomada como um bom modelo do "fim" — temporário, na "primeira morte", ou definitivo, na "segunda" — para o qual convergem muitas das argumentações piquianas de teor esotérico. Tal concepção, de caráter precipuamente teológico, coaduna-se com o sétimo grau do percurso filosófico dialético postulado no *Commento*; estágio que fora sinteticamente exposto na *Conclusio 58 in doctrina Platonis*:

> A caçada de Sócrates [...] pode ser adequadamente dividida em seis graus: o primeiro é a existência de matéria externa, o segundo a existência particular imaterial, o terceiro a existência universal, o quarto a existência racional, o quinto a existência inteligível particular, o sexto a existência inteligível total. *No sétimo grau, é preciso desistir da caçada*[84].

---

81. *Commento*, p. 479: *el sommo di questa parte intellectiva chiamano e' Platonici unità della anima* [...].
82. Nicolas GRIMALDI, *Sócrates, o feiticeiro*, pp. 57-58, 60-61. Há várias passagens nas quais Sócrates tece analogias entre o êxtase místico e o reencontro da alma com o Inteligível. As analogias se relacionam ao delírio amoroso (*Fedro*, 265a-b), ao delírio poético (*Íon*, 534b-d) e, também, ao delírio lógico; mesmo que "em estado de delírio", deve haver júbilo "em sentir-se arrebatado pela eternidade" (*Fédon*, 69c-d).
83. *Oratio*, pp. 123-125.
84. PICO, *Conclusiones* II, V, 58 (grifo da autora). Eugenio Garin, no rodapé da passagem, corrige "intelectual", utilizado por Pico, por "inteligível". O tema é extraído do *Protágoras*, conforme informado pelo próprio Pico na mencionada passagem.

Considerações finais

As obras de Pico della Mirandola analisadas — *Conclusiones Nongentae*, *De Hominis Dignitate* e *Heptaplus* —, embora bastante distintas em termos de forma, conteúdo e propósito, apresentam, em comum, um amplo emprego de referências retiradas de doutrinas que se perpetuaram através do Esoterismo. Os elementos pertinentes a esse campo, coletados nas três obras, evidenciam que as reflexões do autor se apropriam daqueles conteúdos reutilizando-os em formas hermenêuticas próprias. Conforme o intento proposto de início, foram identificadas tais referências, cuja inserção em meio às argumentações se faz de forma fluida, sem instituir contrastes com categorias do universo filosófico. A verificação de constantes repetições desses modelos permite que seu conjunto seja estabelecido como uma categoria própria do pensamento piquiano. Um objetivo secundário foi mostrar que o recrutamento de tais elementos mostra-se, no decorrer da leitura das obras, uma condição essencial para o alcance de suas sínteses.

A análise das *Conclusiones*, realizada no terceiro capítulo, permitiu que algumas constatações fossem dispostas. Entre o conglomerado de sistemas presentes na obra, foi visto que alguns temas despertam maior interesse do autor, vindo a se condensar nas teses que integram os últimos grupos da obra. Embora não apresentadas em formato argumentativo, as teses dos quatro últimos grupos (que tratam de doutrinas mágicas, órficas, caldaicas e cabalísticas) apresentam, em seu conjunto, um postulado doutrinário de acentuado tom esotérico, cujos indícios conceituais são verificáveis no percurso das demais obras piquianas. O mesmo capítulo expõe específicas teses de cunho teológico-cristão, que poderiam soar estranhas dentro de uma investigação que tem por objetivo tratar da utilização de paradigmas esotéricos. Essa abordagem mostrou-se útil por permitir evidenciar, primeiramente, que o Pico que se aproxima de teologias não cristãs o faz como alguém em posse de efetivo conhecimento daquele campo; em segundo lugar, a verificação do material teológico permitiu a discussão da relação fé-razão no pensamento piquiano, necessária para a compreensão da teleologia envolvida em sua busca por convergências doutrinárias. A partir dessa abordagem, foi possível constatar que a visão piquiana de religião está relacionada, em um primeiro momento, a uma busca racional (pois "a fé, que é simples disposição a crer, é inferior à razão"), busca essa que, no entanto, deve ser abandonada em seu último estágio (pois "a fé *verdadeira* é superior ao intelecto, conjugando-nos imediatamente a Deus").

Na *De Hominis Dignitate*, tratada no quarto capítulo, verificou-se que a concepção de dignidade do homem em Pico é diretamente relacionada à ideia de transcendência de cada um de seus princípios — vegetal, animal, racional, intelectual —, apontando em direção à necessidade de exercícios para a efetivação de sua liberdade — condição que capacita o homem a encetar um percurso de autotransformação. Assim, o apregoado processo de transmutação através do qual o homem inferior é regenerado e reconectado com o divino é entendido pelo escritor como um caminho a ser percorrido com o auxílio de corretas ferramentas. Os sete modelos de processos triádicos examinados, extraídos de registros históricos defendidos na obra — a dialética platônica, o modelo angélico pseudodionisíaco, a misteriologia grega, os paradigmas míticos de Dioniso e Osíris, a representação do tabernáculo da tradição hebraica, as práticas ascéticas pitagóricas e a misteriologia cal-

Considerações finais

daica —, fundamentam-se na tradição oral ou na utilização de formas de linguagem enigmáticas que encobrem seus verdadeiros significados.

Os sete paradigmas de trajetórias ascéticas apontam, na última etapa, para a experiência de encontro com um centro de unidade, termo da trajetória em que o movimento ascético atinge o Absoluto. O mesmo fim é postulado através do sétuplo método de interpretação proposto por Pico no *Heptaplus*, que representa uma clara indicação de preparação do homem — no qual se encerra um princípio metafísico de contenção de todos os níveis de realidade, ou dos mundos analogados na obra — que culmina em sua unificação com o divino. O sexto capítulo testifica que, para erigir seu projeto de teoria global de representação do mundo, o autor recruta registros que se fundamentam sobre transmissões orais: a comprovação de idoneidade de Moisés, principal alicerce referencial sobre o qual se edifica o projeto do *Heptaplus*, é concebida a partir de testemunhos retirados, em sua totalidade, de fontes esotéricas — ou, tidas como esotéricas — como os mistérios gregos e egípcios, o pitagórico Hermipo, Pseudo-Dionísio, os discípulos de Amônio, e, ainda, Platão, Jesus e seus discípulos Paulo e João. São, assim, empregados, mais uma vez, parâmetros utilizados em obras anteriores — nesse caso, para defender a autoridade de Moisés, paradigma essencial em sua representação do ser que alcançou o último estágio de união com o divino.

No último capítulo, argumentou-se que o apelo a uma dimensão alcançada por intermédio de uma experiência mística pessoal é condição necessária para que se alcance o "fim" apregoado nas obras piquianas. Em *De Ente et Uno*, Pico havia refletido que só a razão não seria garantia de obtenção de qualquer resposta, postulando a impossibilidade de se colher Deus com o simples recurso do intelecto: "o homem, como criatura racional, se debate em vão entre a necessidade de afirmar a unidade que sente em sua própria raiz e a impossibilidade, derivada de sua mesma subsistência como natureza racional, de alcançá-la *mantendo-se ele mesmo*". Deparar-se com o abismo, que o separa da divindade, mostra-se inevitável. O êxtase místico é um caminho que possibilita realizar tal travessia. A linguagem mítica ou alegórica, por sua vez, não apenas protege tal dimensão iniciática, como permite a apreensão intelectual de tal fenômeno. A morte do beijo, a *epopteia* eleusina, a visão de Moisés no Sinai, a *illuminatio* angélica, a contemplação do "sol do meio-dia" agostiniano, o *devekut* cabalístico representam momentos de unidade temporária — a "primeira morte" descrita por Pico — que espelham a dissolução na Unidade final.

Apesar de aparentemente fragmentária, a obra de Giovanni Pico acolhe, torna suas e, finalmente, refaz, sob outros prismas, as perguntas filosóficas mais difíceis. A sua tentativa de obter respostas é ampliada pelo acréscimo de um novo paradigma categorial. Mais do que isso, a utilização da categoria esotérica torna-se condição absolutamente necessária para o alcance do fim apontado em suas obras. Resta pontuar que o conjunto da obra piquiana não se mostra algo distante, pois, de fato, ali está relatada não uma meta atingida, mas uma perene *busca*. Esse caminho encontra-se descrito no *De Ente et Uno*, qual uma previsão pessoal não intencional, na qual o autor intui que "o processo de colher Deus não resulta em uma unidade que se determina e resolve para sempre, mas sim de um processo de unificação que procede ao infinito".

Referências bibliográficas

1. **Fontes primárias**

Traduções de obras de Giovanni Pico della Mirandola

De Hominis Dignitate, Heptaplus, De ente et Uno e scritti vari. Eugenio Garin (org.). Firenze: Vallecchi, 1942.

Conclusiones Nongentae. Le Novecento Tesi dell'anno 1486. Albano Biondi (org.). Firenze: Leo S. Olschki, 1995/2013.

Conclusiones Cabalisticae. Paolo Edoardo Fornaciari (org.). Milano: Mimesis, 2009.

Conclusioni Ermetiche, Magiche e Orfiche. Paolo Edoardo Fornaciari (org.). Milano: Mimesis, 2009.

Disputationes adversus Astrologiam Divinatricem. Eugenio Garin (org.). Firenze: Vallecchi, 1946-1952, v. I e II.

Discorso sulla Dignità dell'uomo. Francesco Bausi (org.). Parma: Guanda, 2003.

Oratio de Hominis Dignitate. Maria de Lurdes Sirgado Ganho (trad.). Lisboa: Edições 70, 2001.

A Dignidade do Homem. Luiz Feracine (trad.). Campo Grande: Solivros, 1999.

Heptaplus. La Settemplice Interpretazione dei sei giorni della Genesi. Eugenio Garin (trad.). Carmagnola: Arktos, 1996.

Apologia. L'autodifesa di Pico di fronte al tribunale dell'Inquisizione. Paolo Edoardo Fornaciari (org.). Firenze: Sismel Edizioni, 2010.

Expositiones in Psalmos. Antonino Raspanti (trad.) — Giacomo Raspanti. Firenze: Leo Olschki, 1997.

Outras fontes primárias

AGOSTINHO DE HIPONA. *Comentário ao Gênesis*. Agustinho Belmonte (trad.). São Paulo: Paulus, 2014.

_____. *A Cidade de Deus*. J. Dias Pereira (trad.). Lisboa: Fundação Calouste Gulbenkian, 1996, v. I.

CLÉMENT D'ALEXANDRIE. *Les Stromates*. Alain Le Boulluec (org.). Pierre Voulet (trad.). Paris: Éditions du Cerf, 1981.

DIONÍSIO AREOPAGITA, PSEUDO. *A Hierarquia Celeste*. Carin Zwilling (org.). São Paulo: Polar, 2015.

FICINO, Marsilio. *Theologia Platonica*. Milano: Bompiani, 2011.

_____. *Opera Omnia*. Mario Sancipriano – Paul Oskar Kristeller (org.). Torino: Botega d'Erasmo, 1962, v. II.

MIRANDOLA, Gianfrancesco Pico della. *Johannis Pici Mirandulae viri omni disciplinarum genere consummatissimi vita per Ioannem Franciscum illustris principis Galeotti Pici filium conscripta*. Bruno Andreolli (org.). Modena: Aedes Muratoriana, 1994.

PLATONE. *Tutte le opere*. Roma: Newton Compton Editori, 2010.

PLOTINO, *Enneadi*, ed. Giuseppe Faggin. Milano: Bompiani, 2010.

POLIZIANO. *Letters*. Shane Butler (org.). Cambridge: Harvard University Press, 2006.

CORPUS HERMETICUM. Edizione e comento di Arthur Darby Nock. André-Jean Festugière (trad.). A cura di Ilaria Ramelli. Milano: Bompiani, 2006.

DE ORACULIS CHALDAICIS. Wilhelm Kroll (trad.). Reprints from the collection of the University of Michigan Library [1894]. Hildesheim: G. Olms, 1962.

SÊFER YETSIRÁ. *O Livro da Criação*. Aryeh Kaplan (org.). Erwin Von-Rommel Vianna Pamplona (trad.). São Paulo: Sêfer, 2005.

SEPHER HA-ZOHAR. Paul Vulliaud (trad.). In: *Études et Correspondance de Jean de Pauly Relatives au Sepher Ha-Zohar*. Paris: Bibliothèque Chacornac, 1933.

ZÔHAR. Rabi Shimon Bar Iochai (atribuído a). Diego Raigorodsky (trad.). São Paulo: Annablume Editora, 2013 (Tomo I); 2014 (Tomo II).

2. Fontes secundárias

AMBESI, Alberto Cesare. *Giovanni Pico della Mirandola. Cenni biografici e presentazione dell'opera*. In: *Heptaplus. La Settemplice Interpretazione dei sei giorni della Genesi*. Carmagnola: Arktos, 1996.

ANAGNINE, Eugenio. *Giovanni Pico della Mirandola. Sincretismo religioso-filosofico*. Bari: Laterza, 1937.

BACON, Roger. *Opus maius*. IV. Oxford: J. H. Bridges, 1897.

BACCHELLI, Franco. *Giovanni Pico e Pier Leone da Spoleto. Tra Filosofia dell'amore e tradizione cabalistica*. Città di Castello: Leo S. Olschki, 2001.

BARON, Hans. *The Crisis of Early Italian Renaissance. Civic Humanism and Republican Liberty in an Age of Classicism and Tyranny*. New Jersey: Princeton University Press/Newberry Library, 1966.

_____. *En Busca del Humanismo Cívico Florentino — Ensayos sobre el Cambio del Pensamiento Medieval al Moderno*. Miguel Abelardo Camacho Ocampo (trad.). Ciudad de México: Fondo de Cultura Económica, 1993.

BARONE, Giuseppe. *Antologia Giovanni Pico della Mirandola*. Milano: Virgilio Editore, 1973.

BARTOLUCCI, Guido. *Marsilio Ficino e le Origini della Cabala Cristiana*. In: Fabrizio Lelli (org.). *Giovanni Pico e la Cabbalà*. Firenze: Leo Olschki, 2014.

HARRIET, Francisco Bastitta. *Recepción de los textos herméticos en el platonismo florentino del Quattrocento: Marsilio Ficino y Giovanni Pico della Mirandola*. In: Buffon-D'amico (org.). *Hermes Platonicus. Hermetismo y Platonismo en el Medioevo y la Modernidad temprana*. Santa Fé: Ediciones UNL, 2016.

BATKIN, Leonid M. *L'Idea di Individualità nel Rinascimento Italiano*. Valentina Rossi (trad.). Roma-Bari: Laterza, 1992.

BAUSI, Francesco (org.). *Giovanni Pico della Mirandola: Opere complete*. Torino: Lexis Progetti Editoriali, 2000.

_____. *Nec rethor neque philosophus. Fonti, lingua e stile nelle prime opere latine di Giovanni Pico della Mirandola (1484-87)*. Firenze: Leo Olschki, 1996.

_____. *E. Barbaro. G. Pico della Mirandola. Filosofia o eloquenza?* Napoli: Liguori, 1998.

BAZÁN, Francisco Garcia. "Introdução" a *Oráculos Caldeus*. Madrid: Biblioteca Clássica Gredos, 1991.

BEMPORAD, D. L.; Zatelli, Ida (org.). *La Cultura Ebraica all'epoca di Lorenzo il Magnifico. Celebrazioni del V centenario della morte di Lorenzo il Magnifico*. Firenze: Olschki, 1998.

BERTI, Domenico. *Intorno a Giovanni Pico della Mirandola, Cenni e documenti*. In: *Rivista Contemporanea*, VII, v. XVI. Torino, 1859.

BERTOZZI, Marco (org.). *Nello specchio del cielo: Giovanni Pico della Mirandola e le "Disputationes contro l'astrologia divinatoria"*. Firenze: Leo Olschki, 2008.

BIDEZ, Joseph; CUMONT, Franz. *Les mages hellenisés*. Paris: Belles Lettres, 1938.

BIGNOTTO, Newton. *Considerações sobre a antropologia de Pico della Mirandola*. In: *O que nos faz pensar*, n. 27, 2010.

BIONDI, Albano. "Introduzione" alle *Conclusiones Nongentae — Le Novecento Tesi dell'anno 1486*. Firenze: Leo S. Olschki, 2013.

BLACK, Crofton. *Pico's* Heptaplus *and Biblical hermeneutics*. Boston: Brill, 2006.

BORI, Pier Cesare. *I tre Giardini nella scena paradisiaca del De hominis dignitate di Pico della Mirandola*. In: *Annali di storia dell'esegesi*, 13.2, 1996, pp. 551-564.

_____. *Pluralità delle vie. Alle origini del Discorso sulla Dignità umana di Pico della Mirandola*. Milano: Feltrinelli, 2000.

BROCCHIERI, Mariateresa F. B. *Pico della Mirandola*. Bari: Laterza, 2011.

BURCHIELLARO, Gianfranco. "Introduzione" a *Mantova e la Qabbalah*. Milano: Skira, 2001.

BURCKHARDT, Jacob. *La civiltà del Rinascimento in Italia*. Valbusa (trad.). Firenze: Sansoni, 1902, v. II.

BURKERT, Walter. *Antigos Cultos de Mistério*. São Paulo: Edusp, 1987.

BUSI, Giulio. *La Qabbalah*. Roma-Bari: Laterza. 2011.

_____. *Mantova e la Qabbalah*. Milano: Skira, 2001.

_____. *Introduzione a mistica ebraica. Testi della tradizione segreta del giudaismo dal III al XVIII secolo*. Torino: Busi e Loewenthal (eds.), 1995.

_____. *Pico: fede, ragione e… Inquisizione*. In: *Il Sole-24 Ore*, 28/08/2018.

Busi, Giulio; Ebgi, Raphael. *Giovanni Pico della Mirandola: Mito, Magia, Qabbalah*. Torino: Giulio Einaudi Editore, 2014.

Cassirer, Ernst. *Individuo e Cosmo nella Filosofia del Rinascimento*. F. Federici (trad.). Firenze: La Nuova Italia, 1935/1977.

Cassuto, Umberto. *Gli ebrei a Firenze nell'età del Rinascimento*. Firenze: Leo Olschki, 1918 (ristampa 1965).

Catà, Cesare. "L'idea di 'anima stellata' nel Quattrocento fiorentino. Andrea da Barberino e la teoria psico-astrologica in Marsilio Ficino". In: *Bruniana & Campanelliana*, XVI, 2, 2010.

Ceretti, Felice. *Biografie pichensi*, II. Mirandola, 1909.

_____. *Giulia Boiardo*. In: Atti e Memorie della Deput. di Storia Patria dell'Emilia. Modena, 1881.

Chastel, André. *L'Artista*. In: Eugenio Garin (org.). *L'Uomo del Rinascimento*. Bari: Laterza. 2016.

Colli, Giorgio. *A Sabedoria Grega* — I (Fragmentos). Renato Ambrósio (trad.). São Paulo: Paulus, 2012.

Copenhaver, Brian. *L'occulto in Pico*. In Garfagnini (org.). *Giovanni Pico della Mirandola*. Firenze: Leo Olschki, 1997.

_____. *The Secret of Pico's Oratio: Cabala and Renaissance Philosophy*. In: *Midwest Studies in Philosophy*, 26, 2002.

_____. *Hermes Trismegistus, Proclus and the Question of a Philosophy of Magic in the Renaissance*. In: Merkel-Debus (org.). *Hermeticism and the Renaissance. Intellectual History and the Occult in Early Modern Europe*. Washington: Associated University Presses, 1988.

Copenhaver, Brian; Schmitt, Charles. *Renaissance philosophy. A History of Western Philosophy*. Oxford University Press, 1992.

Corazzol, Giacomo. *Le Fonti "Caldaiche" dell'Oratio: indagine sui presupposti cabbalistici della concezione pichiana dell'uomo*. In: *Accademia, Revue de la Societé Marsile Ficin*, XV, 2013.

Corbin, Henry. *L'homme de lumiere dans le soufisme iranien*. Paris: Éditions Présence, 1971.

Craven, William G. *Giovanni Pico della Mirandola, Symbol of his age: Modern Interpretations of a Renaissance Philosopher*. Génève: Librairie Droz, 1981.

Crinito, Pietro. *De honesta disciplina*. Carlo Angeleri (org.). Roma: Fratelli Bocca, 1955.

CROCIANI, Lamberto. *Chiesa fiorentina e comunità ebraica all'epoca di Lorenzo il Magnifico*. In: Bemporad-Zatelli (org.). *La Cultura Ebraica all'epoca di Lorenzo il Magnifico*. Firenze: Olschki, 1998, pp. 85-99.

CROUZEL, Henry. *Pic de la Mirandole et Origène*. In: *Bulletin de littérature ecclésiastique*, 66, 1965, pp. 174-194 e pp. 272-288.

DÉCARREAUX, Jean. *Les Grecs au Concile de l'Union: Ferrare-Florence 1438-1439*. Paris: A. et J. Picard, 1970.

DELLA TORRE, Arnaldo. *Storia dell'Accademia Platonica di Firenze*. Firenze: G. Carnesecchi e Figli, 1902.

DE RUGGIERO, Guido. *La filosofia del Cristianesimo*. Bari: Laterza, 1920, v. III.

DES PLACES, Edouard. *Oracles chaldaïques*. Paris: Les Belles Lettres, 1971.

DI NAPOLI, Giovanni. *Giovanni Pico della Mirandola e la problematica dottrinale del suo tempo*. Roma: Desclee & C. Editori Pontifici, 1965.

_____. *L'Essere e l'Uno in Pico della Mirandola*. In: *Rivista di Filosofia neoscolastica*, 46, 1954, pp. 356-389.

DI NOLA, Alfonso Maria. *Cabbala e mistica giudaica*. Roma: Carucci, 1984.

DOREZ, Léon; THUASNE, Louis. *Pic de la Mirandole en France (1485-88)*. Paris: Ernest Leroux, 1897 (Slatkine Reprints, Genève, 1976).

DOREZ, Léon. *Lettres inédites de Jean Pic de la Mirandole (1482-1492)*. In: *Giornale Storico della Letteratura italiana*, 25, 1895.

_____. *La mort de Pic de la Mirandole et l'édition aldine des oeuvres d'A. Politien*. In: *Giornale Storico della Letteratura italiana*, 32, 1898.

DOUGHERTY, Michael V. (org.). *Pico della Mirandola. New Essays*. New York: Cambridge University Press, 2008.

DUJOVNE, León. *Kabbala Sefer Yetsirá. El libro de la Creación*. Buenos Aires: Sigal, 1992.

_____. *El Zohar. Versión Castellana*. Buenos Aires: Sigal, 1992.

DUKAS, Jules. *Recherches sur l'histoire littéraire du quinzième siècle*. Paris: L. Techener, 1876.

EDELHEIT, Amos. *Ficino, Pico and Savonarola. The evolution of Humanist Theology*. Leiden: Brill, 2008.

FAIVRE, Antoine. *Access to Western Esotericism*. Albany: Suny Press, 1994.

FARMER, Stephan Alan. *Syncretism in the West: Pico's 900 Theses (1486). The Evolution of Traditional, Religious and Philosophical Systems*. Temple: Arizona Center for Medieval and Renaissance Studies, 1998.

FAVARO, A. *Lettera a Francesco Ingoli* (org.). In: *Edizione nazionale delle opere di Galileo Galilei*. Firenze: Barbera Editore, 1933, v. 6.

FERACINE, Luiz. Prefácio e comentários a *A Dignidade do Homem*, de Pico della Mirandola. Campo Grande: Solivros, 1999.

FESTUGIÈRE, André-Jean. *Studia Mirandulana*. In: *Archives d'histoire doctrinale e litteraire du Moyen Âge*. Paris: Librairie Vrin, 1933.

_____. *La révélation d'Hermès Trismégiste*. 4 volumes. Paris: Les Belles Lettres, 1950-1954.

FIELD, Arthur. *The Platonic Academy of Florence*. In: *Marsilio Ficino: his Theology, his Philosophy, his Legacy*. Allen-Rees (org.). Leiden: Brill, 2002.

FORNACIARI, Paolo Edoardo. Introduzione e Note a *Giovanni Pico della Mirandola: Conclusioni Cabalistiche*. Milano: Mimesis, 2009.

_____. Introduzione e Note a *Giovanni Pico della Mirandola: Conclusioni Ermetiche, Magiche e Orfiche*. Milano: Mimesis, 2009.

_____. Introduzione e Note a *Apologia. L'autodifesa di Pico di fronte al tribunale dell'Inquisizione*. Firenze: Sismel, 2010.

_____. *Aspetti dell'itinerario cabbalistico di Giovanni Pico della Mirandola*. In: *Bruniana e Campanelliana*, 7, 2001, pp. 627-633.

GARFAGNINI, Gian Carlo (org.). *Savonarola tra Giovanni e Gianfrancesco Pico*. In: *Giovanni Pico della Mirandola. Convegno Internazionale di Studi nel Cinquecentesimo Anniversario della Morte (1494-1994)*. Firenze: Leo Olschki, 1997.

GARIN, Eugenio. *Giovanni Pico della Mirandola, Vita e Dottrina*. Roma: Edizioni di Storia e Letteratura, 2011.

_____. *Le Interpretazioni del pensiero di Giovanni Pico*. In: *L'opera e il pensiero di Giovanni Pico della Mirandola nella storia dell'Umanesimo*. Firenze: Istituto Nazionale di Studi sul Rinascimento, 1965.

_____. *La cultura del Rinascimento*. Bari: Laterza, 1967.

_____. *Rinascite e Rivoluzioni*. Bari: Laterza, 1975.

_____. *Ermetismo del Rinascimento*. Pisa: Della Normale, 1986 (copia anastatica 2006).

_____. *Ritrati di Umanisti — Sette Protagonisti del Rinascimento*. Milano: Bompiani, 1996.

_____. *Lo zodiaco della vita. La polemica sull'astrologia dal Trecento al Cinquecento*. Bari: Laterza, 2007.

_____. *L'Umanesimo italiano*. Bari: Laterza, 2008.

_____ (org.). *L'Uomo del Rinascimento*. Bari: Laterza, 2016.

GENTILE, Giovanni. *Giordano Bruno e il pensiero del Rinascimento*. Firenze: Codignola, 1991.

GENTILE, Sebastiano. *Il ritorno di Platone, dei platonici e del "corpus" ermetico: Filosofia, teologia e astrologia nell'opera di Marsilio Ficino*. In: Vasoli-Pissavino (org.). *Le filosofie del Rinascimento*. Milano: Mondadori, 2002.

GILL, Joseph. *Il Concilio di Firenze*. Firenze: Sansoni, 1967.

GILSON, Etienne. *Les Métamorphoses de la Cité de Dieu*. Publications Universitaires de Louvain Librairie Philosophique. Louvain-Paris: J. Vrin, 1952.

GOLDFELD, Naomi Vogelmann. *Elia del Medigo e l'Averroismo hebraico*. In: Bemporad-Zatelli (org.). *La Cultura Ebraica all'epoca di Lorenzo il Magnifico*. Firenze: Leo Olschki, 1998.

GRAFTON, Anthony. *Giovanni Pico della Mirandola: Trials and Triumphs of an Omnivore*. In: *Commerce with the classics: Ancient Books and Renaissance Readers*. Ann Arbor: University of Michigan Press, 1997.

GRIFFITHS, J. Gwyn (org.). *Plutarch's De Iside et Osiride*. University of Wales Press, 1970.

GRIMALDI, Nicolas. *Sócrates, o Feiticeiro*. Nicolás Nyimi Campanário (trad.). São Paulo: Loyola, 2006.

GUICCIARDINI, Francesco. *Storie Fiorentine dal 1378 al 1509*. Bari: Laterza, 1931.

HANEGRAAFF, Wouter J. (org.). *Dictionary of Gnosis & Western Esotericism*. Leiden: Brill, 2006.

HANKINS, James. *Plato in the Italian Renaissance*. Leiden: Brill, 1990.

HAYMAN, A. Peter. *Sefer Yetsira: Texts and Studies in Ancient Judaism*. Tubingen: Mohr Siebeck, 2004.

IDEL, Moshe. *Jewish mystical thought in the Florence of Lorenzo il Magnifico*. In: Bemporad-Zatelli (org.). *La Cultura Ebraica all'epoca di Lorenzo il Magnifico*. Firenze: Leo Olschki, 1998.

_____. *Kabbalah: New Perspectives*. New Haven: Yale University Press, 1988.

_____. *Golem: Jewish Magical and Mystical Traditions on the artificial Anthropoid*. Albany: Suny, 1990.

_____. *Kabballah and Hermeticism in Dame Frances A. Yates's Renaissance*. In: *Ésoterism, gnoses et imaginaire symbolique*. Leuven, 2001, pp. 71-90.

_____. *Uma Introdução*. In: *Cabala, Cabalismo e Cabalistas*. Idel et al. (org.). Jacob Guinsburg (trad.). São Paulo: Perspectiva, 2008a.

_____. *As Interpretações Mágica e Neoplatônica da Cabala no período renascentista*. In: *Cabala, Cabalismo e Cabalistas*. Idel et al. (org.). Eliana Langer e Margarida Goldsztajn (trad.). São Paulo: Perspectiva, 2008b.

JACOBELLI, Jader. *Pico della Mirandola*. Eugenio Garin (pref.). Milano: Longabesi & C., 1986.

KAPLAN, Arieh. *Sêfer Ietsirá: O Livro da Criação. Teoria e Prática*. Vianna Pamplona (trad.). São Paulo: Sêfer, 2005.

KEPLER, Johannes. *De Stella Nova. Harmonice Mundi*. In: Gesammelte Werke. Beck: München, Max Caspar, 1938.

KERN, Otto. *Orfici — Testimonianze e Frammenti nell'edizione di Otto Kern*. Elena Verzura (ed.). Milano, Bompiani, 2011.

KIBRE, Pearl. *The library of Pico della Mirandola*. New York: Columbia University Press, 1936.

KIESZKOWSKI, Bohdan. *Averroismo e Platonismo in Italia negli ultimi decenni del sec. XV*. In: *Giornale critico della Filosofia Italiana*, 1933, 4.

_____. *Averroismo e Platonismo in Italia*. In: *Studi sul Platonismo del Rinascimento in Italia*. Firenze, 1936, cap. VII.

_____. *Studi sul platonismo del Rinascimento in Italia*. Firenze: Sansoni, 1936.

_____. *Les Rapports entre Elie del Medigo e Pic de la Mirandola*. In: *Rinascimento*, XV, 1964, pp. 41-81.

KRISTELLER, Paul Oskar. *Supplementum ficinianum* (org.). Firenze: Leo Olschki, 1937.

_____. *The scholastic background of Marsilio Ficino* (1944). In: *Studies in Renaissance Thought and Letters*. Roma: Edizioni di Storia e Letteratura, 1956, v. I.

_____. *Movimenti filosofici del Rinascimento*. In: *Giornale critico della Filosofia Italiana*, 1950, 29.

_____. *La tradizione classica nel pensiero del Rinascimento*. Firenze: La Nuova Italia, 1975.

_____. *Concetti Rinascimentali dell'uomo ed altri saggi*. Firenze: La Nuova Italia, 1978.

_____. *Ocho filósofos del Renacimiento italiano*. M. Peñaloza (trad.). Ciudad de México: Fondo de Cultura Económica, 1970.

_____. *El pensamiento renacentista y sus fuentes*. Ciudad de México: Fondo de Cultura Económica, 1982.

_____. *Studies in Renaissance Thought and Letters*. Roma: Edizioni di Storia e Letteratura, 1996, v. IV.

KRISTELLER, Paul Oskar; SANCIPRIANO, Mario (org.). *Marsilio Ficino. Opera Omnia*. Torino: Botega d'Erasmo, 1962, v. II.

LEBECH, Mette. *On the Problem of Human Dignity: A Hermeneutical and Phenomenological Investigation*. Wurzburg: Konigshausen & Neumann, 2009.

LELLI, Fabrizio. Alemanno, Giovanni Pico della Mirandola e la cultura ebraica italiana del XV secolo. In: Gian Carlo Garfagnini (org.). *Giovanni Pico della Mirandola*. Firenze: Leo Olschki, 1997, v. I.

_____. *Giovanni Pico e la Cabbalà* (org.). Firenze: Leo Olschki, 2014.

_____. Umanesimo Laurenziano nell'opera di Yohanan Alemanno. In: Bemporad-Zatelli (org.). *La Cultura Ebraica all'epoca di Lorenzo il Magnifico*. Firenze: Leo Olschki, 1998.

_____. Pico della Mirandola, Giovanni. In: Wouter Hanegraaff (org.). *Dictionary of Gnosis and Western Esotericism*. Leiden, 2005, pp. 949-954.

LILLA, Salvatore. *Clement of Alexandria: A Study in Christian Platonism and Gnosticism*. Oxford: Oxford University Press, 1971.

LIPINER, Elias. *As letras do alfabeto na criação do mundo — Contribuição à pesquisa da natureza da linguagem*. Rio de Janeiro: Imago, 1992.

LORENZ, F. V. *Cabala. A tradição esotérica do Ocidente*. São Paulo: Pensamento, 1997.

LUBAC, Henri de. *Pico della Mirandola. L'Alba incompiuta del Rinascimento*. G. Colombo (trad.). A. dell'Asta. Milano: Jaca Book, 1977, v. 29.

_____. *Pic de la Mirandole: Études et discussions*. Paris: Aubier Montaigne, 1974.

MAGHIDMAN, Marcelo. *Sêfer Yetsirá. A natureza da linguagem na criação do mundo e sua manutenção através do alfabeto hebraico*. São Paulo: Annablume, 2014.

MAQUIAVEL, Nicolau. *História de Florença*. São Paulo: Martins Fontes, 2007.

MASAI, François. *Pléthon et le Platonisme de Mistra*. Paris: Les Belles Lettres, 1956.

MASSETANI, Guido. *La Filosofia cabbalistica di Giovanni Pico Della Mirandola*. Empoli: Tipografia di Edisso Traversari, 1897.

MATTER, Jacques. *Histoire critique du gnosticisme et de son influence*. Paris: F. G Levrault, 1828 (reprint 2011).

MONFASANI, John. *Bessarione. La Natura delibera la Natura e l'Arte*. "Prefassione". In: Accendere-Privitera (org.). Milano: Bompiani, 2014.

MOLINARI, Jonathan. *Libertà e Discordia. Pletone, Bessarione, Pico della Mirandola*. Bologna: Il Mulino, 2015.

MUNK, Salomon. *Mélanges de philosophie juive et árabe*. Paris: A. Franck, 1857.

PEGONE, Enrico. *Timeo*. Notas e tradução em: *Platone, Tutte le Opere*. Roma: Newton Compton Editori, 2010.

PINA, José Vitorino Martins. *Jean Pic de la Mirandole. Un portrait inconnu de l'humanisme; une édition três rare de ses "Conclusiones"*. Paris: Presses Universitaires de France, 1976.

_____. *Pico della Mirandola e o Humanismo italiano nas origens do Humanismo português*. Lisboa: Sep. de Estudos Italianos em Portugal, 1964.

_____. *Cultura Italiana*. Lisboa: Editorial Verbo, 1971.

YOCHAI, Rabi Shimon Bar. *Zôhar*. Diego Raigorodsky (trad.). São Paulo: Annablume, 2013.

RABIN, Sheila. *Pico on Magic and Astrology*. In: Dougherty, M. V. (org.). *Pico della Mirandola. New Essays*. New York: Cambridge University Press, 2008.

_____. *Kepler's Attitude toward Pico and the Anti-Astrology Polemic*. In: *Renaissance Quarterly* 50, 1997, pp. 750-770.

RAGNISCO, Pietro. *Documenti inediti e rari intorno alla vita ed agli scritti di Nicoletto Vernia e di Elia del Medigo*. In: Atti e Memorie della Reale Accademia di Scienze, Lettere ed Arti in Padova. Padova, 1891.

RASPANTI, Antonino. *Filosofia, teologia, religione: l'unità della visione in Giovanni Pico*. Palermo: Edi Oftes, 1991.

REALE, Giovanni. *Para uma nova interpretação de Platão*. Marcelo Perine (trad.). São Paulo: Loyola, 1997.

RENAN, Ernest. *Averroès et l'Averroïsme*. Paris: A. Durand, 1852.

RHODE, Erwin. *Psyche*. Roma-Bari: Laterza, 2006.

RIFFARD, Pierre. *Dicionário de Esoterismo*. Maria João Freire (trad.). Lisboa: Editorial Teorema, 1993.

TARUGI, Luisa Rotondi Secchi. *L'Ermetismo nell'Antichità e nel Rinascimento*. Milano: Nuovi Orizzonti, 1998.

RUGGIERO, Guido de. *La filosofia del Cristianesimo*. Vol. III. Bari. Laterza, 1920.

RUTKIN, H. Darrel. *Giovanni Pico della Mirandola's Early reform of Astrology: an Interpretation of vera astrologia in the Cabalistic Conclusions*. In: Bruniana e Campanelliana, 10, 2004, pp. 495-498.

SARTORI, ALBERTO. *Giovanni Pico della Mirandola. Filosofia, teologia, concordia*. Padova: Facoltà Teologica del Triveneto, 2017.

SCOTT, Walter; FERGUSON, Alexander Stewart. *Hermetica. The Ancient Greek and Latin Writings which contain religious or philosophic teachings ascribed to Hermes Trismegistus.* Oxford: Clarendon Press, 1924-1936.

SCHIAVONE, Valeria. *Corpus Hermeticum* (trad. e notas). Milano: BUR Rizzoli, 2018.

SCHMITT, Charles. *Gianfrancesco Pico's Attitude toward his Uncle.* In: AAVV (org.) *L'opera e il pensiero di Giovanni Pico della Mirandola nella storia dell'Umanesimo.* Firenze, 1965.

SCHNITZER, Joseph. *Savonarola.* E. Rutili (trad.). Milano: Fratelli Treves, 1931, v. I.

SCHOLEM, GERSHOM. *Jewish Gnosticism, Merkabah Mysticism and Talmudic Tradition.* New York: Theological Seminary of America, 1960.

_____. *A mística judaica.* Jacob Guinsburg et al. (trad.). São Paulo: Perspectiva, 1972.

_____. *A Cabala e seu simbolismo.* Hans Borger e Jacob Guinsburg (trad.). São Paulo: Perspectiva, 1988.

_____. *Cabala. Enciclopédia judaica.* H. Burlamaqui, J. C. Guimarães e M. L. Braga (trad.). Rio de Janeiro: A. Koogan, 1989, v. 9.

_____. *As grandes correntes da mística judaica.* Jacob Guinsburg e outros (trad.). São Paulo: Perspectiva, 1995.

_____. *Nome de Deus, a teoria da linguagem e outros estudos de Cabala e mística judaica.* Ruth Solon e Jacob Guinsburg (trad.). São Paulo: Perspectiva, 1999.

SECRET, François. *L'interpretazione della Kabbala nel Rinascimento.* In: "Convivium", 25, 1956, pp. 541-552.

_____. *Les Kabbalistes Chrétiens de la Rénaissance.* Milano: Archè Arma artis, 1985.

SENDER, Tova. *Iniciação à Cabala.* Rio de Janeiro: Record, 1991.

SEMPRINI, Giovanni. *Giovanni Pico della Mirandola. La Fenice degli Ingegni.* Todi: Casa Editrice Atanòr, 1921.

GANHO, Maria de Lourdes Sirgado. Comentários à *Oratio de Hominis Dignitate.* Lisboa: Edições 70, 2001.

SUDDUT, Michael. *Pico della Mirandola's Philosophy of Religion.* In: *Pico della Mirandola. New Essays.* New York: Cambridge University Press, 2008.

TENENTI, A. *Florence à l'Époque des Medicis.* Paris: Flammarion, 1968.

THORNDIKE, Lynn. *A History of Experimental Science. Fourteenth and Fifteenth Centuries*. New York: Columbia University Press, 1934, v. 4.

VALCKE, Louis. *Pic de la Mirandole: un itinéraire philosophique*. Paris: Les Belles Lettres, 2005.

VALVERDE, A. J. R. *Aportes a* Oratio de Hominis Dignitate *de Pico della Mirandola*. In: *Revista de Filosofia Aurora*. Curitiba: Champagnat, 2009, pp. 457-480, v. 21, 29.

VASOLI, Cesare. Introdução à *Giovanni Pico della Mirandola, Vita e Dottrina* (E. Garin). Roma: Edizioni Storia e Letteratura, 2011.

_____. *Imagini Umanistiche*. Napoli: Morano, 1983.

_____. *Conclusioni*. In: Gian Carlo Garfagnini (org.). *Giovanni Pico della Mirandola. Convegno Internazionale di Studi nel Cinquecentesimo Anniversario della Morte (1494-1994)*. Firenze: Leo Olschki, 1997, pp. 641-695, v. II.

_____. *The Renaissance Concept of Philosophy*. In: Charles Schmitt (org.). *The Cambridge History of Renaissance Philosophy*. Cambridge: Cambridge University Press, 1998.

VILLARI, Pasquale. *Girolamo Savonarola*. Firenze: Le Monnier, 1910, v. I.

WALKER, D. P. *Spiritual and demonic magic from Ficino to Campanella*. London: The Warburg Institute, 1958.

WARBURG, Aby. *La rinascita del paganesimo antico. Contributi alla storia della cultura raccolti da G. Bing*. E. Cantimori (trad.). Firenze: La Nuova Italia, 1966.

WEIL, Eric. *La Philosophie de Pietro Pomponazzi; Pic de la Mirandole et la Critique de l'Astrologie*. Paris: Editions Vrin, 1986.

WIRSZUBSKI, Chaim. *Pico della Mirandola's Encounter with Jewish Mysticism*. Cambridge: Harvard University Press, 1987/1989.

_____. *Pic de la Mirandole et la Cabale*. Paris: Éditions de l'éclat, 2007.

WOODHOUSE, Christopher M. *George Gemistos Plethon. The last of the Hellenes*. Oxford: Clarendon Press, 1986.

YATES, Frances A. *Giordano Bruno e a Tradição Hermética*. São Paulo: Cultrix, 1995.

_____. *Giovanni Pico della Mirandola and Magic*. In: *L'opera e il pensiero di Giovanni Pico della Mirandola nella storia dell'Umanesimo*. Convegno Internazionale di Mirandola (1963). Firenze, 1965, pp. 159-204, v. I.

ZACCARIA, Raffaella Maria. *Critiche e difesa dell'Heptaplus*. In: Paolo Viti (org.). *Pico, Poliziano e l'Umanesimo di fine Quattrocento*. N. 16. Firenze: Leo Olschki, 1994.

ZAMBELLI, Paola. *L'apprendista stregone. Astrologia, cabala e arte lulliana in Pico della Mirandola e seguaci*. Venezia: Saggi Marsilio, 1995.

ZONTA, Mauro. *Due nuove fonti filosofiche giudeo-arabe conosciute e impiegate da Giovanni Pico della Mirandola*. In: *Rinascimento* — Rivista dell'Istituto Nazionale di Studi sul Rinascimento, n. 48. Firenze: Leo Olschki, 2009.

Edições Loyola

editoração impressão acabamento
Rua 1822 nº 341 – Ipiranga
04216-000 São Paulo, SP
T 55 11 3385 8500/8501, 2063 4275
www.loyola.com.br